复旦卓越
国际采购与食品进出口系列

上海市属高校应用型本科
试点专业建设项目

采购合同谈判

主　编　沈建军

复旦大学出版社

总　　序

"复旦卓越·国际采购与食品进出口系列"在上海杉达学院与兄弟院校教师的共同努力下终于出版了。本系列教材由上海杉达学院国际经济与贸易系和复旦大学出版社共同组织策划。在编写过程中还得到上海现代物流科技培训指导服务中心、上海元初国际物流有限公司、中国食品协会、上海进出口商会、上海良友(集团)有限公司进出口分公司等单位的大力支持,它们为本系列教材提供了许多鲜活案例和习题。"复旦卓越·国际采购与食品进出口系列"的成功推出,是校企合作、产教融合的实践结晶,是"1+M+N"应用型人才培养模式的探索收获,是上海市属高校应用型本科国际经济与贸易专业建设的一次成果展示。

本系列教材的编写出版主要有三个目的。

(1) **契合社会需求。** 党的十九大报告第一次写入了"现代供应链",强调"价值链",将现代供应链提升到国家发展战略的高度,冠以"现代"则为供应链创新与实践赋予了划时代特征。依托自由贸易试验区、国际商贸建设、跨境电商,以及"一带一路"倡议的实施,积极参与全球供应链的构建,也是我国新经济发展格局下的题中之义。

目前,我国已成长为世界第一制造和贸易大国,但还不是制造和贸易强国,其中供应链发展短板是一个重要的制约因素。2017年印发的《国务院办公厅关于积极推进供应链创新与应用的指导意见》(简称《指导意见》),是我国首次就供应链创新发展出台的纲领性指导文件。《指导意见》提出了我国供应链发展的具体目标:形成一批适合中国国情的供应链发展新技术和新模式,基本形成覆盖中国重点产业的智慧供应链体系,培育100家左右的全球供应链领先企业,使中国成为全球供应链创新与应用的重要中心。这些目标的实现,对于提升中国在全球产业价值链中的地位,提升国家整体竞争力,提高国民经济运行效率,推动经济结构调整和发展方式转变,扩大内需和市场繁荣,保障民生等方面,都具有重大战略意义。

目前,中国已经成为国际最大的进口食品市场之一,食品来自143个国家和地区,进口食品种类有5万~6万种,品牌超过15 000个。在此背景下,围绕国际生鲜食品市场扩张,构建现代生鲜食品供应链体系,一方面是挑战,另一方面更是机遇。食品行业急需一批有进出口业务技能和良好的英语沟通能力,熟知国际贸易惯例,通晓食品进出口法律法规,熟悉各国食品进出口标准,会处理跨境电商业务,熟悉食品贸易所特有的进出境手续,有较强分析解决实际问题的能力,同时具备协作与创新精神的复合型、应用型国际贸易专业人才。

随着供应链创新与应用上升为国家战略,未来对供应链管理人才的需求会进一步增加。供应链管理涵盖了企业运营管理几乎70%的功能,外贸出口、生鲜冷链无处不显示着供应链的重要性。随着食品进出口规模不断扩大,其供应链日趋复杂,相关专业管理人员目前仍极为匮乏,这就对专业管理人才的培养提出很高的要求。

(2) **探索"1+M+N"培养模式。** 如何培养高质量的应用型人才,满足社会需求,是专业建设必须解决的问题。应用型本科院校需要面对实际问题,培养出具有多专业复合知识和多元实践能力的人才。2021年,结合人才培养方案的修订工作,上海杉达学院提出了"1+M+N"的应用型人才培养模式,其中"1"是主修专业,通识课程与专业核心能力;"M"是辅修,跨专业拓展,通过辅修专业、辅修模块、选修课程实现;"N"是毕业证(学位证)+职业资格证、技能证书、学校颁发的组织能力证书、社会服务证书。

"复旦卓越·国际采购与食品进出口系列"就是针对食品进出口及其供应链管理对专业人才的需求,并依据"1+M+N"人才培养模式编写的高等院校专业课程教材。本系列教材的编写宗旨是:按照理论与实践相结合的指导方针,以专业理论为引导,以实践流程为支撑,以企业案例为依托,体现融合教学、实践、实务为一体的特点。我们尝试探索在国际经济与贸易专业主修课程的基础上,开设专业特色课程模块:食品进出口+供应链管理,课程内容对接英国皇家采购与供应学会(chartered institute of procurement and supply,CIPS)颁发的CIPS 4级(采购与供应文凭),做到"双证融通",从而培养国际经济与贸易专业擅长食品进出口及其供应链管理的复合型、应用型人才。

（3）促进教材建设改革。在面向国际经济与贸易专业人才的"1+M+N"培养模式下,针对食品进出口及其供应链管理人才的需求,教材建设方面的现状是:首先,目前国内食品进出口方面的专业教材还是一个"空白";其次,随着全球经济的发展,越来越多的企业将食品供应链拓展到海外,在全球范围内进行供应链布局,这也赋予了采购与供应部门新的机遇及挑战。相较于传统的国内供应链,国际采购与供应涉及的手续多,交易流程更复杂,能否高效、准确、专业地完成采购与供应工作,直接影响到企业运营和财务状况。

本系列教材不仅注重相关专业理论知识的学习和实际操作能力的培养,也借鉴融入了 CIPS 5 级(采购与供应高级文凭)所要求的课程,同时吸收并改进了其学习体系的内容,具有较为完整的知识体系,从而培养学生从事食品国际采购和供应链管理职业的能力,并提升我国企业在国际市场的竞争力。

本系列教材具有以下特点。

（1）注重学科基础理论知识的学习。根据培养应用型本科专业人才的目标定位,本系列教材突出专业知识的学习和应用,通过基础理论的引领,明确知识应用的目标。本系列教材要求每门课程对基本概念和原理进行梳理和界定,强调基础理论知识的阐述做到深入浅出,通俗易懂。

（2）强调学科发展的前沿意识。本套教材突出国际采购和食品进出口发展需要,引入最新理论观点和实践案例,着重介绍近年来国际采购和食品进出口发展趋势和企业独创性案例,提升师生对学科发展和行业发展的前沿意识。

（3）突出教材改革的创新建设。本系列教材对内容、结构、版式都做了改革创新,以学生为本,从提升学生能力出发,希望能够帮助学生更好地理解、掌握和运用专业理论知识。同时,本套教材设计了"案例分析""拓展阅读""实践指导""思考与练习"等栏目,体现理论知识与拓展阅读、专业知识与案例研究、课堂导学与练习思考相融合,每本教材都设计了"学习目标",明确了对知识了解、熟悉、掌握的具体要求,指导学生有效学习。

"复旦卓越·国际采购与食品进出口系列"不仅是上海杉达学院国际经济与贸易专业的特色教材,也可用作普通高等院校国际经济与贸易、国际商务、供应链管理等相关专业的教材或参考书,亦可作为高职高专院校相关专业的教材,还可作为从事国际采购与供应工作人员的培训教材,对参加 CIPS 4 级(采购与供应文凭)考试的人员也具有较大的参考价值。我们希望这套系列教材的推出,能够锻炼"双师型"教师队伍,提高教师教学水平;同时,我们也希望通过这套教材的使用,推动应用型本科专业建设,探索一流本科课程教学的新路子,为本科应用型复合型人才培养做出更大的贡献。

由于我们理论水平和实践能力的局限,本系列教材还存在许多不足,恳请广大读者批评指正,期待同行与研究者帮助我们一起完善这套教材,共同为高校教材建设添砖加瓦。

丛书编写委员会
2021 年 10 月

前　言

供应链的持续和稳定,是企业赖以生存并获得成功的关键因素。当今采购与供应人员的职责不仅在于提高供应链效率并降低成本,还需要在供应链中寻找竞争优势。稳定的供应链,不仅能改善企业的资产负债情况,提高企业利润,还可以改进团队工作绩效。供应链的上下游关系和企业内部关系需要与企业的经营目标相匹配,以确保企业的稳定运营和企业战略目标得到实施。

随着全球经济的发展,越来越多的企业将供应链拓展到海外,在全球范围内进行供应链布局,这也赋予了采购与供应部门新的机遇及挑战。新冠疫情暴发以来,国际供应链的稳定性问题益发凸显,相对于传统的国内供应链,国际采购与供应涉及的手续多,交易流程更复杂,能否高效、准确、专业地完成采购与供应工作,直接影响到企业运营和财务状况。

在新形势下,如何提升国际经济与贸易专业、采购与供应相关专业学生的实务操作能力,实现应用型人才的培养目标,是笔者一直思考并在实践中不断探索的课题,基于这样的思考,笔者编写了这本《采购合同谈判》,以适应国际经济发展的现状和企业的需求。

本教材具有以下基本特色。

1. 实践性、操作性强。本教材有大量的采购与供应谈判案例,通过案例形象、直观地介绍了采购与供应合同的谈判与签订的业务操作流程,内容主要包括:采购合同订立的法律与法规、采购合同的形式、采购过程中的谈判、采购谈判结果目标与方法、采购谈判中的势力与关系管理、影响采购定价的内部因素、影响采购谈判的外部因素、采购谈判前的资源准备、采购谈判的各个阶段、采购谈判的影响战术与说服技巧、采购谈判的沟通等。

2. 习题丰富。 改变传统教材单一的习题形式,配备名词解释、选择题、简答题和论述题,便于学生理解掌握知识要点。

本书在编写过程中,从英国皇家采购与供应学会(CIPS)职业资格证书的要求出发,以在采购与供应中签订合同和进行谈判等职业能力培养为本位,以采购与供应中签订合同和谈判过程为主线,以最新国内合同法为依据,以实际的采购谈判为例,系统、完整地介绍了采购与供应合同的签订和谈判各环节的业务操作要求。本书共分11章,框架结构完整,语言通俗易懂,穿插案例和流程图,深入浅出,便于读者理解和掌握。丰富的课后习题和案例,注重实战,与现实紧密联系。

本书编者具有国际采购与供应、国际贸易等相关专业知识背景,既有多年执教相关实务课程的教学经验,也有采购与供应的相关工作经验,拥有相关的CIPS职业资格证书;既有扎实的采购与供应理论基础,也有一定的现实操作经验,具备良好的专业素养。

本书适用于普通高等院校供应链管理、国际经济与贸易、国际商务等相关专业学生作为教材或参考书目,也可作为高职高专院校教材,以及采购与供应工作人员进行业务培训的参考教材,对参加CIPS四级职业资格证书考试的人员具备相当的参考价值。

本书在编写过程中,参考了大量的国内外著作,王东林、黄杰、唐成等同学对教材文字进行了校对,复旦大学出版社有限公司的岑品杰编辑给予了大力支持和帮助,在此一并表示最诚挚的谢意。

由于水平有限,教材的不足在所难免,还望读者批评指正,提出建议和意见,以便进一步完善改进。

目　录

第一章　采购合同订立的法律与法规　001
  第一节　采购合同概述　001
  第二节　采购合同生效的法律规定　004
  第三节　采购中要约与承诺的法律规定　008
  第四节　采购需求的描述　016
  第五节　采购关键绩效指标　021

第二章　采购合同的形式　029
  第一节　一次性采购与集中采购　029
  第二节　总括订单、分批交货与框架协议　033
  第三节　服务采购合同　036
  第四节　格式合同　040
  第五节　外包　046

第三章　采购过程中的谈判　056
  第一节　谈判概述　056
  第二节　供应商搜寻过程中的谈判　058
  第三节　解决组织内冲突中的谈判　068
  第四节　在团队和利益相关者管理中的谈判　075

第四章　采购谈判结果、目标与方法　084
  第一节　谈判结果与谈判取向　084

第二节　谈判立场与谈判利益　　089

第三节　让步型、立场型与原则型谈判　　093

第四节　分配性谈判与整合性谈判　　101

第五节　谈判的目标　　106

第五章　采购谈判中的实力和关系管理　　117

第一节　谈判中的实力　　117

第二节　谈判实力和议价能力的来源　　121

第三节　供应商关系的选择　　128

第四节　供应商关系维护　　137

第六章　影响采购定价的内部因素　　148

第一节　供应商定价策略　　148

第二节　成本的构成　　156

第三节　成本核算方法　　160

第四节　利润与贡献　　163

第五节　谈判价格　　166

第七章　影响采购谈判的外部因素　　175

第一节　经济环境　　175

第二节　市场机制　　178

第三节　市场结构　　182

第四节　竞争　　187

第五节　宏观经济因素　　195

第八章　采购谈判前的资源准备　　203

第一节　谈判时间的选择　　204

第二节　谈判地点的选择　　205

第三节　谈判人员的选择　　207
　　第四节　谈判方式的选择　　217
　　第五节　谈判资料的收集　　225

第九章　采购谈判的各个阶段　　236
　　第一节　采购谈判的各个阶段　　236
　　第二节　采购谈判前的计划　　238
　　第三节　开场阶段　　243
　　第四节　试探和提议　　248
　　第五节　议价　　254
　　第六节　协议和结束　　261

第十章　采购谈判的影响战术与说服技巧　　274
　　第一节　采购谈判者的需要　　274
　　第二节　采购谈判的影响战术　　280
　　第三节　采购谈判的说服技巧　　285
　　第四节　分配性谈判中的技巧　　288
　　第五节　整合性谈判中的技巧　　299

第十一章　采购谈判中的沟通　　307
　　第一节　人格与情商　　307
　　第二节　采购谈判中的沟通　　319
　　第三节　采购谈判中的语言沟通　　325
　　第四节　采购谈判中的非语言沟通　　333
　　第五节　文化对谈判的影响　　338

参考文献　　351

第一章

采购合同订立的法律与法规

学习目标

1. 掌握一致性规格与功能性规格的区别,以及功能性规格的使用
2. 理解常见关键绩效指标的使用
3. 了解合同具备法律约束力的基本要素
4. 掌握要约和承诺的法律规定

基本概念

投标、一致性规格、功能性规格、关键绩效指标、要约、反要约、承诺、对价

第一节 采购合同概述

一、采购合同的概念

合同亦称契约,是指平等主体的自然人、法人、其他组织之间设立、变更、终止民事权利义务关系的协议,是一个拟在两方(多方)之间依法实施的协议。

货物采购合同是指卖方为了取得货款而把货物的所有权移交给买方的一种双务合同。所谓"双务"是指合同双方当事人相互承担义务,同时,双方相互享有权利,一方所承担的义务正是另一方所享有的权利。在这种合同中,卖方的基本义务是交出货物的所有权,买方的基本义务是支付货款。这是货物买卖合同区别于其他合同的一个主要特点。国际货物买卖合同的订立和其他合同一样,是双方当事人意思表示一致的结果。

二、采购合同的性质

采购合同贯穿于日常生活的方方面面,如搭乘高铁、购买书籍、在餐厅点餐用餐等,这些行为和活动都是商品或劳务的采购,双方(多方)之间依法实施的协议就是采购合同。不同于一般的社会协议(如借阅朋友的书籍等),采购合同本身具备法律约束力,在双方签署合同后,如一方不履行其承诺的义务,则另一方会通过法律手段强制实施该协议。

具备"法律约束性"是合同区别于其他协议的一个显著特点。另外,合同还具备以下几个特征:①它是平等主体的自然人、法人和其他组织所实施的协议;②它是两个或两个以上当事人意思表示一致的民事法律行为,一个当事人不可能形成合同;③它是以设立、变更、终止民事权利义务关系为目的的民事法律行为。

三、采购合同中规定的权利和义务

(一)采购合同权利

采购合同权利又称给付请求权,即债权人请求债务人给付的权利。采购合同权利具备如下特征:①合同权利是请求权,即合同权利的实现只有债务人的给付才能实现;②合同权利是受领权,即债权人应当有效受领债务人的给付,这是合同权利的本质;③合同权利是相对权,即债权人只能请求债务人的给付,不能请求合同之外的第三人为给付;④合同权利是平等权,同一个客体之上能够成立数个债权,在清偿上也无先后顺序之分。

(二) 采购合同义务

采购合同义务包括给付义务和附随义务,其中给付义务包括主给付义务和从给付义务。主给付义务是指由合同关系所固有的决定合同类型的义务。从给付义务是指不具有独立意义,仅具有辅助主给付义务的功能,确保债权人利益获得最大满足的义务。

(三) 采购合同权利和义务的规定

采购合同的作用是规定双方(多方)在某个交易的权利和义务关系,从采购合同绩效管理的目的来看,采购合同基本上是对以下各项内容进行了规定。

(1) 两方(多方)同意实施某项内容或交换某物品。
(2) 如履约出现意外,在哪些情形下可以修改协定。
(3) 如果一方未能按约定履约,另一方的权利,即"违约"的补救措施。
(4) 在出现问题时如何分摊责任,出现纠纷时如何解决。

四、采购合同的采购需求

(一) 采购需求

采购需求是指对采购标的的特征描述。要实施采购就一定要搞清楚采购需求,好的采购需求能够合理、客观反映采购标的的主要特征以及要求供应商响应的条件,并符合适用原则、非歧视性原则,能够切合市场实际。

(二) 采购需求的编制

编制采购需求的一项重要内容是描述物品的技术规格和指标,如质量、性能、功能、体积、符号、标志、工艺与方法等。技术规格一方面反映了采购的要求,另一方面也是对供应商响应情况的评审依据。对采购部门而言,编制技术规格是最基本的要求,因为这是一件技术性非常强而又费时的工作,编制的好坏将直接影响整个项目的采购效果。

采购部门应当明确对采购项目的需求,如对采购项目的技术规格、服务要求等做前期论证。有些采购项目的需求难以明确细化的,可以咨询专家或邀请有关行业专业人士进行需求论证。在明确采购需求前,采购部门应当充分了解并掌握市场信息,不能只以少数供应商推荐的方案作为需求的指标。值得一提的是,不切实际的过高要求将造成资源的闲置和浪费,而过低的技术配置也不能达到实际使用功能要求,因此采购需求应切合实际。采购部门对采购需求进行市场调研和论证后,不宜将初步论证的结果向供应商透露,否则将违背采购过程中透明、公平和公开的原则,采购结果也未必理想。

第二节 采购合同生效的法律规定

一、采购合同具备法律约束力的基本要素

根据各国合同法规定,一项合同,除买卖双方就交易条件通过发盘和接受达成协议外,还需具备下述有效条件才算是一项有法律约束力的合同。

(一) 当事人必须在自愿和真实的基础上达成协议

各国法律都承认"契约自由"和"意思自主"是合同法的基本原则。合同的签订必须是在双方当事人自愿的基础上进行的。如果一方采取强制、威胁、暴力、诈骗等手段迫使另一方订立合同,则该合同在法律上是无效的。此外,当事人之间达成的协议,必须是当事人之间意思表示一致的结果。各国法律都认为,意思表示一致必须由双方当事人就同一标的交换各自的意思,从而达成一致。如果一方当事人向另一方提出一项要约,而另一方对该项要约表示承诺,那么在双方当事人之间就达成了一项具有法律约束力的合同。

(二) 买卖双方当事人必须具有订约、履约的行为能力

签订买卖合同的当事人,无论是自然人还是法人,都必须具有完全的民事行为能力。按照各国法律的规定,自然人签订合同时,必须是精神正常的

成年人才具有行为能力,而未成年人或精神病人订立合同必须受到限制。关于法人签订合同的行为能力,各国法律一般认为,法人必须通过其授权的代理人,在法人的经营范围之内签订合同,而且其活动范围不得超过公司章程的规定,否则属于越权行为,合同不能发生法律效力。

简单来说,合同各方通常是至少在 18 岁以上,具有健全的心智,且有法定权限签署合同的任何个体,如企业的所有人、董事、具有代表公司行使授权的代理人。具备签订合同的法律资格通常要满足以下条件:①年满 18 岁且精神正常的自然人;②具备合法的"法人实体";③企业所有人、合伙人、董事、具有代表公司行使正式授权的代理人,有能力代表一个企业签订合同。

我国法律除对未成年人、精神病人签订合同的能力加以限制外,对某些合同的签约主体还做了一定的限定。如规定只有取得对外贸易经营权的企业或其他经济组织才能签订国际货物买卖合同,没有该项经营权的企业如要签订国际货物买卖合同,必须委托有该项权益的企业来代理签约。

(三)合同必须有对价和合法的约因

一项在法律上有效的合同,除了当事人之间意思表示一致以外,还必须具备另一项要素,这个要素,英美法系称之为"对价"(consideration),大陆法系称之为"约因"(cause)。按相关法律的规定,合同只有在有"对价"或"约因"的情况下,才是法律上有效的合同;无"对价"或"约因"的合同不受法律保护,是没有强制执行力的。

对价指的是双方为了获取利益必须承受某种损失或"损害",如卖方同意提供货物,而买方必须支付货款。在大多数情况下,只有在各方承诺得到某种形式的对价时,一个合同才具有约束力。意即,采购合同必须是一种交换,如一方出让货物的所有权,而另一方想要占有这些货物,必须进行支付,这些都是交易的一部分。

对价也可以是以货换货或货物与服务交换,不过在绝大多数采购合同中,对价一般是对所收到的货物或服务以某种形式进行付款。对价必须满足两个原则:一是对价必须是有价值的,这种价值是指商业上的货币价值;二是对价必须是充分的,能得到法律的认可。

在采购与供应的谈判过程中,买卖双方会就价格和付款方式等进行激烈博弈,如买方有可能提出向供应商预付部分货款,以求取得价格折扣,这就意味着合同条款发生了变更,针对这种变更必须为之提供单独对价。如果供应商同意接受折扣价格,那么他应收到相应的对价,如采取提前收款或减少交付的货物数量等。

(四) 合同的标的和内容必须合法

合同的标的和内容必须合法,这是几乎所有国家法律对合约订立的基本要求。这一要求不仅包括合同的标的,还包括合同中对当事人的权利、义务的约定,即合同内容不能违反国家法律强制性规定、公共政策或公共秩序,不得损害社会公共利益和善良风俗;同时合同的内容应当遵循公平原则。

(五) 合同的形式必须符合法律规定的形式

合同的形式是指订立当事人达成的协议的表现形式。各国法律对合同成立的形式要求不同。有些国家从便利商业交往的角度出发,规定买卖合同可以以任何方式订立,无论是以口头方式、书面方式或以行动来表示均无不可,听凭当事人自愿。有些国家从维护合同的严肃性出发,规定某些合同,特别是超过一定金额的买卖合同,必须采用书面的方式订立。

国际采购适用《联合国国际货物销售合同公约》(以下简称《公约》)的规定,《公约》对国际货物买卖合同的形式原则上不加以限制,无论采用书面形式还是口头形式,均不影响合同的效力。我国的法律允许采用口头形式和其他形式订立合同,但在实际操作中,相关部门认为涉外经济合同是重要的合同,原则上应当采用书面的形式。

根据英美法系的法律,口头协议一般也是具有法律约束力的,只要该协议同时具备上述的其他四个要素,但在实践中,用书面形式来签署商业协议更常见也更合适。采用书面合同的形式可以避免将来出现买卖双方的履约纠纷,而如采用口头约定签订合同,会有以下风险:双方对已达成一致的条款内容出现记忆偏差,对合同内容的解释存在分歧,产生合同纠纷;或者忽略合同的风险,对不适当或不利条款作出承诺;由于对合同条款存在误解导致合同无效,浪费谈判精力和费用;合同的签订和履行缺乏合规性。

二、可撤销的合同

一个合同可能由于某些因素或有某种缺陷导致失效,如重大误解、威逼或过度影响交易对方、条款不合法等,在这些情况下,合同是无效的、非法的,各方不能履行合同条款,它对合同双方没有法律效力,合同可以被撤销。

（一）重大误解

重大误解,是指由于行为人在对行为的性质、对方当事人,以及标的物的品种、质量、规格和数量等方面的错误认识,使行为的后果与自己的意思相悖,并造成较大损失情况下而为的民事法律行为。

阅读案例 1-1

（二）欺诈、胁迫损害

欺诈是指一方当事人故意欺骗他人而使他人陷入错误而与之订立合同的行为。欺骗他人的方法包括故意告知对方虚假情况或者故意隐瞒真实情况,目的是为了使对方当事人作出错误意思表示。

胁迫是一方当事人以将来要发生的损害或者以直接施加损害相威胁,而使对方当事人产生恐惧并与之订立合同的行为。胁迫行为给对方当事人施加的一种威胁,这种威胁必须是非法的。

如果一方迫于压力同意签订合同,以至于合同因此未能反映双方的真实意图或愿望。胁迫不仅是指人身威胁或恐吓,它还可以指经济威胁,如由大客户或业主过度施加商业压力。由于一方不是自愿同意所订立的协议,所以被逼迫或被影响的一方选择是否撤销合同。

（三）违反法律、行政法规的强制性规定

法律是指全国人民代表大会及其常务委员会颁布的法律;行政法规是国务院颁布的规章、命令、条例等行政法规;强制性规定是强制的法律规范,它与"任意性法律规范"相对应,强制性法律规范分为义务性规范和禁止性规范,义务性规范是人们必须履行一定行为的法律规定,禁止性规范规定了人们不得从事某种行为。合同无论违反义务性规范还是禁止性规范都是无效的。

第三节　采购中要约与承诺的法律规定

一、要约

(一) 要约

要约是指交易的一方向另一方提出购买或出售某种商品的各项交易条件,并愿意按照这些条件与对方达成交易、订立合同的意思表示。要约既是商业行为,又是法律行为。

要约应与在报纸上刊登广告、向国外客商寄发商品目录、价目单和其他宣传品、拍卖公告、招标公告、招股说明书等行为区别开来。广告的对象是广大社会公众,商品目录、价目单和宣传品是普遍寄发给为数众多的客商的,这些对象都不属于特定的人,因此这类行为一般不能构成要约,而仅能视为要约邀请。但是如果广告的内容十分明确肯定,在某些情况下也可视为要约。《联合国国际货物销售合同公约》为了消除可能产生的歧义,明确规定要约时必须指出特定的对象,《公约》第14条第2款规定:"非向一个或一个以上特定人提出的建议,仅应视为邀请作出发盘,除非提出建议的人明确地表示相反的意向。"实际业务中,为了避免对方误解,使自己处于被动的境地,最好在向国外客商寄发商品目录、价目单等宣传品时,在其中注明"所列价格仅供参考""价格需经确认为准""价格可变动,恕不事先通知"等字句,表明该行为仅被视作要约邀请。

(二) 要约的构成要件

《联合国国际货物销售合同公约》第14条第1款对发盘的定义为:"向一个或一个以上特定的人提出的订立合同的建议,如果十分确定并且表明发盘人在得到接受时承受约束的意旨,即构成发盘。一个建议如果写明货物并且明示或暗示地规定数量和价格或规定如何确定数量和价格,即为十分确定。"根据这个定义,可以看出构成一项法律上有效的要约必须具备以下四个条件。

1. 向一个或一个以上的特定人提出

要约必须指定可以表示接受的接受要约人。接受要约人可以是一个,也可以指定多个。所谓"特定的人",是指在要约中指明个人姓名或企业名称,不指定受要约人的要约,仅应视为要约邀请。

2. 表明订约意旨

要约必须十分确定地表明有订约的意图,即当其要约被受要约接受时,发盘人将承受约束的意旨,承担按要约中的条件与受要约人订立合同的法律责任,而不得反悔或更改要约条件。表明承受约束的意旨,可以是明示的,也可以是暗示的。明示的表示,要约人可在发盘时明白说明或写明"发盘""发实盘"或明确规定发盘有效期等。暗示的表示,则应与其他有关情况结合起来考虑,包括双方已确立的习惯做法、双方磋商的情况、惯例和当事人随后的行为等。

3. 要约的内容必须十分确定

要约必须包括十分确定的内容,该内容应该是完整的、明确的和终局的。对于什么是"十分确定",《公约》第14条规定:一项订立合同的建议"如果写明货物,并且明示或暗示地规定数量和价格或如何确定数量和价格,即为十分确定"。按此规定,一项订约建议只要列明货物、数量和价格三项条件,即可被认为其内容"十分确定",而构成一项有效的要约。如该要约被接受,即可成立合同。

4. 送达到受要约人

要约必须被送达到受要约人,这是《公约》和各国法律普遍的要求。这里的"送达受要约人",是指将要约的内容通知到受要约人本人,或其营业地、通信地址、惯常居住地。因此,要约无论是口头的还是书面的,只有被送达到受要约人时才生效。

(三) 要约的失效

要约的失效是指要约法律效力的消失。它含有两个方面的意义：一是要约人不再受要约的约束；二是受要约人不再享有接受要约的权利。

要约失效的原因很多，归纳起来，主要有以下四种情况。

(1) 在有效期内未被接受而失效。明确规定有效期的要约，在有效期内如未被受要约人接受，即终止有效。

(2) 受要约人作出拒绝或反要约。当受要约人对要约作出某些更改的反要约表示，便构成对原要约的实质上的拒绝，原要约随之失效。

(3) 要约人在受要约人作出接受前对要约进行了有效的撤销。

(4) 法律的适用。如在要约被接受前，当事人丧失行为能力（如死亡或精神失常等），法人破产，或标的物灭失时，要约便告失效。又如政府禁令或限制措施，以及人力不可抗拒的意外事故也会造成要约的失效。

二、要约邀请

(一) 要约邀请

要约邀请是指买方为了购买或卖方为了销售货物而向对方提出有关交易条件的询问，同时，要约邀请也是希望他人向自己发出要约的意思表示，主要是为了试探对方对交易的诚意和了解其对交易条件的意见。要约邀请的内容可涉及价格、品名、品质、数量、包装、交货期以及索取商品目录或样品等，而多数要约邀请只是询问价格，要约邀请可以由买方发出，也可以由卖方发出，可采用口头方式，亦可采用书面方式，如询价单格式进行要约邀请。目前随着信息网络技术的发展，利用电子邮件和商务网络要约邀请已成趋势。

要约邀请在通常的交易中并非必不可少的环节，通常是一种内容不明确、不肯定、不全面或附有保留条件的建议，这种建议具有邀约性质，因此，对双方均无法律约束力。在采购与供应中，发出要约邀请的一方通常是为了试探市场，了解市场和客户对自己交易条件的反应，寻求交易机会，有时一方发出的要约邀请也表达了与对方进行交易的愿望,希望对方接到要约邀请后及时发出有效的要约,以便考虑接受与否。

要约邀请时应注意对要约邀请的对象事先有所选择,可根据以往的业务资料,或者经其他方面的查询,选择适当的交易对象进行要约邀请;交易对象的多少也应根据产品和交易的具体情况确定,既不宜在同一地区多头要约邀请,影响市场价格,也不宜只局限于个别客户而无法进行比较、选择。同时要注意策略,不应在同时期集中要约邀请,以免暴露我方销售或购买意图,而处于不利地位。

在采购过程中,如使用招投标的方式,招标公告是要约邀请,投标是要约,而定标(决标)是承诺。

(二) 报价邀请

报价邀请是采购方为了与供应商发起交易,向一个或多个供应商发送"询价单""信息请求单""报价邀请单""提案邀请"等行为。标准的询价单或报价邀请单一般需要载明如下一些细节。

(1) 买方的详细联系方式,如公司名称、地址、联系电话、传真号、电子邮箱。

(2) 回复中使用的参考号及日期以及报价邀请单的有效期。

(3) 所需货物及服务的名称、数量。

(4) 卖方的交货地点和日期。

(5) 买方的标准(特殊)采购条款和条件,如到货时由第三方机构进行品质检验。

(6) 付款方式,如款到发货、货到付款等。

三、反要约

反要约、新的要约,是受要约人在接到要约后,对要约的内容不同意或不完全同意,为了进一步磋商,又向原要约人提出修改建议或变更内容的表示。

反要约有两个法律后果:其一,反要约是要约的拒绝,反要约一经作出,原要约即失去效力,原要约人不再受其约束;其二,反要约是受要约人向原要约人提出的一项新的要约。反要约作出后,反要约一方与原要约人在地位上发生了变化。反要约人由原要约的受要约人变成新要约的要约人,而原要约的要约人则变成了新要约的受要约人。新受要约人有权针对反要约的内容进行考虑,决定接受、拒绝或是再反要约。

四、承诺

承诺又称为接受,是交易的一方在接到对方的发盘或还盘后,同意对方提出的条件,愿意与对方达成交易,并及时以声明或行动表示出来。承诺和要约一样,既属于商业行为,也属于法律行为。一方的要约经另一方承诺,交易即告达成,合同即告成立。

构成一项法律上有效的承诺,必须具备以下四个条件。

(一)承诺必须由特定的受要约作出

如前所述,一项有效的要约必须是向一个或一个以上特定的人作出的。因此,对要约表示接受,也必须是要约中所指明的特定的受要约人,而不能是其他人。第三方作出的接受不具有法律的效力,对要约人没有约束力。如果第三方通过某种途径获悉非向他作出的要约,而向要约人表示接受,该接受只具有"要约"的性质,除非原要约人表示愿意按原定条件与第三方进行交易,合同不能成立。

(二)承诺必须表示出来

承诺必须由受要约人以某种方式向要约人表示出来。缄默或不行动本身不等于承诺,如果受要约人收到要约后,只是在思想上愿意接受对方的要约,但默不作声或不作出任何其他行为表示其对要约的同意,则不能认为是对要约表示接受。所以,承诺必须用声明或行为表示出来,声明包括口头和书面两种形式。

（三）承诺的内容必须要与要约完全相符

根据传统法律规则,承诺必须是绝对的、无保留的,必须与要约人所作出的发盘的条件完全相符。但在实际业务中,常有这种情况,受要约人在答复中使用了"接受"的字眼,但又对发盘的内容做了增加、限制或修改,这在法律上称为有条件的接受(conditional acceptance),不能成为有效的接受。

（四）承诺必须在有效期内传达到要约人

要约中通常都规定有效期,这一期限有双重意义:一方面它约束要约人,使要约人承担义务,在有效期内不能任意撤销或修改要约的内容,过期则不再受其约束;另一方面,要约人规定有效期,也是约束受要约人,只有在有效期内作出接受,才有法律效力。

阅读案例 1-2

五、招标与投标

（一）招标与投标

招标与投标是以订立招标采购合同为目的的民事活动,属于订立合同的预备阶段,招标和投标是交易活动中的两个主要步骤。

所谓招标是指招标人对货物、工程或服务事先公布采购的条件和要求,邀请投标人参加,招标人按照规定的程序确定中标人的行为。招标是一个采购过程,通过该过程,潜在的供应商提出一个明确的供应货物、工程或服务的价格要约和条款,如被接受后这些条款将成为后续合同的基础。招标这一过程,通常有以下三种方法。

（1）公开招标,将招标邀请广泛公布并对任何潜在投标人开放。

（2）选择性招标,对潜在的供应商进行资格预审,如审核技术能力和财务状况,并最终确定 3—10 名供应商参加投标邀请。

（3）限制性公开招标,邀请有潜力的供应商竞价,同时对这些供应商根据已公布的限制条件进行部分的资格预审。

所谓投标是指投标人按照招标人提出的要求和条件,参加投标竞争的行为。

（二）招标人与投标人

1. 招标人的定义

招标人是指提出招标项目、进行招标的法人或其他组织，招标人不得为自然人，投标人是指响应招标、参加投标竞争人，包括法人、其他组织和自然人。

2. 招标人的主要义务及法律责任

招标人依法不得从事下列行为。

（1）招标人不得以不合理的条件限制或排斥潜在投标人，不得对潜在投标人实行歧视待遇。

（2）招标人在编制招标文件中不得要求或者标明特定的生产供应者以及含有倾向或者排斥潜在投标人的其他内容。

（3）不得向他人透露已获取招标文件潜在投标人的名称、数量，以及可能影响公平竞争的其他情况，招标人设有标底的，必须保密。

（4）根据招标法规定，凡在中国境内进行大型基础设施、公用事业等关系社会利益、安全的项目、全部或者部分使用国有资金或国家融资项目，以及使用国际组织或外国政府贷款、援助资金的项目，包括该项目的勘察、设计、施工、监理及与工程建设有关的重要设备、材料等采购，都必须进行招标。

3. 招标人的主要义务及法律责任

投标人在投标过程中，依法不得从事下列行为。

（1）不得相互串通投标或者与招标人串通投标。

（2）不得以行贿手段谋取中标。

（3）投标人不得以低于成本报价竞标。

（4）不得以个人名义投标或者其他该项弄虚作假，骗取中标。

（三）招标性采购

招标性采购是指经过招标的方式，邀请所有的或一定范围的潜在的供应商参加投标，采购实体经过某种事先确定并公布的标准从所有投标中评选出中标供应商，并与之签订合同的一种采购方式。招标性采购通常包括：

竞争性谈判采购、单一来源采购、询价采购等。

1. 竞争性谈判采购

竞争性谈判采购是指采购方经过与多家供应商进行谈判，从中确定一家。企业采用竞争性谈判采购条件，通常是基于这样几种原因：①招标后没有供应商投标，或者没有合格标的，或者重新招标仍然未能成立；②技术复杂或者性质特殊的物品，不能确定详细规格或者具体要求的物品，不能采用招标方式而只能采用谈判方式；③时间紧迫，用户需求紧急，而采用招标所需时间过长不适合；④不能事先计算出价格总额的。

2. 单一来源采购

单一来源采购是指向唯一的供应商直接购买。这种方式适用于采购需求达到了招标限额标准和公开招标数额标准，但由于所购商品的来源渠道单一，或者属于专利产品、首次制造、合同追加、原有采购项目的后续扩充，以及发生了不可预见紧急情况不能从其他供应商处采购等情况。该采购方式的最主要特点是没有竞争性。

满足单一来源采购的条件是：①只能从唯一供应商处采购的；②发生了不可预见的紧急情况不能从其他供应商处采购的；③必须保证原有采购项目一致性或者服务配套的要求，需要继续从原供应商处添购，且添购资金总额不超过原合同采购金额百分之十。

3. 询价采购

询价采购是通过货比三家，向三家以上供应商发出询价单，选择报价较低的供应商。适用于货物规格、标准统一，现货货源充分，且价格变化幅度小的项目。另外，政府采购项目也采用询价方式采购。

（四）投标邀请的步骤与流程

（1）编制详细规格和起草合同文件，详细载明要求。

（2）随后公布需求、投标程序，并给出表示参与的意愿或提交标书的时间表。

（3）发出资格预审调查问卷，以响应投标人的参与意愿，并给出这些问卷返回期限，随后的资格预审或评估过程可能会要求进一步的信息或澄清说明。

(4)向那些在规定时间内响应公告或投标邀请的人发出投标邀请和投标文件。

(5)应按同样的方式在相同日期向每个潜在供应商发放投标文件。

(6)标书或要约将在提交截止日后由投标评估小组收取并开封。

(7)在需要时进行投标后澄清、供应商信息验证或谈判。

(8)授予合同,通知投标人合同授予情况。

(五)投标邀请应说明的内容

任何投标邀请都应该清楚地说明:①价格不是唯一考虑的要素,买方不一定接受最低报价,尤其是在未对供应商进行资格预审,并进行公开招标时更是如此;②将考虑规定的非价格标准包括环境、社会可持续性发展等,在决定授予合同时,给予这些因素一定的优先级;③在必要时可以进行投标后谈判,以评定或澄清标书,或讨论对供应商要约的潜在改进或调整。

第四节 采购需求的描述

一、规格概述

(一)规格

规格是描述要求的文件,能将要求传达给供应商,从而为采购者提供了对最终交付的供应品进行评估的方法。规格是和供应商签订的合同协议中的核心文件,是一份对产品或服务供应中需满足哪些要求的系统陈述。

在很多情况下,造成供应商不能响应采购要求的,往往是由于采购技术规格不清楚、不完整或不合理,可见规格的制定是采购中的关键环节。在实践中,制定技术规格最常见的问题有:制定技术规范的准备时间不足;工作人员业务不精或过于自信;缺乏咨询必要的专业人员和专家;技术规格过于严格;技术规格带有倾向性或排斥性,限制竞争等。

（二）使用规格的主要优点

使用规格,可以将同一类产品的主要参数、型式、尺寸、基本结构等依次分档,制成系列化产品,以较少的品种规格满足客户的广泛需要。产品规格的制定,规定了设计、加工工艺、装配检验、包装储运等环节的标准化范围,既保证了产品质量合格和稳定,又为用途相同、结构相似、参数和尺寸变化有规律的零部件制定了统一标准,制造上可以实现专业化大批量生产,既可提高产品质量,又能降低成本,从设计方面也可减少设计工作量;同时,使用规格在售后服务方面也有突出的优点,统一规格的零部件可以自由替换损坏的零件,从而可以减少备品库存,减少维修难度和维修工作量。

（三）使用规格主要的潜在缺点

制定详细的规格耗时长、成本较高,如果采购价值低,非常不经济;同时,制定规格后,对采购品需要进行质量检验与质量控制,以便确定采购品是否符合规格,这些质量检验与控制的成本太高;再者,制定规格时很容易出现规格要求过高的情况,导致成本增加、库存品种增多和库存量增加;对有个性化需求的采购商来说,规格不能定制化、个性化,不能满足其特殊需求。

二、一致性规格与性能规格

（一）一致性规格

一致性也称作技术规格或设计规格,可以是技术性的,也可以根据化学或物理特性、品牌、市场等级或标准来制定,一般确切详细说明了所需要的产品、零件或材料必须由什么组成。采购方如使用一致性规格,通常用这样几种形式:工程图、设计图或蓝图;化学式或原料配方;如果市场上销售的商品能够满足采购方的标准,可以使用品牌名称或者型号名称或者代号作为规格;提供产品样品并要求供应商按照样品的特征和性能进行复制;或使用符合行业标准、同行公会公认的标准等规格。

（二）使用一致性规格的潜在缺点

（1）使用一致性规格需要起草一份复杂的说明，确切描述想要什么，这种描述非常困难，且又耗时耗力。

（2）如设计达不到预想功能，其风险完全由买方承担，供应商只要做到完全符合规格的书面要求就可以免受风险。

（3）一致性规格可能会限制可供选择的供应商数量，如规格制定得太严格，满足要求的供应商数量会很少。

（三）一致性规格的适用情况

（1）技术规格或设计规格，如工程图样、设计蓝图等。在技术尺寸、重量或公差之类的数据对于产品的功能、操作、安全和质量起决定性作用时，或者某些领域需要高精度和小公差，就适合采用一致性规格。

（2）成分规格，如明确所需化学或物理成分等。适用于化学品生产、材料制造、工程和建造等领域，特别是某些物理或化学特性对于安全和性能起关键作用时更是如此。

（四）性能规格

性能规格也称作功能性规格、基于结果的规格，它是一份简短的文件，规定了要达到的功能，以及关键输入参数的详细情况。性能规格以相对简单的文件，界定了所要实现的功能或性能，其中买方描述了预期零件或材料能达到什么要求、在所执行的功能方面应达到的性能等级、所期望的操作结果或输出。

通俗一点来讲，一致性规格详细给出了所需的供应究竟由什么构成；性能规格详细说明了所需的供应必须能够做什么。一个典型的性能规格包含下列内容。

（1）在规定的公差内，采购的物品需要达到的功能、性能或能力。

（2）影响性能的一些关键过程输入，包括可用的公共设施，如电力、太阳能等。

(3) 要实现采购物品的这些功能,必须提供的运行环境和条件,以及不希望出现的极端或异常情况。

(4) 物品与其他配套产品或要素如何连接,或在使用过程中与其他要素如何连接。

(5) 要求的质量水平(包括相关的标准)。

(6) 要求的安全水平和控制(包括相关的标准)。

(7) 要求的环境性能水平和控制(包括相关的标准)。

(8) 用于测量是否达到预期功能的标准指标和方法。

(五) 性能规格的优点

与一致性规格相比,性能规格具有若干优点,这些优点使得性能规格越来越普及,具体优点如下。

(1) 一致性规格的规定更详细,与之相比,性能规格更易于起草,并且费用更少。

(2) 规格的功效不取决于买方的技术知识,供应商可能比买方更了解采购需求,并更科学地制造出符合需求的物品。

(3) 供应商可以采用他们的全部专业知识、技术和创新能力制定出优选的、成本最低的解决方案,而一致性规格的规格已经限定,不具备灵活性。

(4) 可以在制定性能规格时规定这些条款:如果供应商提供的零件不符合功能需求,买方有权重新调整,这样操作的结果,可以让供应商分担更大的规格风险,与之相比,如采用一致性规格,采购商作为规格制定人要为最终的结果承担责任。

(5) 潜在的供应基础比一致性规格更广,不同供应商可以利用他们的专业知识,为买方提供范围更广的选择和解决方案。

特别在以下情况下,使用"性能规格"比"一致性"规格显得尤为合适。

(1) 供应商比买方具有更多相关技术和制作专业知识,从而可以采用专业、最佳知识,但这也将导致另外一个问题,买方将高度依赖供应商的专业知识,会造成单一供应源问题。

(2) 供应行业的技术变化快,以至于买方不应局限于过去的方法,而应该利用供应商创新能力,从供应商那边获取最新、最优的物品。

(3)采购方可以将这些采购标准清晰地传达给潜在供应商,利用明确的标准来评价竞争合同的供应商所提出的备选解决方案,供应商会投入大量的时间和资源进行研究、提出建议,保证选择过程的公平性。

(4)买方具有足够的时间和专业知识评估供应商的建议和竞争性备选方案的潜在功能性。

三、服务的规格

与采购原材料或制造品相比,采购服务在制定服务规格时会遇到更多的问题,这是由以下五个原因。

(1)服务是无形的,缺乏"可检验性",很难制定服务水平的评估标准。

(2)服务是可变的,很难实现标准化。

(3)服务的提供是"实时的",因此服务规格的制定需要包括服务提供的具体时间。

(4)很多服务只能在特定地点才能完成,因此规格需要明确服务提供的地点及由于指定地点导致的相关问题。

(5)服务的采购通常持续较长的时间,在此期间,采购方对服务的要求可能与最初的要求有所变化,所以需要对服务进行持续不断的评审,服务规格的制定需要有一定的灵活性,并且要根据实际情况随时调整。

四、规格制定带来的收益

在采购方制定规格过程中,通过与供应商的协作,采购方可以在下列方面获得收益。

(1)获得关于供应市场的知识,如了解到采购物品是否有可用的标准件或者通用件;采购物品的供应市场上是否有能提供相应物品的供应商;有没有替代供应商或替代解决方案;市场价格情况、供应市场风险情况等。

(2)在制定规格前与供应商联系,讨论可能的解决方案;或者向设计团队介绍符合资格并通过预审的供应商,这种情况下可以邀请供应商早期参与,从而可以改进技术规格。

(3)提高了采购方的商务专业知识,如是否需要在规格制定中包括准时供应,响应时间的要求,维护保养范围的规定,制定零备件可用性、担保期、用户培训等方面的要求。

(4)提高了采购方在法务方面的知识,如采购与供应是否符合健康与安全、环境保护等方面的标准和法规要求。

(5)提高了采购方在品类减少、价值分析、成本降低等方面的专业技能。

第五节　采购关键绩效指标

一、供应商绩效管理

供应商绩效管理是指对照已定义的绩效标准、之前的绩效、其他组织的绩效或标准标杆对一个供应商的当前绩效进行比较和评估。

供应商绩效管理非常重要,通过识别供应商的绩效,判断该绩效能否达到采购方所期望的、具备竞争力的目标,来实现未来的绩效改进与优化,推动供应商发展。供应商绩效管理的目的如下。

(1)帮助识别质量最好或绩效最佳的供应商,协助进行供应商选择的决策,例如,有哪些供应商应该获得订单?优选名单或批准名单上应取消或保留哪些供应商?哪些供应商表现得更加优秀?如何分配采购订单以平衡供应商数量,从而实现更好的风险控制?

(2)分析是否需要加强与供应商的关系,以提高或改进他们的绩效。

(3)确保供应商履行合同中的承诺。

(4)激励供应商保持或不断提高绩效水平。

(5)找出可改正的问题,提供供应商需要的支持,提高供应商绩效。

二、关键绩效指标

（一）关键绩效指标的定义

关键绩效指标（key performance indicator，KPI）是一些清楚的、定性的或定量的说明，用于定义在关键领域所期望实现的绩效（供应商的关键绩效指标必须与商业需求及采购目标相一致，也必须与企业的目标及供应链的关键成功要素相一致）。

（二）使用关键绩效指标的优点

（1）以结果为导向的绩效管理上，可以加强与供应商在绩效问题上的沟通。

（2）如果制定了绩效标准，可以采用与 KPI 相关联的激励、奖惩措施对超越规定绩效水平进行激励。

（3）可以利用双向的绩效测量来维持和改进买方—供应商合作关系。

（4）采购方可以通过直接比较历年绩效，识别、改进绩效。

（5）使采购方可以聚焦关键领域或关键成功因素，如成本降低和质量改进。

（6）使各部门清楚地界定所分担的目标，促进跨部门和跨组织的团队协作。

（7）可以减少由于目标混淆和预期不明确等原因等产生的冲突。

（三）常见的供应商关键绩效指标

表 1-1 和表 1-2 描述了常见的供应商关键绩效指标。

表 1-1 供应商绩效的一般 KPI

成功因素	关键绩效指标示例
价格	基本采购价格（或相比于其他供应商而言高或低） 全生命周期成本（及相比于其他供应商而言高或低） 成本降低的绝对值和百分比（及其他拟议中或已施行的成本降低举措的数量）

(续表)

成功因素	关键绩效指标示例
质量、合规性	不合格品、错误、或浪费比例(或服务失误) 客户投诉次数 遵守质量便批准(如 ISO 9000)和环境以及企业社会责任标准与政策的情况
交货情况	迟交、误交或不足额的发生频率 准时足量交货的比例
服务、客户关系	客户经理的能力、态度、合作情况 对问询和问题的处理是否及时 是否遵守售后服务协议
财务稳定性	能否兑现财务承诺 能否保证质量并如约交货
创新能力	拟议中或已施行的创新数量(及研发投资金额) 是否愿意参加跨组织的创新团队
技术水平、兼容性	电子化交易的比例 出现技术故障的次数
总体绩效	与其他供应商相比较 对持续改进的承诺(拟议中或已施行的改进建议)

表 1-2 用绩效描述表示 KPI

绩效标准	绩效指标
质量	管理体系及流程是清楚的,且归档良好
成本管理	消费品采购价格经过资金价值方面的对标
及时性	在协定的时间内提供服务
数量	库存保持在适当的水平,以确保服务的持续性
合规性	遵守公司的政策及程序

(四)确定关键绩效指标的原则

确定关键绩效指标有一个重要的 SMART 原则,SMART 是五个英文单词首字母的缩写。

S 代表具体（specific），指绩效考核要切中特定的工作指标不能笼统。

M 代表可度量（measurable），指绩效指标是数量化或者行为化的，验证这些绩效指标的数据或者信息是可以获得的。

A 代表可实现（attainable），指绩效指标在付出努力的情况下可以实现，避免设立过高或过低的目标。

R 代表有关联性（relevant），指绩效指标是与上级目标具明确的关联性，最终与公司目标相结合。

T 代表有时限（time-bound），注重完成绩效指标的特定期限。

（五）确定关键绩效指标的流程

1. 建立评价指标体系

可按照从宏观到微观的顺序，依次建立各级的指标体系。首先明确企业的战略目标，找出企业的业务重点，并确定这些关键业务领域的关键业绩指标，从而建立企业级 KPI。接下来，各部门的主管需要依据企业级 KPI 建立部门级 KPI。然后，各部门的主管和部门的 KPI 人员一起再将 KPI 进一步分解为更细的 KPI。这些业绩衡量指标就是员工考核的要素和依据。

2. 设定评价标准

一般来说，指标指的是从哪些方面来对工作进行衡量或评价；而标准指的是在各个指标上分别应该达到什么样的水平。指标解决的是我们需要评价"什么"的问题，标准解决的是要求被评价者做得"怎样"、完成"多少"的问题。

3. 审核关键绩效指标

对关键绩效指标进行审核的目的主要是为了确认这些关键绩效指标是否能够全面、客观地反映被评价对象的工作绩效，以及是否适合于评价操作。

阅读案例 1-3

第一章　拓展阅读

 **实践指导**

一、案例介绍

某医院决定投资一亿余元兴建一幢现代化的住院综合楼。其中土建工程采用公开招标的方式选定施工单位,但招标文件对省内的投标人与省外的投标人提出了不同的要求,也明确了投标保证金的数额。该院委托某建筑事务所为该项工程编制标底。2000年10月6日,招标公告发出后,共有A、B、C、D、E、F 6家省内的建筑单位参加了投标。投标文件规定2000年10月30日为提交投标文件的截止时间,2000年11月13日举行开标会。其中,E单位在2000年10月30日提交了投标文件,但2000年11月1日才提交投标保证金。开标会由该省建委主持。结果,其所编制的标底高达6 200多万元,与其中的A、B、C、D 4个投标人的投标报价均在5 200万元以下,与标底相差1 000多万元,引起了投标人的异议。这4家投标单位向该省建委投诉,称某建筑事务所擅自更改招标文件中的有关规定,多计漏算多项材料价格。为此,该院请求省建委对原标底进行复核。2001年1月28日,被指定进行标底复核的省建设工程造价总站(以下简称总站)拿出了复核报告,证明某建筑事务所在编制标底的过程中确实存在这4家投标单位所提出的问题,复核标底额与原标底额相差近1 000万元。由于上述问题久拖不决,导致中标书在开标3个月后一直未能发出。为了能早日开工,该院在获得了省建委的同意后,更改了中标金额和工程结算方式,确定某省公司为中标单位。

问题:

1. 上述招标程序中,有哪些不妥之处?请说明理由。
2. E单位的投标文件应当如何处理?为什么?

二、案例分析

1. 不妥之处有以下四点。

(1)招标人对省内外的投标人提出不同要求。这违背了公平公正原则,不能故意排斥潜在投标人。

(2) 递交投标文件的时间与开标时间之间的间隔太长。时间长可能会产生是否公平、公正、公开的怀疑。

(3) 标底复核时间太长。2000年时还未使用清单计价，那时招投标使用的是暗标底，即开标前投标人是不知道标底价的，投标人在开标后可以提出异议或投诉，但审核、复合时间太长会导致许多滋生问题，如投标文件有效期、投标保证金返回时间、投标人内部原因（项目经理有其他安排等）、招标人的工期问题等。

(4) 招标人在省建委同意后确定某公司为中标单位。如果招标人可以擅自选择投标人，那招投标就失去意义了。

2. E单位的投标文件是否有效，要看招标文件中对投标保证金的递交时间有无特殊要求。如果要求投标人在递交投标文件前递交，那E单位为无效标书，废标；如果要求投标人在开标时间前递交，那E单位的标书有效，应参加评标。

 思考与练习

一、名词解释

1. 投标
2. 一致性规格
3. 功能性规格
4. 关键绩效指标
5. 要约
6. 承诺
7. 对价

二、单项选择题

1. 以下哪种不是招标的方法？（　　）

　　A. 公开招标　　　　　　　　B. 选择性招标

C. 限制性公开招标　　　　D. 限制性招标

2. 对价的原则是（　　）。

   A. 对价必须是有价值的　　B. 对价必须有一方支付

   C. 对价必须有一方交货　　D. 对价必须有合同

三、多项选择题

1. 报价邀请单的内容包括（　　）。

   A. 买方的详细联系方式　　B. 卖方的详细联系方式

   C. 货物及服务的名称、数量　　D. 交货地点和日期

2. 常用的规格标准有（　　）。

   A. 性能规格　　　　　　　B. 一致性规格

   C. 绩效规格　　　　　　　D. 服务规格

3. 常见的关键绩效指标有（　　）。

   A. 价格　　　　　　　　　B. 交货时间

   C. 财务的稳定性　　　　　D. 创新能力

4. 合同具备法律约束力的基本要素包括（　　）。

   A. 协议　　B. 对价　　C. 订约意志　　D. 立约能力

5. 签约能力包括（　　）。

   A. 年满18岁精神正常的自然人

   B. 具有代表公司行使正式授权的代理人

   C. 合法的"法人"或"实体"

   D. 企业所有人、合伙人、董事

6. 造成合同无效的原因有（　　）。

   A. 误述　　　　　　　　　B. 错误

   C. 威逼和过度影响　　　　D. 过失

7. 要约失效的情况可以是（　　）。

   A. 要约过了有效期限　　　B. 要约被取消

   C. 要约被拒绝　　　　　　D. 出现了反要约

四、简答题
1. 与一致性规格相比,性能规格的优点有哪些?
2. 列出把 KPI 作为绩效测量标准的优势。
3. 简述要约构成的要件。

五、论述题
结合一份服务合同,具体说明制定服务规格有哪些方面的困难。

第二章

采购合同的形式

1. 了解一次性采购与集中采购
2. 理解总括订单与框架协议
3. 理解服务水平协议
4. 认识格式合同

总括订单、框架协议、服务水平协议、格式合同、外包

第一节　一次性采购与集中采购

一、一次性采购与持续性采购

一次性采购是企业在过去一段时间内不会重复发生的采购活动,它涉及的范围很广泛,采购的内容和采购的范围也不尽相同。常见的一次性采购通常有:低价值的全新采购,如办公家具的更换、一件不常用的办公用具的采购等;一次性服务外包活动,如办公室搬迁后的重新装饰;高价值、使用

寿命较长的资本货物的采购,如建筑物、IT系统或设备机器等。

一次性采购并不意味着对采购物品仅仅需要一次,或者总是购买"新的物品"。只要采购方不承诺重复或持续性地购买,那么一次性的采购同样也适用于重新购买(如补货)或修改后的重新购买,以下的情形适合买方采取一次性采购的方式。

(1)如果市场上有大量的供应商,这些供应商提供大量的类似货物,这些货物彼此间的差异很小,供应商转换成本较低。

(2)采购成本低廉(如使用电子拍卖),不需要每次采购都跟供应商进行长时间的谈判并签订采购合同。

(3)可以通过拍卖或者招投标等竞争性的现货采购方式获得价格优势。

持续性采购,是指不断地重复相同内容的采购,而不是一时或一次完成的采购,如设备租赁、仓储服务采购等。持续性采购合同适用于需要对方提供持续性服务,如清洁和餐饮服务采购合同。

持续性采购合同的解除有一定的特殊性。根据持续性采购合同解除的相关规定,合同一经解除,其法律效力消灭。但合同是溯及消灭还是向将来消灭,应视合同类型而定,通常持续性合同解除后,其效力只向将来发生,已履行的义务继续有效,如供电合同等;而一次性采购合同解除后,其效力溯及既往,合同视为自始至终均不成立,当事人已履行或因不履行而受损害的,则发生返还财产和损害赔偿的效力。换言之,解除合同可能造成的财产权益违反等价有偿原则,要平复这种权利义务的失衡,可以请求法院或仲裁机构裁决。合同解除后,尚未履行的,终止履行;已经履行的,根据履行情况和合同性质,当事人可以要求恢复原状、采取其他补救措施,并有权要求赔偿损失。

二、集中采购与分散采购

(一)集中采购

集中采购是指企业在核心管理层建立专门的采购机构,统一组织企业所需物品的采购进货业务。集中采购将不同采购主体因零星、应急或需要分次重复采购的同一类型需求和同一技术要求的工程、货物或服务,集中归并于统一时间、地点、流程、规则进行采购。

（二）分散采购

分散采购是指对集中采购目录以外且在采购限额标准以上的货物、工程和服务项目，由采购单位自行组织或委托集中采购机构、中介代理机构组织实施采购的模式。

（三）分散采购和集中采购的关系和区别

（1）采购过程中所应遵循的原则相同，均是公开、公平、公正和诚实信用。

（2）采购方式相同，均应采用公开招标、邀请招标、竞争性谈判、单一来源采购、询价、竞争性磋商等国家规定的采购方式。

（3）集中采购的实施主体只有一个，即集中采购机构；分散采购的主体，按照法律法规的规定，可以是采购人、集中采购机构或是集中采购机构以外的采购代理机构。

总的来说，分散采购与集中采购在采购的大框架下是相同的，采购人要合理确定集中采购与分散采购的范围，采购的监督管理部门对集中采购和分散采购都要依法实施监督管理，充分发挥两者各自的优点。

三、一次性采购与集中采购

为了达到帮助采购商降低采购成本的目的，在实际操作中，采购商往往将多种采购方式综合在一起使用，如把各分支部门的采购需求合并，并对相应的供应商进行招标，把集中采购与一次性采购结合在一起使用，但这两者还是有明显的区别。

（一）采购的频次

集中采购是将不同采购主体因零星、应急或需要分次重复采购的同一类型需求和同一技术要求的工程、货物或服务,集中归并于统一时间、地点、流程、规则进行采购。加强采购需求使用主体与采购组织实施主体的协同配合,建立集中统一、专业高效、层级分明的集中采购组织体系是保证集中采购成功的组织基础。集中采购可以是重复多次的采购,而一次性采购通常只采购一次。

(二) 采购的需求特征

集中采购范围是技术标准统一的通用货物或服务。凡是有特殊个性需求、未形成统一技术标准的货物,或规模较小的零星项目,一般难以归类并集中实施采购。按各个标准分次集中采购将增加采购成本、降低采购效率。一次性采购并没有规定统一的标准和服务。

(三) 采购的程序特征

集中采购涉及采购项目单位多、流程长、环节多,采购规范程度高。集中采购的采购文件审定、采购分标分包规则、评审办法和评审组织等程序事项与单一项目采购相比,既有每次采购之间的简单重复性,又有一次采购内的多种需求和管控的复杂性。集中采购需要采购主体分次实施。采用集中预期需求的采购方式时,采购单位通过采购只能与成交供应商形成货物、服务或工程采购的框架协议。框架协议通常只约定有效期限内采购货物和服务的技术标准、规格和要求及其合同单价,大多难以准确约定或只能大致约定采购标的数量和合同总价。各采购实施主体结合实际需求,依据采购框架协议分别与一个或几个供应商分批次签订和履行采购合同。一次性采购的程序可以很复杂,也可以很简单,通常由一个企业内部的采购部门处理。

(四) 价值目标特征

集中采购社会影响大、法律与廉政风险大,采购的公共性、透明度、规范性要求高,可发挥规模优势、提高采购效益、降低采购成本,有利于实现企业集约化发展的价值目标。与单个分散采购相比,集中采购平衡各个价值目

阅读案例 2-1

标的综合难度较大。

第二节　总括订单、分批交货与框架协议

一、总括订单与分批交货

（一）总括订单

1. 定义

总括订单指的是买卖双方以预先确定的价格在预先确定的时间内,买卖估计数量的货物或者服务。总括订单适合于采购低价值的、小批量、多频次物料的采购,如订购文具等易耗办公用品。

2. 使用总括订单的优点

（1）使用总括订单可以减少小订单的数量,从而减少仓储成本。

（2）使用总括订单,要求供应商短期内发货以满足需求,供应商可以提前做好准备,以减少供应商的响应时间。

（3）采购企业使用总括订单的方式,可以节约供应商搜寻的成本。

（二）分批交货

1. 定义

总括订单通常跟分批交货结合使用,分批交货是指供应商在约定的时间内,分两次以上交付标的物。采用分批交货方式的采购与供应合同,通常是持续性采购合同。

2. 分批交货合同争议的解决

根据我国相关法律规定:履行期限不明确的,债务人可以随时向债权人履行义务,债权人也可以随时要求债务人履行义务,但应当给对方必要的准备时间。

（1）对于分批交货的合同,如果一方当事人不履行对任何一批货物的义

务,使该批货物根本违反合同,则另一方当事人可以宣告合同对该批货物无效。

(2) 如果一方当事人不履行任何一批货物的义务,使另一方当事人有充分理由断定对今后各批货物都会根本违反合同,该另一方当事人可以在一段合理时间内宣告合同今后无效。

(3) 买方宣告合同对任何一批货物的交付为无效时,如果各该批货物是相互依存的,不能单独用于双方当事人在订立合同时所设想的目的,可以同时宣告已交付或今后交付的各批货物均为无效。根据上述规定,若分批交货的各批货物无相关依存关系,且买方也无充足理由断定今后所交货物会根本违反合同,买方不可以主张终止全部合同。

(三) 分批交货合同的解除

(1) 一般情况下,出卖人不履行某一批标的物的交付,买受人可以针对该批标的物不履行的情况要求出卖人承担违约责任。如果出卖人对该批标的物的不履行构成了根本违约,即《中华人民共和国民法典》第六百三十三条所规定的"出卖人对其中一批标的物不交付或者交付不符合约定,致使该批标的物不能实现合同目的",买受人可以就该批标的物主张对整个合同的部分解除。

(2) 出卖人对某批标的物的根本违约,如果将导致对该批标的物之后各批的根本违约,买受人就有权解除合同中该批标的物以及其后的这部分。法律并未说明属于这类情形的具体情况,因为合同实践是复杂的,法律只能作出一个原则性的规定。但是,某批标的物的根本违约将致使今后各批标的物根本违约的情况必须是十分明显的,才能适用这一规定。

(3) 某批标的物与整个合同的其他各批标的物可能是相互依存的,或者说是不可分的,否则整个合同的履行将不可能或者没有意义。在这种情况下,买受人如果依法可以对该批标的物解除,那么他就可以直接解除整个合同。

（四）分批交货合同履行期限

在合同的履行期限内履行合同是合同当事人基本的义务之一。对于货物买卖合同来说，卖方最基本的义务就是在合同约定的期限内交付货物。在国际贸易中，卖方是否在合同约定的期限内交付货物显得更加重要。因为国际贸易中的买方、卖方往往相距遥远，如果卖方不能及时交付货物，就很可能导致买方无法使用购买的货物进行生产，从而对买方造成损失。在转售的情况下，如果国际市场价格发生剧烈波动，卖方的延迟交货还会导致买方在转售时发生损失。因此，如果卖方不能在合同的履行期限内交付货物，卖方的行为就构成违约，卖方应当承担违约责任。

此外，针对国际货物买卖合同中的履行期限问题，《联合国国际货物销售合同公约》也作出了规定。

阅读案例 2-2

二、框架协议

框架协议是一个或多个签约部门（采购方）与一个或多个经营运营者（供应商）之间签订的协议或协定，在协议中双方明确了各种条款，按这些条款双方将在框架协议适用期内签订一个或多个合同。框架协议的一个例子是设备保养服务合同，在合同的有效期内设备保养服务分批履行，单个合同受到框架协议的控制，但是单个合同也可以有其特殊的情况。

框架协议相当于是缔约协议，表明双方意向合作的文件。如果该协议的条款笼统，未就有关合同的标的、价款、履约方式等具体合同条款达成一致，则不产生合同对双方当事人的法律约束力；如果协议约定了具体事项、完成时间、双方准备工作、分工及责任等，则可能被认定为具体合同，可能会引发缔约责任。

使用框架协议，既可以与单一供应商，也可以与数个不同的供应商达成协议，具体方法如下：按框架一致同意的条款，与单一供应商按框架签发分订单；或者在框架协议内，让多个供应商进一步地竞争，如采用竞争性投标方式，以选择最优供应商。

第三节　服务采购合同

一、货物、服务和工程

（一）货物

货物是指供出售的可被消费的有形物品或商品,某些情况下特指通过运输工具运输的商品。

（二）服务

服务是指履行职务,为他人做事,并使他人从中受益的一种有偿或无偿的活动,不以实物形式而以提供劳动的形式满足他人某种特殊需要,是指个人或组织实施的给予利益但不形成任何物的"所有权"的各种行动。

（三）工程

工程是将某个(或某些)现有实体(自然的或人造的)转化为具有预期使用价值的人造产品的过程。就广义而言,工程则定义为由一群人为达到某种目的,在一个较长时间周期内进行协作(单独)活动的过程。工程包括建筑物或结构的建造、改造、修理、维护或拆迁等项目,以及配件安装等。

（四）货物与服务的区别

服务最主要的特点之一就是它们看不见、摸不着,而货物则正好相反。另一点与货物不同的是,服务不能储存。货物与服务的不同特点还影响到国际交易的方式。货物的国际贸易涉及货物从一国到另一国的物理流动,而服务的交易活动仅有少数与跨越国境有关。服务的跨境交易的例子都是那些可以通过电信传输的服务,如银行的资金转移和附着于货物的服务,以及技术咨询报告或磁盘上的软件等。货物与服务的另一个重要差别在于政府保护国内产业的方式。生产货物的产业通常通过关税或其他边境措施（如数量限制）加以保护。由于服务的不可触摸性以及许多服务交易并不存在跨境流动，服务业不可能通过边境措施加以保护。对服务业的保护主要依靠关于外国直接投资和外国服务提供者参与国内服务业的国内规定。例如，这种规定可能会禁止外国服务提供者在提供服务方面投资，如银行或保险公司等；或者禁止建立提供服务所必需的分支机构。规定可能在歧视的基础上适用于提供服务的自然人，给予他们低于国内生产者的待遇，规定也可能给予来自不同国家的服务提供者以有差别的待遇。

二、服务招标与工程招标

（一）服务招标

服务招标，是指招标采购单位公开或在一定范围内公开服务采购的条件和要求，邀请众多供应商参加投标，并按照规定程序、方法和标准从中选择交易对象的一种经济行为。服务招标通常采购除工程和货物以外的各类社会服务、金融服务、科技服务、商业服务等，包括与工程建设项目有关的投融资、项目前期评估咨询、勘察设计、工程监理、项目管理服务等。区别于工程和货物招标采购，服务招标竞争力主要体现在服务人员素质能力及服务方案优劣的差异，所以服务价格并不是评价投标人竞争力的主要指标。

（二）工程招标

工程招标是指建设单位对拟建的工程发布公告，通过法定的程序和方式吸引建设项目的承包单位竞争并从中选择条件优越者来完成工程建设任务的法律行为。工程招标的技术要求往往比较复杂，并且投标时工程还仅仅在图纸中，这给工程招标和其后的合同管理带来了很多困难。如果包括工程的勘察、设计和监理，则更体现特点，因为这些招标在开始时有些衡量指标甚至还未明确。

（三）货物招标

货物招标是指以货物作为采购对象的招标，是招标中最常见的一种。

货物招标中的招标方式的选择主要是依据采购的金额。

（四）货物招标与工程招标的区别

（1）除了需要货物供应商安装的设备之外,货物供应商中标后一般不在项目现场设立长期的实施机构,而工程承包商中标后要求在项目现场设立常驻机构,进驻较多的施工人员。

（2）货物招标有设备代理商或贸易公司投标的情况,而工程招标一般均为承包商直接投标,设备代理商或贸易公司投标时需要制造厂商授权,以保证供货质量价格和售后服务。

（3）有的货物需要生产许可证或进出口证,工程招标注重承包商的资质证。

（4）货物招标主要采用资格后审,大型工程招标一般采用资格预审。

三、服务水平协议

（一）服务合同

服务合同属于无名合同,是以服务为标的的合同。在制定服务合同时,考虑到服务的异质性、可变性,应考虑设定适合特殊服务需求的关键绩效指标,并且要保证关键绩效指标可以量化,针对量化指标设定相应的定价机制。

（二）服务水平协议

（1）服务水平协议是针对服务的绩效要求,提出的正式说明,该协议详细且准确地规定了服务供应商将要提供的服务性质与服务水平。

（2）制定服务水平协议的目的是定义客户的服务水平要求,确保供应商能满足这些要求,同时也可以用作衡量供应商最终绩效、服务一致性和符合性的标准和尺度。

（三）服务水平协议的基本内容

（1）供应商提供的服务内容,有时候需要明确说明不包括的服务内容,或者仅仅在采购方额外提出要求并在额外付费时才提供的服务内容。

（2）提供服务的标准、质量，如高质量服务的响应时间、服务提供的速度和特性等。

（3）服务提供时的配套活动，风险和成本的责任分摊等。

（4）如何监控和评审服务与服务水平，使用什么评估措施，如出现问题如何解决。

（5）如出现争议，如何管理投诉和解决争议。

（6）随着需求或环境的变化，服务规格可能需要更改，在协议中列明何时及如何评审和修订协议。

（四）使用服务水平协议为采购方带来的收益

（1）针对具体的服务，服务协议清楚地表明客户和服务提供商分别是谁，从而明确责任。

（2）采购方可以将注意力集中于实际涉及的和获得的服务。

（3）根据客户的反馈信息，可以明确客户的真正服务要求，找出并削减没有必要的或者不增值的服务，从而降低成本。

（4）可以使客户更好地了解他们得到什么服务，他们有权期待什么，服务提供商能够提供什么额外的服务或服务水平。

（5）可以更好地使客户了解到服务或服务水平的成本，以便进行切合实际的成本收益评估。

（6）有助于对供应商提供的服务和服务水平进行日常监控和定期评审。

（7）便于客户报告未能达到服务水平的情况，这有助于解决问题并提出改进计划。

（8）促进服务提供商和客户之间的理解和信任。

（五）与服务相关的默示条款

《英国货物和服务供应法案1982》涉及服务提供合同，它隐含了在合同中的某些关键条款，表2-1显示了此法案中与服务相关的默示条款。

采购合同谈判

表 2-1 《英国货物和服务供应法案 1982》中与服务相关的默示条款

部分	默示条款	解释
13	谨慎与技能	供应商应当以合理的谨慎态度和技能提供服务
14	履行的时间	如果开展服务的时间没有在合同里面确定下来,而是留待以后来确定(经双方协商同意或者在处理过程中决定),那么服务提供商应当在一段"合理的"时间段内完成该服务
15	对价(consideration)	如果服务的对价没有在合同中确定,而是留待未来确定(经双方协商同意或者在处理过程中决定),那么购买者应当相应支付"合理的"酬劳

阅读案例 2-3

第四节 格 式 合 同

一、模板合同与格式合同

采购商在采购货物或服务时,不会每次都重新起草一份新合同。相反,每个公司都会根据自己采购货物或服务的特点,结合公司的情况,设计符合自己需求的"标准合同条款",并试图让与他们有业务往来的公司都接受这些条款,这些常见的合同形式有模板合同和格式合同。

(一)模板合同

模板合同通常由第三方(如贸易协会及专业团体等)制定并发布,用于某些特定的行业和目的,包含了该行业的一些常用标准合同条款,并对买方及销售商在合同中应负的责任与义务进行了公平的划分。

(二)格式合同

格式合同又叫作标准合同,是一份根据某行业或供应市场广为接受的合同"模板"或者根据有关双方过去达成的协议设置的合同,是常用合同的一种。

1. 格式合同的优点

(1) 降低缔约成本,提高交易活动的效益,节省交易时间。随着市场经济的发展,各行各业都在追求效率,力争以最少的投入取得最大的利润,现代的商业环境中交易高速进行,特别是在交易频繁的商品、服务、运输行业,不可能与个别的消费者逐一订立合同。格式合同内容上的格式化、特定性精简了缔约的程序,适应了现代商业发展的要求。

(2) 格式合同可以预先分化风险,维护交易安全,预测潜在的法律责任,将风险转移给第三人,这是格式合同的安全价值。现代市场交易活动中,随着高新技术在生产和经济生活各个领域的广泛应用,格式合同当事人不可能对未来作出完全的预测,如不确定或偶发事件,激烈的市场竞争,内在变化的市场行情,各种促销手段及宣传媒介往往缺乏诚信与职业道德,经济生活的健康安全发展需要选择一种相对安全的合同形式以保障交易的安全性。格式合同本身具有的安全价值,适应了市场交易的需要,保障了交易的安全性。

(3) 对于不特定当事人具有公平的价值。在现代商品交易与交换合同中,公平是一个最基本的原则,倡导公平与谴责不公平是法律的价值所在。首先,由于格式合同的条款是为了大量重复使用而事先拟定、未与对方协商的条款,它不会因当事人的合同地位、履行能力和社会地位的不同而修改条款,它为不同条件的人提供了自由交易的公平机会,体现了法律的公平价值。其次,在现代合同关系中,合同当事人的经济地位、交涉能力、经验和法律知识层次不同,拥有的交易信用也是不均衡的,特别是公用事业的发展,造成了不可能单独订立合同的情形,若容许单独订立合同反而造成不公平情形的出现。再次,公用事业领域"大众化"的格式合同为消费者的结构扩展创造了条件。不特定合同相对人力量积聚,形成了合同当事人双方力量均势抗衡,以提高社会公众与法律对格式合同的监督力度,平衡当事人之间的利益关系,维护合同的公平性。

(4) 格式合同的采用有利于国家加强宏观调控对经济的干预,确保国家经济安全。市场经济是一种调控的经济,国家的合理干预对于其健康发展具有重要的意义。由于格式条款具有预先拟定性,国家专门政府机关统一制定是其中一种方式,另外国家也可利用行政优势加强审核调控力度,以此实现对经济进行政策控制。

2. 格式合同的缺点

(1) 由于格式合同的本身特点对合同自由原则相对限制,违背了契约自由原则。格式合同排除了相对人选择与协商的可能性,在事实上形成了对相对人的强制,这就使得缔约地位的平等掩盖了事实的不平等,使当事人处于更加不利的地位,也违背和动摇了法律的基本原则,最典型的就是契约自由、平等公平、诚信原则,损害了对方的正当权益。

(2) 格式合同往往包含利己而不利于相对人的内容。格式合同具有预先拟定性和单方决定性,为了追求利益的最大化,他们几乎很少或完全不考虑相对人的利益,而这往往成为他们垄断和强制对方接受的工具。

从上述分析可以看出:其一,格式合同具有其他合同不可比拟的特殊功能,广泛应用于市场交易的各个领域,其作用是不可代替的,能够比普通合同更有效地促进经济、生产的发展;其二,如果立法不能够对格式合同进行很好的规范,很可能造成泛滥成灾、经济秩序混乱。

阅读案例 2-4

二、一般合同结构

(一) 合同条款

合同条款是合同各方各自权利和义务的声明。合同条款定义"要约"和"反要约"的内容,一方提出"要约",另一方一旦接受,则具有法律约束力。

1. 明示条款与默示条款

明示条款是合同双方在合同中明确声明认可的条款,如价格、发货时间、物流方式及费用、免责条款(如不可抗力条款)等。

默示条款是普通法和成文法法律默认的条款,无论这些条款是否在合同中被明确指出,都将构成合同的一部分。

2. 条件条款与保证条款

条件条款是合同的关键条款,如果履约一方违反这些条款,则无过错方可以将其作为不履行协议对待。在这种情况下,无过错方可以选择终止合同,并对所遭受的损失要求赔偿。

保证条款是附属于合同主要目的的附则。违反保证条款不构成合同履行的根本性失败,因此不需要终止合同,无过错方只能要求损害赔偿,但无权拒绝继续履行合同。

合同可以明确声明某些条款是条件条款。例如,如果在合同中声明合同履行的时间是"本合同的基本要素",那么延迟交货将被认为是违反条件条款,而不是保证条款。采购方有权终止合同,拒绝供应商继续履行交付行为,并要求赔偿。如果没有明确声明,那么延迟交货可能会被认为是违反保证条款,采购方可以要求供应商对延迟交付的行为本身进行赔偿,但不能拒绝供应商继续履行合同。

（二）标准合同

莱森斯等人提出了一种包括标准条款的一般合同结构,具体如表2-2所示。

表2-2　一般合同结构

协议	双方在合同上的姓名和签字(通常包括一份已经阅读并理解所有条款的声明)
定义	名称和词汇的定义,以避免在合同正文中重复使用长句子
一般性条款	关于改变、代替或者变化的条款:例如,除非另外签署书面协议,否则不可以对合同做任何变动 关于通知的条款:用什么方式将与合同相关的通知发送出去
商业条款	供应商及购买者的权利及义务。采购的标准条款,可能包括: 所有权或者权益的转移。在哪个点上商品会成为购买者的财产(如在检查及正式的接收后) 履行时间。如一条阐明"时间是至关重要的"条款,说明延迟交付就会造成合同违约 检查/测试。给进来的商品留出合理的检查时间 交付/包装。规定交付和包装必须按照采购订单中的要求来做 指定委派。例如,没有购买者的书面同意,订单的任何部分都不可以分包给第三人 搬运过程中造成破坏或损失的责任(及相关的保险费用) 拒绝。例如,一条说明购买者有权因各种原因拒绝商品的条款(如不能令人满意的质量,延迟交付) 支付条款

(续表)

次要的 商业条款	保密性及知识产权保护（如相关） 赔偿金。例如，如产品有瑕疵，供应商担保会赔偿购买者的损失（例如，以消费者补偿条款或产品召回的形式） 担保条款。例如，如所供应的产品有瑕疵，供应商担保会赔偿购买者的损失，如果是在合理的时间内收到相关通知的话 终止。例如，什么时候及如何终止合同 仲裁。例如，解决合同争议应先考虑申请仲裁，而不是到法院起诉
标准条款	这些可能包括： 弃权。如没有在既定的时间内行使权利不代表在今后不可以继续行使该权利 不可抗力。如因双方无法控制的"不可抗力"事件阻碍或延误合同的履行，则可以免除责任（如自然灾害、战争、洪灾等） 法律及司法管辖权。依据哪个国家或地区的法律来执行这份合同

三、采购与供应合同风险的把控

采购合同的风险主要有质量风险、进度风险以及诉讼风险，落实到具体条款，主要有以下一些问题。

（一）签订合同类型的选定

一般公司采购合同的合同文书上都明确为"采购或购买合同"，而有些供应商要求采购商签订"加工承揽合同"。若采购方同意按"加工承揽合同"签订，一旦双方发生诉讼就会存在潜在诉讼管辖地的风险，因为根据最高人民法院的司法解释，对"加工承揽合同"，如果没有明确的约定，一般都会由加工地法院管辖，也就是说公司诉讼要到供货方公司所在地打官司，对公司不利，因此，采购合同一定不能签订为"加工承揽合同"。

（二）应确认签订合同当事人的供货资格

签订合同前，应确认供应商的供货资格及能力。如果是代理商，一定要确认其是否为指定经销商，是否有授权委托书，并确认其主体资格，如果与没有主体资格的供应商签约，有可能使得合同无效，最终受损失的肯定是采购方，将会出现如预付款已付，而货不能到等情况。

(三)应明确采购物资具体规格及供应商对物资的质量承诺

公司在签订采购合同前,一定要详细说明所购物资的各种规格、性能、甚至是允许的公差(如外协加工件)等,以免所购货物到货时出现规格及性能的偏差。

在具体合同条款中,一定要明确,"如果由于供方产品质量的原因而造成的一切责任与损失由供方承担",假如以后出现质量问题,采购商将处于主动地位。

(四)合同价格

价格是合同的实质性条款,应格外重视。必须明确合同价格的构成,明确是否包运费及增值税,以免出现双方理解上的差异,产生合同纠纷。同时,明确是否包含各种配件、附件的价格。

当合同价格确定后,最好能与供应商进行协商,额外延长质保期,这也降低了采购商的总成本。

(五)货物的交付

合同中应明确卖方应在何时、何地交货。一般情况下,合同上都要明确约定本公司所在地为合同的交货地和履行地,这也可能是影响到诉讼时法院管辖地的条款,根据民事诉讼法规定:当合同未明确约定合同管辖地的,以合同履行地为法院管辖地。

关于运输费的问题,一定要明确由供方免费送货到公司,不要签订"由供方代办托运"的条款,因为当由供方代办托运时,若在运输途中货物发生损毁,采购方只能向运输公司索赔,而不能向供应商索赔。

对于交货时间,尽可能地明确为到货的时间,而不是供方发货的时间。

(六)付款方式及条件

在合同条款中,一定要明确付款方式及条件。对于主要部件,一定要留取质保金,以免货物出现质量问题时,采购方的话语权不强;同时,在合同中,能够不支付预付款的,尽量不支付,能够承诺滚动付款账期的,一定要在合同中明确约定,减缓采购方流动资金的压力。

(七)对保留所有权条款的处理

在标准格式合同中,一般都有这样的条款:"货物的所有权自需方支付完全部货款时转移,如果需方未支付完全部货款,则货物所有权归供方所有。"遇到这样的条款,采购方一定要协商取消该条,或改为"货物所有权自交货时起转移",如果和对方不能达成协议,至少该条应改为"需方根据其货款的支付比例享有货物的相应所有权",降低采购商风险。

(八)争议处理条款

在合同中,应约定诉讼管辖地,争取在采购商所在地法院起诉。如果与对方达不成协议,可以不明确写出由哪个地方法院管辖,但必须明确前面第五条说过的"将我方公司所在地约定为合同履行地",这实际上设置了一个"陷阱",当争议发生时,根据最高人民法院的司法解释,如果合同中没有约定管辖地,由合同履行地作为法院管辖地(即在本地打官司)。

第五节 外 包

一、外包的定义

外包是一个过程,通过该过程一个组织将大宗的非核心活动或职能以合同形式授权给专业的外部服务提供者,可能是以长期的关系为基础。外包是指企业动态地配置自身和其他企业的功能和服务,并利用企业外部的资源为企业内部的生产和经营服务。外包是一个战略管理模型,企业为维持组织竞争核心能力,且因组织人力不足的困境,可将组织的非核心业务委托给外部的专业公司,以降低营运成本、提高品质、集中人力资源、提高顾客满意度。外包的业务可能包括保洁、保安、招聘及培训、会计、法律、运输配送及采购等。外包的方式有两种：一种是基于项目的外包，如 IT 系统开发、研发、管理咨询、搬迁等；另外一种是基于长期、持续的合作方式，外包供应商被授予关于特定职能的全部职责，如保洁或者安保服务。

二、外包的发展

外包在最近几十年间变得很常见，部分原因是"不离本行"的企业哲学，部分原因是日益发展的全球化。

（一）外包是对过度多元化的应对

公司大力实行多样化，通过并购和收购进入多个不同的行业，以求将商业风险分散，但大多数都不成功。很多组织审核了自己的业务，决定还是将注意力集中在核心业务上，将非核心业务外包出去。

（二）全球化促使外包发展的原因

公司实施全球化战略，对分散在世界各地的、日益增长的经济活动进行整合；同时，全球化使消费者的需求及愿望彼此靠拢；另外，生产的全球化也间接刺激了外包的发展，发达国家将产成品及零部件生产大量外包给中国、韩国、印度等国家。

（三）促进外包发展的其他驱动因素

除了上述两个原因外，还有如下一些因素也会促进外包发展。例如，对货物或服务的质量要求提高，短期内自己提供无法保证，为获得过渡性的资源和产能来满足需求；为了降低成本，支撑公司的核心竞争优势；为了将公司的注意力和资源集中到价值增值、产生收入的业务上，而非次要的、辅助的业务上；为了解放资金，投资到公司更有竞争力、增值的业务上；为了更好地维护供应商和客户关系，减少供应链的冲突和利益分歧，通过外包共享资源；出于人力资源的考虑，外包比招聘和培训更为快捷地获得人才的技能、知识和经验等。

三、外包的优缺点

（一）外包的优点

（1）支持企业的合理化和精简化。外包把企业的一部分非核心职能分包出去，从而可以把管理、人员、以及其他有限的资源投入到组织的核心活动和核心竞争力上面。外包任务为企业腾出了时间，让企业可以花更多的精力在更重要的工作上，将业务流程进行优化组合，企业可以专注于真正重要的任务。

（2）可以获取和利用分包商的专业知识、技术和资源。分包商是在特定领域中更有经验的人，企业通过外包来利用分包商的专业知识、技术和资源，使自己可以涉足并不熟悉的领域，获得更多专业工作人员，如把产品形象设计外包给设计师，可以利用设计师专业的图片处理技能（如使用Photoshop等）。

（3）可以降低成本并获取规模经济效益。根据外包的特点，企业可以通过外包，把一部分业务交给薪酬较低的公司来完成，从而节省大量资金。例如，美国企业把部分业务交给菲律宾的公司，其员工薪水大约是美国的三分之一。此外，外包也可以大大降低办公室的租赁成本。

（4）全天候的工作时间。通过外包把业务交给海外外包平台，企业可以有效地覆盖多个时区，而不必熬夜赶工，如使用离岸外包把客服的任务交给海外公司，就可以实现全天候回应客户呼叫的目标。当然，与各种时差相关的任何负面因素也需要通过定期清晰地沟通来消除。

（二）外包的缺点

（1）与企业内部供应成本比较，外包可能导致更高的成本。

（2）外包难以保证服务质量的一致性，由于监控的难度和成本高，外包也不能保证承包方履行企业社会责任。

（3）外包可能会让企业失去自己内部的专业知识、联系人和技术，而这些知识和技能可能未来还会有用。

（4）外包企业对绩效和风险的关键领域可能失去控制，对供应商过度依赖。

（5）外包会削弱外包企业与内外部客户的沟通和关系，弱化对市场的了解。

（6）外包企业可能被不匹配或绩效不佳的承包方绑定关系，如果出现双方的文化道德不匹配，会导致供应商关系管理困难，采购与供应方出现严重的利益冲突。

（7）外包企业的保密数据和知识产权有失去控制的风险。

（8）活动移交或停止所带来的道德和员工关系问题。如果外包失败，重新内包会带来的潜在风险、成本和困难。

四、外包合同条款

以下是管理外包风险的一般合同条款。

（一）保密性条款示例

保密性条款指的是在使用外包时，如一方需要让另外一方获得有关运营的信息，签订协议以保护己方的商业机密的商业条款。例如，承包人不应透露，并应当确保自己的员工、分包商及代理人不对外透露，任何因本合同或其他双方达成的合同，而获得的具有保密性的信息（如富士康与苹果公司签订保密协议，富士康应保护苹果的商业机密）。

（二）资产的转移合同条款

作为外包安排的一部分，重要的资产从发包人转移给承包人时，发包人应在外包合同中明确规定以下内容。

（1）转移给承包人的资产的价值，应如何折旧或评估价值。

（2）在外包合同终止的时候，做好将转移给承包人的资产收回到发包人，或做其他处置的安排。

（3）在合同终止的时候，做好将文件、数据及专有的信息返回给发包人的安排。

(4) 在履行合同期间形成或创造的资产的所有权归哪一方的约定。

(5) 谁负责给资产上保险,以及维护和管理资产的责任由谁承担等。

(三) 有关转移后员工的就业条款

发包人应制定处置现有服务人员的相关明确规定以下两点。

(1) 承包人应建立保障机制,保护现有员工。

(2) 提醒双方根据《事业转让(就业保护)法规2006(TUPE)》明确各自需要承担的责任义务。

(四) 绩效管理条款

发包人可以制定一系列规定以确保承包人的关键绩效指标,包括:①有关检查权的条款;②合同履行进度的条款,如服务交付的规定进度表、服务的响应时间;③对没有达到特定绩效的进行惩罚,对达到绩效水平或取得改进的进行激励等。

(五) 赔偿金条款

赔偿金条款:如因承包人违反任何本合同规定的义务,导致采购方遭受损失,不管是直接的还是间接的,供应商都应赔偿采购方所有的成本和索赔要求。

表2-3列举了服务合同和外包合同中涉及的定义及其解释。

表2-3 服务合同和外包合同

定义	解释
服务合同(service contract)是一种供应合同,只不过供应的是一种服务而不是有形的商品	A公司希望采购某种服务,如咨询或保洁服务,与一家选定的供应商(B公司)达成合同,依照约定的条款来履行服务
分包(subcontracting)是在临时出现资源短缺或产能不足的时候,使用外部组织完成买方组织自己所无法完成的工作	A公司与B公司(主承包人)订立执行特定工作的合同,如保洁服务。B公司能力不够,无法独自完成全部的工作(比如说合同太大,或者正赶上繁忙时段)。为了满足A公司的要求,B公司在与A公司的合同允许的前提下将一部分工作分包给C公司

(续表)

定义	解释
外包(outsourcing)是战略性地将原本内部承担的大宗工作承包给一个外部的服务供应商	外包方(A公司)会起草一个长期合同,把外包供应商(B公司)所从事的工作和必须达到的服务水平规定清楚。外包方依然保留着工作得以圆满完成的责任(这就需要对合同、绩效、以及关系的严密管理),但将日常运作委托给外包供应商
内包(insourcing)是外包的反面	组织决定将以前外包出去的工作收回

实践指导

第二章 拓展阅读

一、案例介绍

苹果公司是创立于美国的著名高科技公司,其核心业务为创新的电子科技产品。苹果公司的优势在于其研发创新能力较强、产品设计独特、知名度较高,但制造装备水平和技术水平相比其他制造企业没有优势。为了快速提升产品供应能力、规避自行投资的财务风险,苹果公司选择了制造外包。

在1997年以前,苹果公司的所有生产制造任务都是自行完成的,包括主板的生产和最后的组装。更令人觉得不可思议的是,苹果公司竟然自行生产芯片。但是IT产品分工紧密、技术不断进步、生产设备不断更新换代,这种生产模式早已不合时宜。苹果公司的市场占有率被不断蚕食,直至降至5%左右。竞争对手如康柏、戴尔等都利用亚洲低成本的专业电子制造服务资源大幅降低成本,提高供应量,进行价格竞争,苹果公司在1997年亏损近10亿美元,濒临破产的边缘。

苹果公司亏损的原因首先是内部生产能力不足、制造效率低下、库存高企,这阻碍了苹果公司产品的快速上市。其次是苹果公司的工厂分布在美国、爱尔兰和新加坡,人力成本很高,成本居高不下,而当时很多竞争对手(如康柏和戴尔)选择将其制造业务转移到亚洲地区,成本大幅降低。最后是由于苹果公司供应链管理能力不足,一方面对市场需求判断不够准确,造

采购合同谈判

成供应准备不足;另一方面供应管理缺乏弹性,关键物料的供应能力不足,无法满足市场快速增长的需求,导致贻误商机。由于苹果公司的产品型号众多,造成资源分散,没有吸引消费者的明星产品。

为了应对危机,苹果公司在1997年开始选择将主板制造等制造业务外包,逐步发展到将整机制造业务外包。在此过程中,通过自制和外包的比较,苹果公司发现制造业务外包效率更高,且风险可控,逐步关闭自己的工厂。

2003年在生产Power Macintosh G5电脑时,苹果公司美国工厂与中国富士康工厂同时进行生产,但制造效率相形见绌,美国工厂投入更多人力,制造效率只有中国富士康的80%,而不良率高出中国富士康一倍多。中国富士康为该项目给予大量资源支持,在3个月内新建三栋厂房完成交付,生产工人由1 600人迅速增加至6 500人,两个月内顺利完成整机组装24万台。对比之后,苹果公司将美国的工厂逐步关闭,将整机组装制造任务全部外包给中国富士康。从Power Macintosh台式电脑到后来的iPhone智能手机、iPad平板电脑,中国富士康成为苹果公司的首选战略合作伙伴。

二、案例分析

(一)外包后苹果公司所取得的优势

(1)整合研发资源,集中力量在有限的产品线上。苹果公司的每一类产品线每年只发布一到两款新产品,这样能够集中资源在这有限的新产品上,将其打造成真正的精品。

(2)有利于控制库存,提高资金利用率。

(3)形成采购规模,便于管理,取得价格折扣。例如,苹果公司热销智能手机iPhone4和iPhone4S累计销售量达到1亿台,巨大的需求量让苹果公司在采购物料时占尽谈判优势,为公司争取到极为有利的交易条件和更优质的服务与响应。

(4)便于对代工企业的日常管理。产品线精简后,研发团队可以集中资源打造更好的产品。乔布斯对产品近乎挑剔的艺术化追求,使研发团队设计更好的产品。成功设计的产品是营销的基础。苹果公司将其产品打造为高端、时尚、科技、创新的电子产品,把产品的相关信息转化成一种市场饥渴,让消费者渴望了解苹果公司的产品进而希望去拥有它。苹果公司的产品为消费者带来了非凡的体验。苹果公司成功的品牌营销提升了品牌附加值,也大幅增加了产品销量。

(二)外包后所取得的成果

2012年4月,苹果公司市值超过5 200亿美元,成为市值世界第一的企业。2012年8月19日收盘时,苹果公司市值达到6 075亿美元,成为第三家市值突破6 000亿美元的企业。2012年期末现金余额高达1 214亿美元,而经营毛利更是高达43.9%,成为高科技企业中的佼佼者。

三、苹果公司一些外包成果经验总结

苹果公司选择制造业务外包供应商时,非常看重他们的实力,选用的都是业界知名的一流电子制造服务商,如英业达、广达、和硕、伟创力、富士康等。苹果公司外包供应商的选择标准如下。

(1)在业界具有良好的口碑,有服务国际知名客户的实绩。

(2)有较强的技术实力和管理水平,达到一定的规模,能够满足苹果公司的海量需求。

(3)专业代工,不做自有品牌,不会与委托制造企业竞争。

(4)具有良好的执行力和快速响应能力。

(5)具有良好的成本管控能力。举例说明,苹果公司和富士康拥有长期的良好合作关系,苹果公司非常信赖富士康,其原因是富士康:①垂直整合生产能力和零组件的配套研发供应能力较强;②快速响应能力高,可以满足客户快速量产的需要;③专业代工,品质有保障,无自有品牌,与客户竞争风险低;④有健康的财务状况和优良的经营绩效。

四、苹果其他一些可借鉴的经验

1. 组建专门的团队来负责制造业务外包的管理

苹果公司在亚洲设立了运营处,专门负责亚洲原物料供应商和代工企业的管理。同时,苹果公司也有专门的采购团队在管理供应商,从供应商的开发、交易条件的谈判和优化到交付的跟进都有专人负责。

2. 苹果公司与代工企业高层就需求充分沟通,并达成高度一致

苹果公司负责运营的管理层在每年底与代工企业高层洽谈下一年的订

单状况和需求计划。苹果公司的计划部门会提供长达两个季度的主生产计划给代工企业,以此来预定原物料和准备产能。

3. 成本控制

每个季度,苹果公司的采购人员会要求供应商调降原物料的价格,对于一些价格变化频繁的贵重物料(如存储器),其价格调整的频率会更高。随之而来的是代工企业的调整组装成品的报价。

4. 合约管理

双方的商务人员负责合约管理及例外情况的磋商解决,此外,双方还有例行的商务绩效回顾,会就合作中出现的一些问题进行检讨。

5. 外包关系管理

在合作初期,由于外包的复杂性较高,苹果公司与富士康的合作关系属于伙伴式,以双赢为目的,双方高度信任和互惠。但伴随苹果公司和电子制造服务行业的快速发展、外包复杂性水平降低,苹果公司有更多的制造业务外包供应商可供选择,逐步将双方的合作关系调整转向客户和供应商关系。虽然苹果也在积极地寻求其他代工企业,但是其规模技术能力都和富士康有很大的差距,苹果公司也需要花费大量的资源去培育供应商,但目前还没有哪个代工企业能够取代富士康在苹果公司制造业务代工中的份额,富士康公司仍然是苹果公司最大的代工企业。

思考与练习

一、名词解释

1. 总括订单
2. 框架协议
3. 分批交货
4. 服务水平协议
5. 外包

二、选择题

1. 以下属于服务项目的是( )。
   A. 电力线路安装　　　　　　B. 桥梁建造
   C. 道路工程改造　　　　　　D. 呼叫中心

2. 一次性采购合同的适用范围包括( )。
   A. 办公家具的更换　　　　　B. 办公室的重新装饰
   C. IT系统采购　　　　　　　D. 机器设备采购

3. 服务水平协议内容包括( )。
   A. 包含什么服务
   B. 活动、风险和成本的责任分配
   C. 如何管理投诉与争议
   D. 何时及如何评审和修订协议

4. 以下适用于外包的业务是( )。
   A. IT系统开发　　　　　　　B. 保洁服务
   C. 招聘及培训　　　　　　　D. 运输配送及采购

三、简答题

1. 列出服务水平协议的典型内容。
2. 解释持续要约的含义。
3. 简述采购人员应如何避免"条款之战"。

四、论述题

在什么情况下采用一次性采购合同?

第三章

采购过程中的谈判

学习目标

1. 认识商业谈判的影响
2. 理解供应源搜寻过程中的谈判流程和方法
3. 掌握解决冲突中的谈判方法
4. 理解在团队和利益相关者管理中的谈判过程

基本概念

谈判、战略谈判、战术谈判、开标后谈判

第一节 谈判概述

一、谈判与商务谈判

（一）谈判

谈判（negotiation）无论是作为一个概念，还是作为一种行为活动的实践，都是我们研究商业谈判（business negotiation）的基础或前提，有必要首先加以探讨。纵览有关谈判的重要文献可以发现，对谈判的定义可谓是众说纷纭而又各具特色。

美国谈判协会会长、著名律师杰勒德·尼尔伦伯格在《谈判的艺术》(*The Art of Negotiating*)一书中指出:"谈判的定义最为简单,而涉及的范围却最为广泛,每一个要求满足的愿望和每一次要求满足的需要,都是诱导人们开展谈判的潜在原因。只要人们为了改变相互关系而交换观点,或只要人们为了取得一致而进行磋商,他们就是在进行谈判。"

美国哈佛大学法学院教授罗杰·费希尔和谈判专家威廉·尤瑞在其合著的《谈判成功之道》一书中把谈判定义为:谈判是从别人那里得到你所需要的东西的一个基本手段。当你和谈判对方之间有共同利害关系时,为达成协议,双方需要往返地交换意见,这就是谈判。

到目前为止,国内外尚无关于谈判统一和权威的定义,各位谈判专家和学者分别从不同角度解释了谈判的概念,阐明了对谈判的理解。虽然在表述上各个见解有所不同,但在本质上却是相同的。

CIPS官方教材对谈判的定义是:"一个被买方和卖方用来达成可接受协议或妥协的计划、复核和分析过程,它包括商业交易的所有方面,而不单是价格。在这一更宽泛的背景下,可以更宽泛地将判断定义为:"在两方之间存在一些利益分歧或冲突的情况下,他们借以走到一起进行磋商以达成一个共同接受的协议的过程。"

(二) 商务谈判

所谓商务谈判,是指在经济领域中,参与各方为了协调、改善彼此的经济关系,满足交易或合作的需求,围绕标的物的交易或合作条件,彼此通过信息交流、磋商协议达到交易或合作目的的行为过程。这是市场经济条件下流通领域最普遍、最大量的活动。

为了更好地理解和把握商务谈判的概念,有必要分析商务谈判的内涵与外延。

从商务谈判的概念不难看出,商务谈判的实质就是交易或合作双方为达到互惠互利的目的而进行的协商过程。在这个过程中,交易或合作双方就共同关心或感兴趣的问题(主要指交易或合作条件)进行磋商,调整各自的利益,谋求在某一问题或多个问题上进行妥协并取得一致,从而达成满足双方利益的协议。交易或合作双方之所以要谈判,原因在于都要从对方那里获得一种或几种需要的满足。双方都要有所给予,从而使双方的需要相互得到满足。谈判是为了协调双方利益冲突,最终实现共同利益。因此,谈判结果一般都是要争取互惠互利、皆大欢喜。

就商业谈判概念的外延来看,随着商品经济的不断发展、商品范畴的不断扩大、经贸活动内容的不断丰富,商务谈判的范围日益扩大,具体包括商品买卖谈判、技术贸易谈判、投资谈判、劳务输出输入谈判、工程承包谈判等。

二、战略谈判和战术谈判

(一)战略谈判

战略谈判一般不太常用,它通常是在较高层次上由双方高级管理团队进行的谈判,这种谈判解决涉及战略性的问题,如长期的供应链关系、长期的供应链方向与目标等长远问题。

(二)战术谈判

战术谈判较为常见,通常由双方的职能团队或跨职能团队在较低层次上进行。它解决涉及战术关系中的运营、资源分配、绩效和风险管理以及利益共享等短期问题,这种谈判涉及公司的日常管理层次。

第二节 供应商搜寻过程中的谈判

一、制定供应商选择的谈判计划

(一)做好采购预测

采购预测是指采购人员通过分析已掌握的市场调查资料,运用科学的方法预估未来一定时期内商品市场的供求情况、变化趋势,为商品决策和制订采购计划提供科学依据的过程。要想做好采购预测,采购人员就应着重预算好合理的订购量,及时掌握气候、政策、税收、运输状况等重大事件,以及了解市场价格变化的趋势,同时还要取得供应商可提供的协助等。

（二）分析采购优劣势

采购人员需要提前了解供应商的谈判能力,并分析自身对比供应商有哪些优势和劣势,通过具体的情况选择恰当有效的谈判策略,从而在谈判中避免被动,做到扬长避短,并找到促使供应商让步的方法,进而努力实现双赢。

（三）分析价格现状

采购人员在谈判前应对采购价格现状进行分析,找出决定价格的主要因素、建立报价系统、进行成本分析、预算出实际且合理的价格,同时分析出价格上涨对供应商边际利润的影响,以及制定应对价格上涨的相关对策。

（四）收集采购谈判资料

采购人员在谈判前要明确企业的采购需求,包括产品种类、需求总量、需求期限、产品质量、规格、包装、价格等情况,并列出明细清单。除此之外,采购人员还要收集供应商的资质信用情况、供应商的谈判作风与特点,以及供应商要求的货款支付方式等。在收集好信息后,采购人员还要鉴别信息的可靠性、真实性、相关性,以做到去伪存真、去粗取精。

（五）制定采购谈判方案

采购人员需要制定完善的谈判方案,运用成本分析法、横向对比法、代理权限类比法、博弈与心理战等谈判策略,合理控制采购成本。采购人员要确定采购谈判需要达成的目标,并确定谈判主题、谈判模式、谈判时间与地点。此外,谈判人员队伍的选择要根据谈判内容及谈判重要程度、专业程度来进行筛选,并要做好相应的人员分工。为避免发生意外情况或突发事件,采购人员需要在谈判前设计出几个可行的备选方案以备不时之需。

(六)模拟谈判

为提高谈判的工作效率,使整套谈判计划的制定更周密、更具备针对性,在进行正式谈判前,谈判人员必须要进行模拟谈判。有效的模拟谈判能够预先暴露制定方案的薄弱环节,检验谈判人员的总体素质,提高其临场应变能力,有助于实现谈判目标。

二、早期供应商参与

(一)早期供应商参与

早期供应商参与是指在产品设计初期,选择建立了伙伴关系的供应商参与新产品开发小组。通过让供应商早期参与到新产品开发及持续改进中,供需双方都可以从中受益。一方面,供应商可以很好地了解采购方的需求、企业文化及决策方式,这些都能够帮助他们更有效地满足采购方的预期需求。另一方面,采购方也可以比较清楚了解供应商的质量、技术发展蓝图、适宜的库存管理计划,从而更容易抵御供应链的不确定性。这些战略帮助企业之间更好地进行沟通,实现知识共享,改善决策水平并提高双方的绩效水平。新产品设计中的早期供应商参与使得采购方可以开发多种解决方案并从中选出最合适的部件、材料和技术,并从设计评估中接受帮助。

随着市场竞争的日益激烈,传统的产品开发方式不断受到挑战,企业为提高产品开发的竞争力,在设计阶段就开始发挥供应商的技术优势,并将产品设计纳入供应链管理体系。其中比较典型的是采用通用件和标准件,利用供应商的技术设计制造有关的模具及设备等。如今,许多企业不仅满足于此,他们在产品开发的定义阶段,甚至概念阶段就通过采购将伙伴供应商联系起来,让他们共同参与产品的设计,充分利用他们的专业知识和技术。这就是早期供应商参与。

(二)早期供应商参与的原因

早期供应商参与是采购与开发的桥梁,一方面它要求企业达到一定的管理水平,另一方面它要求企业具有一定的开发能力。早期供应商参与能够有效地协调和控制供应链网络中流动物流的数量和质量,增强整个供应链网络的核心竞争力。因此,凡是开展早期供应商参与的企业,大体上存在如下几种原因。

1. 面临激烈的竞争

面对激烈的市场竞争,许多企业被迫采用早期供应商参与策略,如汽车、消费、电子商务、办公设备等。

2. 技术进步的加速

时间是驱使产品开发的重要因素。随着技术进步的加速,产品开发周期日益缩短,要满足顾客要求、占领一定的市场份额,没有早期供应商参与几乎是不可能的。

3. 价格的敏感性

许多企业邀请供应商早期参与是出于对成本和价格的考虑。在供应商的贡献和参与下,有效地控制了成本,制定了获得合理利润的价格。

4. 技术复杂性的增加

由于技术进步,新产品运用多种工艺技术、复杂组合技术的程度日益增加,这使产品开发商和专业供应商之间的依赖性进一步加强。

5. 产品的扩散力度

随着经济全球化的发展,市场对产品的扩散力度要求进一步提高,相应地提高了对产品性能的要求,从而提供了早期供应商参与的机会。

6. 内部产能的限制

许多企业由于内部产能的限制,需要依靠供应商的协作,才能满足市场的需求,以至于需要供应商参与产品的设计。

7. 致力于核心业务

当企业需要集中主要人力、物力和财力在核心业务时,其他的业务就可以采用供应商协作的方式共同完成。企业往往致力于关键的产品设计和组装,许多零部件的设计需要供应商的早期参与。

8. 优秀可靠的供应商

优秀可靠的供应商在市场上获得了客户的信赖,他们凭借开发能力强、顾客声誉好、诚信可靠,在客观上为自己创造了参与客户产品设计的良机。

(三) 供应商早期参与的优缺点

从采购方的角度来看,早期供应商参与至少具有如下优点。

(1) 缩短产品开发周期。统计结果表明,早期供应商参与的产品开发项目,开发时间平均可以缩短30%—50%。

(2) 降低开发成本。一方面供应商的专业优势,可以为产品开发提供性能更好、成本更低或通用性更强的设计;另一方面由于供应商的参与,还可以简化产品的整体设计。

(3) 改进产品质量。供应商参与设计从根本上改变了产品质量。一是供应商的专业化水平提供了更可靠的零部件,能够改进整个产品的性能;二是由于零部件可靠性的增加,避免了随后可能产生的设计变更而导致的质量不稳定。

但是,供应商过早过多地参与采购方关于采购物品标准、规格的制定,也会带来一些缺点。

(1) 供应商早期参与,可能造成产品或服务是按照供应商的能力进行设计的,从而会将采购方限定在与该供应商的供应关系上,不利于采购方对供应商进行选择。

(2) 供应商可能会变得不求进取,导致产品质量和服务水平下降。

(3) 可能会带来保密性和安全性问题,如产品计划被泄露给竞争者。

(四) 供应商早期参与中的谈判

供应商早期参与,尤其是核心技术由供应商提供,采购方会担心被供应商挟制,在谈价格时就不太容易了。

采购方在决定采用供应商早期参与的制度时,就应该制定完善的供应商导入流程,只要供应商被识别,首要的事就是使用方与供应商签署保密协议,采购方也会参与其中,与供应商讨论诉求。

在与一些供应商商讨核心技术、零件方面时,采购方必须考量这些事情对成本的影响,即按照"抓大放小"的原则决策。如果影响程度不大,有些波动可以不用考虑。如果供应商掌握了企业所需的技术，在市场上也独占优势，如果因为一些小波动而放弃合作，就会耽误业务进程，进而可能导致企业丧失市场份额。因此，整个业务的负责人和企业负责人需要考量企业利益，而不是只看指标。

同时，在使用供应商早期参与时，采购方会核算出大概的成本，供应商也会公开成本数据。如果大家通过对比发现差别不大，采购方就能同意研发的选择。如此一来，企业层面也会通过该项业务。

阅读案例 3-1

三、供应商选择中的谈判

（一）供应商搜寻

供应商选择分为市场调研、供应商搜寻以及供应商评估等阶段。供应商搜寻是指识别或寻找那些有潜力满足供应需求的供应商，采购方寻找潜在供应商，可能的信息来源包括：①采购方数据库记录在案，首选的、已批准的供应商名单；②供应商名片名录、销售人员演讲稿、网站；③印刷的或网站上的供应商名录；④在线市场交易所、拍卖和评论网站、供应商/采购商论坛；⑤行业、公会的出版物；⑥通过商品交易会、展览会和行业会议收集信息；⑦与其他采购人员建立联络。

（二）供应商评估的"10C"模型

供应商评估的"10C"模型包括：①供应商履行合同的能力（competence）；②供应商满足采购组织目前和未来需求的能力（capacity），如产能；③供应商对关键价值要素（如质量、服务或成本管理）和与采购组织保持长期关系的承诺（commitment）；④有现成的控制系统（control systems），用以监控管理资源与风险，如质量或环境管理系统、财务系统、风险管理系统等；⑤现金资源（cash resources），确保供应商的财务状况和稳定性，可以通过查看供应商的财务相关报表来进行分析；⑥在交付和改进质量与服务水平中的一致性（consistency）；⑦成本（cost）；⑧供应商与采购组织的兼容性（compatibility）；⑨合规性（compliance）；⑩沟通效率（communication efficiency）。

（三）公开招标与竞争性谈判的使用

1. 公开招标和竞争性谈判的概念界定

公开招标，是指采购人按照法定程序，通过在指定的媒体上发布招标公告，邀请潜在的不特定供应商参加投标，采购人通过事先确定的标准从所有投标人中择优评选出中标供应商，并签订合同的一种采购方式。

竞争性谈判，指采购人组成谈判小组，谈判小组内所有成员集中与单一供应商分别进行谈判，待谈判结束后要求所有参加谈判的供应商在规定时间内进行最终报价，采购人从谈判小组提出的成交候选人中依据符合采购需求、售后服务且报价最低的原则确定成交供货商，并与之签订采购合同的一种采购方式。

2. 公开招标的优点与缺点

（1）公开招标的优点。

首先，招标过程的公平性。在公开招标的评标过程中，一切流程依照《中华人民共和国招标投标法》《中华人民共和国政府采购法》等法规进行，接受社会各方面监督，进而保证招标过程合规、公正、公平、高效。

其次，投标人的广泛竞争。公开招标的公告一旦发出后，任何符合资质要求的独立法人或组织均可参与投标。这种采购方式促使供应商降低成本，提高服务，进而实现物有所值。

最后，专家评定的权威性。在采购过程中，使用方只需提出采购需求，具体采购由招标代理机构操作。评标委员会的专家由系统随机抽取，减少一定的舞弊性；公开招标根据专家多年经验及投标文件所示内容，评标结果有一定权威性。

（2）公开招标的缺点。

首先，公开招标的周期要求。公开招标需要遵照相关规定严格按程序履行，采购周期一般长达2个月。如使用方存在项目进度要求或科研仪器设备为急需设备，就会出现公开招标周期长与使用方对所需设备和项目完成时间紧促的矛盾。

其次，中标人的评标依据。《中华人民共和国招标投标法》第四十三条中明确规定,在确定中标人之前,招标人不得与投标人就投标价格、投标方案等实质性内容进行谈判。现评分标准中多采用综合评分法,即根据投标文件中报价、业绩、售后服务等条件作出综合权衡。依文件而定标,可能会出现物事所非的情形。

最后,供应商的数量要求。《中华人民共和国政府采购法》规定,符合专业条件的供应商或者对招标文件作实质响应的供应商满足3家的方可开标。但因某些设备的专业性极强,供应商较少,往往会出现投标商不足3家的情况,进而导致流标,重新组织采购,无形中增加了采购人的采购成本、延长了采购时间。

3. 竞争性谈判的优点与缺点

(1) 竞争性谈判的优点。

首先,公告时间的自定性。竞争性谈判的公告时间可在10—20日,一定程度上节省了时间成本。

其次,双方谈判的有效性。竞争性谈判是在谈判过程中,投标方可根据采购方要求或现场谈判情况,进行多次报价和承诺,最终以双方均能接受的价格和服务确定供货商。

最后,谈判过程的可控性。竞争性谈判是采购方发出竞争性谈判公告,潜在参与竞争性谈判的独立法人或组织购买竞争性谈判文件、制作响应谈判的投标文件,在谈判之日当场将投标文件提交采购方,由采购方组织有关评标专家在纪检部门的监督下,进行开标、谈判与定标等流程,中途可根据招标工作需要进行多轮谈判和承诺,减少流标现象的发生。

(2) 竞争性谈判的缺点。

首先,多次谈判带来哄抬价格。在采购活动中,一般批准竞争性谈判的设备多具有时间紧、数量少、规模小的特点,因不存在规模经济,无限制的独家谈判可能导致供应商任意抬高价格的局面。

其次,企业竞争的局限性。竞争性谈判是从符合条件的供应商名单中确定不少于3家供应商参加谈判,最后从中确定成交供应商。在选择参与谈判的供货商中,既可能存在舞弊,又可能带来企业竞争的不公平性。

4. 公开招标与竞争性谈判采购方式的选择

《中华人民共和国政府采购法》第二十六条规定,公开招标应作为政府采购的主要方式。第三十条规定,符合下列情形之一的货物或者服务,可以依照《中华人民共和国政府采购法》采用竞争性谈判方式采购。

(1) 招标后没有供应商投标,或者没有合格标的,或者重新招标未能成立的。

(2) 技术复杂或者性质特殊,不能确定详细规格或者具体要求的。

(3) 采用招标所需时间不能满足用户紧急需要的。

(4) 不能事先计算出价格总额的。

表3-1显示了政府或企业在选择竞争性谈判还是公开招标时,应该考虑的一些因素。

表3-1 采用竞争性谈判还是公开招标

使用公开招标的五项标准	应该使用竞争性谈判的四种情形
采购价值应高到足以证明此过程费用合理性的程度	不可能准确估计生产成本
规格必须清楚,并且潜在供应商必须对履行合同所涉及的成本有清晰的了解	价格在合同授予中不是唯一的或最重要的标准
市场上必须有足够数量的潜在供应商	随着合同的推进有可能变更规格
潜在供应商必须在技术上合格并渴望获得业务	专用工艺装备或设备成本是要求中的主要因素
必须有足够的时间实施此过程	

(四) 开标后的谈判

1. 开标后谈判

公开招标后,如果出现以下情况,可以由公开招标转为竞争性谈判。

(1) 没有供应商投标。

(2) 只有两家供应商参与投标,达不到法定开标条件。

(3) 开标后经评审没有合格标的。

(4) 经评审符合专业条件的供应商或者对招标文件作出实质响应的供应商只有两家。

(5) 重新公开招标未能成立。

2. 开标后谈判的指导原则

(1) 开标后谈判会议中买方至少应该有两人参与以保证透明和负责。

(2)来自买方组织的谈判人员应该在开始会议之前与相关管理者明确自己的谈判策略。

(3)会议内容要形成纪要以确保谈判过程和结论有据可查。

(4)买方应该以职业且合乎商业道德的方式进行谈判。

3. 开标后谈判的流程

出现公开招标失败的情况后,在何时提出转变为竞争性谈判,以何种方式提出,以及提出什么内容,是需要慎重对待的事情。一般来说,公开招标转为竞争性谈判,有两种转变工作流程:一是常规型转变工作流程;二是快捷型转变工作流程。

(1)常规型转变工作流程,如图3-1所示。

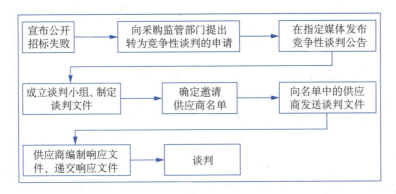

图3-1 常规型转变工作流程

(2)快捷型转变工作流程,如图3-2所示。

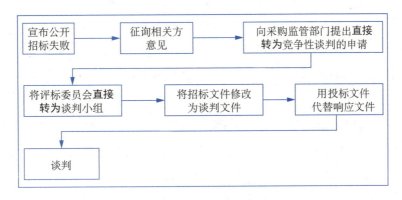

图3-2 快捷型转变工作流程

第三节 解决组织内冲突中的谈判

采购的关键作用之一是,在组织内以及供应链内发展和保持合作关系。这就涉及一个管理多样性和差异性的问题。之所以说"多样性",是因为组织和供应链由不同个体和团队组成,他们有完全不同的工作目标、态度、利益、权益和工作方式。之所以说"差异性",是因为具有多样性的那些领域通常会不可避免地发生误解、争议、竞争乃至敌意。这些行为和现象,我们通常称之为"冲突"。冲突本身有多种含义,也并不可怕,可以用多种方法来解决。

一、组织内冲突的来源与原因

(一)冲突的来源

美国企业管理学者罗宾斯认为,冲突的来源可以概括为三类。

1. 沟通因素

有关研究表明,语义理解困难、信息交流不充分以及沟通渠道中的"噪音"都构成了沟通障碍,从而成为冲突产生的潜在条件。具体而言,培训差异、选择性知觉、缺乏他人有关的必要信息等,会导致对对方语义理解的困难从而产生冲突;沟通过少或沟通过多都会增加冲突的可能性;信息传递中的过滤、正式与非正式通道中的沟通偏差等也可能造成冲突。

2. 结构因素

结构因素包括这样一些变量:群体规模、分配给群体成员任务的具体化程度、管辖范围的清晰度、员工与目标之间的匹配度、领导风格、报酬系统以及群体间相互依赖的程度等。具体而言,群体规模越大、任务越专门化,出现冲突的可能性越大;管理范围的模糊性增加了群体之间为控制资源而发生冲突的可能性;追求不同目标的群体间可能发生冲突;参与型领导风格由于鼓励人们提出不同的意见而可能导致冲突;个体利益的获得以另一个体利益的丧失为代价,以及一个群体依赖于另一个群体都可能导致冲突。

3. 个人因素

个人因素包括人格情绪和价值观。某些人格类型,如专制、教条、冷酷、敏感、以自我为中心等,有可能导致冲突;负面情绪传染、价值观差异都可能导致冲突。

(二) 冲突的原因

生长环境、社会文化、教育背景、家庭传统和人生经验的不同使每个人具备独特的生活背景,进而影响着每个人的性格、价值观和与人交往的方式。性格、背景、教育、素质、价值认知、责任意识和交往习惯的差异极易引发人们之间的不和,这种不和加之其他因素的催化就会演化成个体间冲突,也包括跨部门个体之间的冲突。

1. 不同职能引起的冲突

企业工作职能的分工专业化,产生了相互独立而又密切联系的各个职能部门,企业中的个人和群体,由于其所扮演的部门角色不同,各自所承担的工作职责也有所不同,有的甚至是相互制约的。一些企业为了实现内部的平衡,制定的流程和制度具有相互约束与监督的特点。基于职能的工作职责分割,还增加了部门之间依赖性和协作接触的次数。这些都客观增加了部门间冲突发生的可能性。

职能分工制度,促使职能工作和职能目标专业化。企业以盈利为目标的特点,强化了组织内部各主体的利益观念,这使得各部门最关心的直接利益变成了本部门工作任务和职能目标的完成。不同部门之间职能目标和利益的差异是部门间冲突产生的主要原因。

2. 信息沟通不畅

信息沟通不畅是部门间冲突产生的另一个重要原因。部门界限和工作职能的阻隔,使得跨部门的沟通和协作变得尤为重要,而信息尤其是工作信息便成了部门间沟通的媒介。信息本身是否全面、可靠,采集、处理、传递和接收信息的过程是否畅通,以及个人和部门信息沟通的技巧,都会直接影响部门间信息沟通和协作的效率。

3. 企业文化

不同的企业文化对于企业内部各部门的影响是不言而喻的。注重平等、尊重和沟通的企业文化,有利于部门间的沟通和理解,拥有这样文化的企业对于跨部门冲突有着良好的防范和化解的传统。过分强调企业整体、服从和专制的企业文化,往往压制内部矛盾,忽视冲突的疏导,结果却只会适得其反。

二、组织内冲突的类型

(一)建设性冲突

建设性冲突不但无害,反而有益,对企业组织来说,有建设性的冲突非常必要,因为它可以活跃关系和澄清问题,建设性的冲突能有以下的效果:①推出了问题的不同选项和解决方案;②更清楚地界定势力关系;③鼓励创造性和对想法进行尝试;④为情感打开沟通的大门;⑤为宣泄提供机会。

(二)破坏性冲突

也有些冲突具有破坏性,它们是消极的,对各方的关系带来损害,这些冲突通常以如下的形式表现:①分散团队对任务的注意力;②导致极端化观点和使团体或团队"失去定位";③成为沟通障碍;④使目标偏离,指向次要目的和议程;⑤鼓励防御性或"毁坏性"的行为;⑥刺激情绪化的、我赢你输的冲突或敌意。

阅读案例 3-2

破坏性的冲突对团队的危害是显而易见的,所以需要解决或减少这些冲突,而谈判也是解决冲突的一种方式。当然,我们也需要注意到,破坏性的冲突有时会用上述方式使得谈判脱离轨道,因此需要在不同的谈判情形下对冲突进行管理。

三、组织内冲突的管理

冲突管理的基本原则是倡导建设性冲突,避免破坏性冲突。因此,冲突管理的技术和方法可以分为两大类:降低冲突或提高冲突,将冲突总体控制在适当水平;运用合作或正视策略改善冲突结构,化破坏性冲突为建设性冲突。

(一)降低冲突或提高冲突

1. 降低冲突

当冲突的总体水平过高时,组织应采取措施降低冲突,将冲突的总体水平控制在合适程度。

第一种方法是职权控制。职权控制是指高层管理人员运用职权,发出指示或命令来解决冲突,并向冲突各方指出高层的期望。这种方法解决冲突的效率高,适用于情况紧急时采用。但这种方法由于涉及利用权力来压制冲突,冲突双方迫于权威可能仅仅维持一种表面上的和谐,其实双方心中仍存不满,可能造成未来双方进一步的冲突。

第二种方法是回避。回避是指不满足冲突双方任何一方的利益,无视双方差异的存在,将自己置身于冲突之外,或在冲突中保持中立。回避能够起到缓解冲突、不使矛盾激化的作用,但冲突问题仍然没有得到解决。当冲突无关紧要时,或是冲突双方情绪激动需要时间恢复平静时,或是冲突不解决比冲突解决更有利时,采用回避是最好的方法。

第三种方法是妥协。妥协是指冲突双方各自放弃一些有价值的东西。当问题复杂需要找到一个临时性解决办法,或者情况紧急需要找到一个权宜之计时,或者双方实力相当不宜采用强制策略时,可以选择妥协策略。

第四种方法是隔离。隔离是指通过组织设计,减少部门之间的依赖性,从而减少部门之间的发生冲突的机会。

第五种方法是缓冲。缓冲是指在两个相互依赖的部门之间建立资源储备,以缓冲两者之间的工作流程。

2. 提高冲突

当冲突的总体水平过低时,组织应采取措施提高冲突至合适水平。提高冲突的具体技术主要有五种:一是运用沟通。利用模棱两可或威胁性的信息来提高冲突水平。二是引进外人。在企业中补充一些在背景、价值观、态度和风格上与现有成员不同的个体以激发冲突。三是运用吹毛求疵法。在企业中任命批评者,让其对所推荐的方案进行系统化批评,找出所有的问题和漏洞,从而使决策更为合理。四是运用辩诘法。在企业中安排一个人专门提出与决策者相反的假设和建议,促使决策者从更多角度更充分地理解决策问题,从而使决策更加全面和客观。五是重新建构组织。调整工作群体,改变规章制度,提高相互依赖性,实施其他类似的结构变革以打破现状。

(二)运用合作或正视策略改善冲突结构

1. 采取措施改善人际关系,降低或消除关系冲突

采取措施改善人际关系,降低或消除关系冲突的方法有:开展人际关系培训,使冲突双方转变造成冲突的态度和行为,增强彼此的理解、沟通和宽容;为冲突双方提出一个共同目标,该目标需要双方努力合作才能完成,以培养双方在工作中的合作关系和增进彼此的理解;当冲突长期得不到解决,可以对人员进行调整,建立新的合作关系;在决策会议中通过巧妙地安排座位、使用圆形会议桌等方法在与会人员之间营造出一种平等、融洽的气氛;在议程上首先进行较少引发争议的部分以营造良好的开场气氛,降低人们的戒备和敌意。

2. 规范冲突处理程序,明确各部门和人员的职责

规范冲突处理程序,明确各部门和人员的职责,使过程冲突保持在最低水平。如提前分发会议议程可以帮助群体成员提前理解要讨论的问题和任务并形成自己的意见,并且让他们感觉到问题被摆在桌面上,从而对群体决策产生积极影响。

3. 提升或降低任务冲突并使其保持在适当水平,监控任务冲突发展,防止其滑向关系冲突

具体做法有:一是营造公开、坦诚交流的氛围。应创造并维持群体内的开放性和合作性,鼓励人们提出不同的意见和进行开诚布公的批评,鼓励人们提出更多的决策备选方案,保证少数人的意见得到充分讨论来提高决策质量。二是收集各种相关资料。只要资料是实现目标和完成任务所需要的,资料越多,越容易使群体成员做决策时把重点集中在相关问题上,而不是针对彼此的个性上。并且,有丰富的数据资料可以引用也避免了在意见

不一致时把时间浪费在对情况的猜测和无谓的争辩上。三是实施参与型领导。在实施独裁型领导的群体中,不允许成员自由发表意见,成员的想法受到了压制;在实施放任自流型领导的群体中,不存在领导权威,充盈着竞争和对立的气氛,很容易发生冲突。理想的领导风格是参与型的,这种风格的领导者懂得他们的首要责任是创造群体的合作、协同;懂得他们应该牺牲个人表现,即便他们是最具权威的专业人士;懂得领导者仅仅比其他成员多一点权威,每一位成员都可以从不同的角度充分发表意见,尽心尽职地为群体做贡献。四是当冲突中任务冲突水平过高,群体无法达成一致意见时,群体领导应综合各方观点有魄力地作出公正合理的决定,并要有勇气承担管理责任。这样的决策结果虽然不能使每一位成员都满意,但由于每一位成员都深入地参与了对问题的讨论,他们会因为参与感、归属感、责任感和自尊感得到满足,而很乐意地去执行作出的决策。五是群体领导在决策过程中应强调任务冲突的作用,一旦出现关系冲突则对其进行有效控制,使决策过程始终保持在任务冲突的轨道上。

阅读案例 3-3

四、采购部门与其他部门的冲突

(1)降低成本。采购主导的成本节约会降低企业的输入或服务水平。

(2)规格。工程设计人员支持技术要求,营销人员支持客户优惠政策,而采购人员更注重商业因素和更广泛的商业论证。

(3)供应优先权。例如,营销只能支持定制化和按需交货,而采购职能则通过标准化和尽早将需求通知给供应商来实现效率优先。

(4)预算分配和优先权。组织用于供应商身上的外部支出比例在不断增加。

采购部门与其他各部门联系密切,为每个部门供应各种所需,所有部门都是采购部门的内部客户。在纵向上,采购部门依照生产工序和流程为生产部门采购各种原材料,横向上又为销售、人力和财务等其他职能部门供应日常所需。而且,采购部门要采购的对象数量众多、品类繁杂,既有各种直接生产原料和辅料,还包括设施、设备、耗材、租赁、安保、物业等各种商品和服务。采购部门众多的内部顾客部门，以及它们复杂多样采购需求，使得彼此间爆发潜在冲突的可能性大大增加了。

虽然采购部门与众多其他部门都存在潜在冲突的可能，但是与生产部门更容易发生冲突，尤其对于生产制造型企业更加明显。这一方面是因为，保障持续生产供应是采购的首要职责，采购部门与生产部门的联系和交往最为频繁和密切，客观上增加了冲突产生的概率。另一方面，许多生产部门缺乏采购计划性，忽视采购流程和周期，经常出现所谓的紧急需求，将自身的错误结果推给采购部门解决。这种缺乏责任感的行为在生产使用部门之中并不少见，甚至在一些企业还得到领导的纵容，这也是现实中采购和生产频现矛盾的一个常见的原因。

在不同的企业类型中，采购部门与其他部门发生冲突后的处理是有所不同的。比如，制造型企业一般以生产为导向，在许多企业领导和生产部门眼中，采购往往被认为是生产的后勤保障部门，应该按照生产部门的需求无条件地供应，其所受的尊重和重视程度，以及在出现冲突后被理解和支持程度都公认较低，这都不利于冲突的防范和化解。而对于商品流通企业，采购的地位和认可程度相对较高，有利于与其他部门积极有效地协作和沟通，出现冲突和纠纷后可以被理解和平等对待，为跨部门冲突的解决提供了良好的氛围。

在生产型企业中，各部门之间特别是上下工序生产部门之间的冲突，大多表现为基于共同的生产和质量目标而导致的协助中出现的各种不协调和矛盾。在保障生产和质量方面，采购部门与生产部门的目标具有一致性。但是随着采购部门在企业中作用和地位的不断提高，采购部门的目标包含了节约成本、质量管理、供应链管理、企业战略支持等诸多方面。而生产部门的主要目标是按时完成生产计划，它们更加关注采购部门按时按量的原料供应，这种部门关注目标的差异对采购部门和生产部门的冲突的影响更加显著。

由于采购职能控制着买办大权，而绝对的权力容易导致绝对的腐败，所以许多企业尤其是大型跨国企业，从组织结构设计到采购流程制度方面，都对采购活动进行了约束或制衡。比如，许多跨国公司一方面将一些采购决策权力下放到内部各个部门,扩大采购需求部门在采购过程中的参与程度;另一方面又集中强化了采购部门在采购订单和合同的编制,询价议价和采购谈判,供应商的准入及管理等方面的权利。这些措施促进了部门间的采购沟通,提高了企业的采购管理水平,使采购部门与需求使用部门在采购过程中互相监督和约束,保证了采购过程的廉洁和公正。但是,这种互相制衡同样也会导致冲突的发生。

阅读案例 3-4、3-5

第四节 在团队和利益相关者管理中的谈判

一、团队管理

(一) 团队

团队指一个具有互补技能的人员团体,该团体致力于他们共同为之负责的共同目的、绩效目标和方法。

团队(team)是由基层和管理层人员组成的一个共同体,它合理利用每一个成员的知识和技能协同工作,解决问题,达到共同的目标。

(二) 团队的作用

1. 团队工作可以产生高效应

团体与个人的关系就如同整体与部分的关系,团队模式使组织结构大大简化,领导和团队、团队和团队以及团队内部成员之间的关系变成伙伴式相互信任和合作的关系。建立在志同道合基础上的团队可以起到功能互补的作用,因而决策合理、科学,士气高涨,从而产生了比个体简单相加高得多的劳动生产率。

2. 团队工作可以提高组织灵活性

企业团队的共同价值取向和良好的文化氛围,使组织能更好地适应日益激烈的竞争环境,以其敏捷、柔性的优势,增强企业的应变和制变能力,提高企业组织的灵活性和竞争的效能。

3. 团队工作可以增强凝聚力

随着改革开放的不断深入,人们的物质文化生活水平也在不断提高,人们的思想得到了极大的解放,人们已经不再满足于别人对自己的控制和管理,他们不仅仅把工作当作一种谋生的手段,更希望在工作中找到人生的乐趣,实现自我价值和自我发展。团队强调沟通、协调,成员之间相互信任、坦诚沟通,人际关系和谐,这样可以提高员工的归属感和自豪感,大大激发企业员工的积极性,增强企业内部的凝聚力。

4. 团队工作可以培养人才

团队注重对成员的培养,鼓励成员一专多能,并对职工进行工作扩大化训练,持续学习完成目标所需要的知识与技能,使得团队成员迅速进步,从而带来团队工作效率的成倍增长。同时,团队在文化氛围上既强调团队精神,也鼓励个人的完善与发展,从而激发个人的积极性、主动性和创造性,使得企业员工从机器的附属中摆脱出来,充分体现了人本管理的思想。

(三) 需要正式谈判的情况

在团队管理与员工关系领域,如果出现以下情况,可能需要或多或少的正式谈判。

1. 怨恨和冲突处理

如果雇主或个别经理对待员工的方式有问题,员工会产生怨恨情绪并抱怨。团队领导会在个体层面上处理这些问题,但如果抱怨升级到群体层次,会出现整个行业内的纠纷。许多员工的怨恨是通过相关各方之间的非正式谈判来解决,如通过第三方(劳动与仲裁部门)调解,而某些怨恨就要通过组织的正式处理流程,通过谈判来解决。

2. 群体问题解决

具有不同利益的个人和群体不可避免地需要在所分担的任务或互相利益上彼此合作。可能需要对这种关系和交换的条款进行谈判:如何将角色、人员和其他资源分配给项目;合同管理人员如何与外部顾问或被外包的职能部门联系;在资源稀缺时谁的优先级更高;如何处理纠纷等。

（四）对条款和条件进行谈判

这种谈判可以是个体层次的,如劳务雇佣合同的履行争议或裁员补偿协议,也可以在集体层次上,如雇主或雇主群体与工厂、行业员工代表之间的协议。如果采购计划影响了工作条款或条件,如对于组织重构、外包或裁员等问题,组织有义务与员工代表进行磋商,并可能需要与员工代表进行正式的谈判,以保证达成和遵守相关协议。

二、谈判中的利益相关者

（一）利益相关者

管理学意义上的利益相关者(stakeholder)是组织外部环境中受组织决策和行动影响的任何相关者。

利益相关者可能是客户内部的(如雇员),也可能是客户外部的(如供应商或压力群体)。大多数情况下,利益相关者可分类如下:①谈判者;②合同经理;③双方组织中的成员;④用户;⑤采购的预算持有人或出资人;⑥双方组织的高级管理层。

（二）谈判中的利益相关者如何对待(门德娄势力/利益矩阵)

门德娄(Mendelow)的势力/利益矩阵是对利益相关者进行比较的一个有用的工具,它的依据是下列两个关键因素。

1. 他们影响公司(或采购)活动的势力

解释来说就是这个人的权限有多大,他的决定对你的影响有多大。例如,一项采购需要在质量上做一定的让步,就可以让价格下降30%。这时质量部的管理者的"权利"或者"势力"就会直接影响到你的这个决定是否可以成功的执行。

2. 他们使用这些势力的可能性

也就是说,在给定的问题或决策中,基于他们利益的大小,他们这样做的动机强度。

对于一个给定的情形中,将每个利益相关者按照其势力/利益水平的高低,分别分配到各个象限中(见图3-3)。

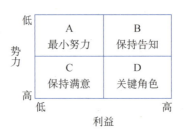

图3-3 门德娄势力/利益矩阵

A象限:既没有大的利益也没有大的影响力的利益相关者,是一个优先级较低的群体。不应当将资源浪费在他们的目标或可能反应上,小的投资者或者那些与本公司有很少业务往来的大型供应商,都属于这一类别,让他们单纯接受结果即可。

B象限:此象限利益相关者因具有高度利益而比较重要。他们的直接影响力较低,但除非让他们保持在"圈内"并理解所作出的决策,否则他们会寻求其他势力联合起来保护自己的利益。

C象限:此象限利益相关者由于具有高度影响而比较重要,因为他们的影响力很大。当前他们的利益要求较低,但如果他们的利益得不到满足或对其关心不够,那么他们的利益要求会上升。大的机构股东或者他的供应商属于这一类,还有政府机构和监管机构(如果公司收到了大量投诉、举报),应考虑这些利益相关者利益。

D象限:此象限利益相关者是关键角色:他们有影响力并为自己的利益有动机使用这一影响力。主要客户、关键供应商与中介机构、高级采购经理和战略联盟伙伴属于这一类别。在谈判时应咨询这些利益相关者,甚至可让他们作为参与者参与谈判团队,推荐的战略是这些利益相关者的目标能够尽可能地与公司的战略目标结合起来,确保他们支持而不是抵制。

（三）利益相关者在谈判中的作用（列维奇足球场图）

利益相关者在谈判中的作用，如图3-4所示。

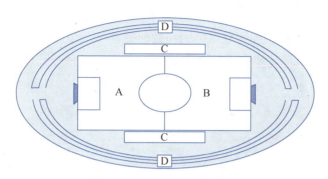

图3-4　列维奇足球场图

（1）A表示"我方团队"到场的谈判人员。
（2）B表示"对方团队"到场的谈判人员。
（3）C表示在边线上的间接参与者。
（4）D表示利益相关的观察者。

（四）未通过谈判达成内部协议将产生的后果

（1）资源不可用。假定采购人员同意一个涉及外部供应商人员培训的供应商开发方案，他必须首先与提供培训的内部员工达成协议；否则，他们不可能在约定的时间内对供应商员工提供培训，也缺乏相应的资源。

（2）实施将会摇摆不定，因为参与该过程的内部员工可能没有被纳入协议。

（3）存在内部抵抗甚至破坏的危险。

（4）团队成员缺乏一致的声音，谈判团队的成员要步调一致，如果在与供应商的谈判过程中，出现内部不统一的声音，就会严重影响谈判进程。

（5）存在与内部支持者关系疏远的危险。

在内部谈判中没有回避的选项，在与外部供应商接触前，采购人员必须与受谈判影响的内部利益相关者达成协议。

第三章　拓展阅读

实践指导

一、中、美纺织品贸易摩擦的利益相关者

贸易摩擦既有政治因素也有经济因素,一般的分析方法经常把的政治因素和经济因素单独分析,Freman 的利益相关者分析成功地实现了两者的综合。

针对美国限制纺织品服装进口的贸易政策,美国的相关利益集团分成两派:反对美国设置壁垒限制纺织品进口(简称"反对设限方")和赞成美国限制纺织品进口(简称"赞成设限方")。相关利益集团有:反对设限方,包括出口国中国、美国联邦政府、美国零售商联合会;赞成设限方,包括美国纺织产业、美国地方政府、美国纺织业工会。

二、相关利益者的诉求

作为出口国,纺织服装产业一直是中国具有比较优势的产业,中国目前是世界上第一大纺织品生产国和出口国,实施的是出口导向战略,纺织业的发展对经济增长的贡献和带动中国工业的发展和升级上起着重要作用,中国国内政府和纺织产业希望自由贸易环境。但中国纺织品服装的低价恶性竞争,出口市场地理分布过于集中,加大了与美国等进口国发生贸易摩擦的机会。例如,2005 年配额取消后,美国成为中国纺织品第一大出口国,中国出口到美国的纺织品服装总额占中国纺织品服装出口总额的 16.2%,其他四个最大的出口地区分别是欧盟、中国香港、日本和俄罗斯,五个地区的出口总额占中国纺织品出口总额的 2/3。中国很难影响美国的贸易政策,但中国作为一个纺织品出口大国,在决定协议的具体细节上仍有一定的影响力。

对于美国联邦政府来说,它的目标是多重的,其中既有反对设限、实施自由贸易的因素,也有赞成进口限制、保护本国纺织产业的因素,因此,他介于反对集团和赞成集团之间。第一,它关注中美贸易不平衡,长期的中美贸易赤字使其对中国政府不满;第二,它希望显示出美国政府对美国纺织产业是关心的,以争取选票,均衡国内的各种政治经济利益;第三,自由贸易是一个受欢迎的国家理念，赞成自由贸易的会带给美国联邦政府良好的声誉。

美国零售贸易联合会（The Retail Trade Action Coalition，RITAC）当然是反对任何限制纺织品进口的措施。它也是美国国内反对对纺织品进口限制的力量最强的一方，因为对纺织品服装的进口限制会抬高这两类商品的销售价格，减少零售企业的收益。

美国纺织业主要集中在阿拉巴马州、南北卡罗来纳州和弗吉尼亚四个州，这四个州的产值约占美国纺织产业年产值的8%。美国纺织产业面临国外竞争时一直寻求保护，而且这四个州在美国总统选举时均投了布什的票，布什不得不考虑这些州纺织工人的利益，对国外企业的数量限制可以减少对美国市场份额的进一步侵蚀。美国纺织产业在这短期的保护期内通过重组，变得更有竞争力，但是美国在配额取消前1年过渡期内没有很好调整纺织业，而且配额取消后，美国纺织品进口的增长完全正常，不存在市场扰乱问题。

美国纺织品市场并没有受到巨大冲击。所以美国政府利用中国加入WTO"24条款"控制中国出口，在一定程度上是把中国当作替罪羊，转移国内视线，获得国内某些特殊利益集团政治上的支持。

美国地方政府对联邦政府有很大的影响力，联邦政府官员会考虑纺织工人的要求，因为这些工人代表很多的选票，虽然保护主义违反WTO基本原则，但是它迫使国外纺织企业同意数量限制协议。对于美国工会而言，最好的解决方法是完全限制纺织品进口。但是这很难做到，所以采取数量限制至少表明工会在努力保护工人的工作。

思考与练习

一、名词解释

1. 谈判
2. 战略谈判

3. 战术谈判

4. 开标后谈判

二、选择题

1. 以下哪种情况下属于破坏性冲突(　　)。

　　A. 推出了问题的不同选项和解决方案

　　B. 更清楚地界定势力关系

　　C. 使目标偏离,指向次要目的和议程

　　D. 为情感打开沟通的大门

2. 以下哪种情况下属于建设性冲突(　　)。

　　A. 导致极端化观点和使团体或团队"失去定位"

　　B. 成为沟通障碍

　　C. 鼓励创造性和对想法进行尝试

　　D. 鼓励防御性或"毁坏性"的行为

3. 达成协议的备选方法有(　　)。

　　A. 说服　　　　　　　　　B. 让步

　　C. 逼迫　　　　　　　　　D. 竞争性招标

4. 开标后谈判的指导原则有(　　)。

　　A. 至少应该有两人参与

　　B. 明确谈判策略

　　C. 形成会议内容纪要

　　D. 以职业且合乎商业道德的方式进行谈判

5. 组织中冲突的性质有(　　)。

　　A. 建设性冲突　　　　　　B. 消极冲突

　　C. 结构性冲突　　　　　　D. 破坏性冲突

6. 组织中冲突的表现形式有(　　)。

　　A. 制度化的冲突　　　　　B. 功能性冲突

　　C. 资源冲突　　　　　　　D. 政治冲突

三、简答题

1. 请列出竞争性招标和谈判可能适合的情况。
2. 请说明开标后谈判的指导原则。

四、论述题

论述未通过谈判达成内部协议将产生的后果。

第四章

采购谈判结果、目标与方法

1. 理解谈判中冲突的处理方式
2. 掌握分配性谈判的适用情形和方法
3. 掌握整合性谈判的适用情形和方法
4. 理解原则性谈判的原则和方法

分配性谈判、整合性谈判、立场式谈判、原则性谈判

第一节 谈判结果与谈判取向

一、谈判结果

谈判是谈判者相互作用的过程,并在这个过程中双方协商和协调,谈判中的谈判主体在"给"与"取"的过程中,都希望可以获得对己方最有利的条件,都希望获得最大的满足,但若每一方都只是一味地"取",不愿"给",那谈判所面临的最终结局只有失败,所以为了共同发展,谈判需要以一定的"合作"协调"冲突",进而在"互惠""公平"的基础上继续进行。谈判专家科尼

利厄斯与费尔提出,在谈判中,存在三种基本谈判结果。

(一) 我赢你输

这种谈判的结果是一方以牺牲另外一方的利益为代价,获得自己理想的结果。但是,如果出现这种结果,无论过程是多么合理或合法,"输"的一方总是会心怀不满,这种结果显然会破坏双方的合作关系。如果这种结果是由于"赢"的一方,采用胁迫或施压,而不是通过协商的方式来实现,显然"输"的一方会更加不满,对双方关系的损害会更大。

(二) 双输

在谈判中,任何一方都没有真正得到它想要的东西。理论上说,这种结果似乎不太可能,但实际上,这种结果相对更加常见。例如,在分摊议价的价格差时,谈判时双方都选择了妥协,双方都作出了让步,并且都没有得到完全满足。当然,这种结果也许更"公平""合理",但双方也经常出现怨恨和不满情绪。另一种"双输"的情形是,一方采用了"我赢你输"的谈判策略,但赢方采用了对抗或操纵的方式,强迫另一方接受苛刻的条款,最终损害了另一方的士气,损害了两者之间的关系,受损害一方出于义愤,作出了损人不利己的行为,如终止谈判、拒绝履约等。

(三) 双赢

双赢结果是双方都尽可能接近他们想要的结果,不论该结果是否能真正得到实现。寻求双赢的方法是基于互利互惠、互相合作解决双方的需要和问题。该方法中,双方更有创造性地解决问题,更开放地沟通,以及持续地加强合作与保持联系。

二、冲突的处理方式

(一) 托马斯-蒂尔曼的冲突处理方式模型

由于谈判中双方都想获得自身利益的最大化,尽管我们可以在一定程度上避免谈判陷入僵局而至最终破裂,但利益的冲突是难以避免的,只有采取有效措施加以解决,才能使谈判顺利完成并取得成功。根据托马斯(Thomas)和基尔曼(Kilmann)1974年研究的成果,他们把每个人在处理冲突时所采取的措施,分为五种方式:①回避,谈判一方企图从冲突中撤出或尝试掩盖;②强迫/竞争,采用优越的势力强行推动解决方案;③迁就,在不争斗的情况下作出让步,以便保持和谐;④妥协,向对方让步以换取对方让步,这样的谈判结果可能是"微赢微输";⑤合作,设法找到尽量满足双方需求的结果(见图4-1)。

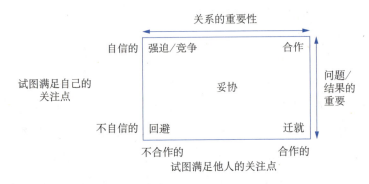

图4-1 托马斯-蒂尔曼的冲突处理方式模型

1. 合作

采用合作型(collaborating)风格的人对待冲突的方法是,维护人际关系,确保双方都能够达到个人目标。他们对待冲突的态度是,一个人的行为不仅代表自身利益,而且代表对方的利益。当遇到冲突时,他们尽可能地运用适当的方式来处理冲突、控制局面,力求实现"双赢"的目标。

托马斯认为,在以下情况下采用合作型风格最有效:问题很严重,不允许妥协;需要集中不同的观点;需要承诺,以使方案能够运转;希望建立或维持一个重要的相互关系。

2. 妥协

妥协型(compromising)的特点不是双赢,而是要么赢一点,要么输一点。采用妥协型风格的人,他们在处理冲突时,既注重考虑谈判目标,又珍视双方关系。其特点是说服和运用技巧,目的是寻找某种权宜性的、双方都可以接受的方案,使双方的利益都得到不同程度的满足,妥协型风格意味着双方都采取"微赢微输"的立场。

托马斯认为,在以下情况下采用妥协型风格最有效:问题很重要,但你左右不了局面;双方关系很重要,但不允许采取顺从态度;对方具有同样的影响力,他们准备提出其他目标;你需要为复杂问题找到临时的解决办法;时间紧迫,你需要找到一个权宜之计;这是唯一的选择,否则解决不了问题。

3. 迁就/顺从

采用顺从型(accommodating)风格的人,对待冲突的态度是不惜一切代价维护人际关系,很少或不关心双方的个人目标。他们把退让、抚慰和避免冲突看成是维护这种关系的方法。这是一种退让或"非赢即输"的立场,其特点是,对冲突采取退让-输掉(yield-loss)的风格,容忍对方获胜。

托马斯认为,在以下情况下采用顺从型风格最有效:你发现自己错了;你希望被看成是有理的;你希望为以后的问题建立"信用";你处于弱势,希望能尽量减少损失;和谐和稳定更重要。

4. 强迫/控制

采用控制型(controlling)风格的人对待冲突的方法是,不考虑双方关系,采取必要的措施,确保自身目标得到实现。他们认为,冲突的结果非赢即输,谈得赢才能体现出自己的地位和能力。这是一种支配导向型的方式,即可以使用任何支配力来维护一种自认为是正确的立场,或仅仅自己获胜。

托马斯认为,在以下情况下采用控制型风格最有效:必须迅速采取行动(如紧急情况下);问题很重要,需要采取不受欢迎的行为;你知道自己是正确的;对方可能会利用你的合作有所举动。

5. 回避

采用回避型(avoiding)风格的人对待冲突的态度是,不惜一切代价避免冲突。他们的中心思想是逃避,不愿意正视现实矛盾,避免意见交锋,因而使参加谈判的各方都感到沮丧。其后果往往是个人目标不能满足,人际关系也不能维持。这种风格可能会采取外交上的转移命题方式,或推迟讨论议题、等待时机,或干脆急流勇退。这是一种非赢即输的风格,他们的立场是撤退——容忍对方获胜。

托马斯认为,在以下情况下采用回避型风格最有效:问题不重要;你有更紧迫的问题需要处理;你没有达到目标的可能;谈判的潜在"恶果"超过了利益;你需要冷静一下,重新考虑自己的立场;其他人可以更有效地解决这个冲突;你需要时间收集更多的信息。

谈判风格对谈判者制定谈判战略至关重要。如果你是"合作型"风格的谈判者,你就会在谈判前制定促使双方皆大欢喜的"双赢"谈判战略。在制定处理双方冲突的方案时,你就要设想如何有效地满足对方的需要,以及不祈求拿走"谈判桌上的最后一分钱"。如果你是"控制型"风格的谈判者,在制定谈判战略时,你就要设想"分利必争"的方案。

采用哪种冲突处理的方式,还取决于双方谈判实力的对比、双方今后继续保持业务关系的可能性、该笔交易的对双方的重要性,以及双方人力、物力、财力和时间等方面的限制。Burke(1970)曾对上述五种不同人际冲突管理策略的有效程度进行过调查,他发现使用合作策略常能有效地解决冲突问题;强制策略效果很不好;回避策略和迁就一般很少用,使用时效果都不好。

(二)双重利益模型

另外一种分析双方冲突处理方式的模型为图 4-2 所示的双重利益模型(结果-关系战略模型)。在该模型中,谈判双方可以选择的冲突处理方式有回避、和解、竞争和合作四种。

图 4-2 双重利益模型

1. 回避战略

回避战略即不谈判,因为谈判结果及相互关系都无足轻重,没有必要进行谈判。在出现如下情况时,可以采取回避战略:第一,己方所有的要求及利益无须谈判也可实现;第二,己方追求的结果不值所费时间及努力,也就是在投入与产出上不对称;第三,达到目标有其他可选择的方法;第四,己方要求很低或没有要求。

2. 和解战略

和解战略指的是一方主动妥协,当一方与对手保持乃至增进良好关系时,能获得极大的好处,通常就会选择和解战略。采用和解战略时一方往往出现了这些情况:谈判时间压力大,为了在临近期限达成协议,只有作出让步;或存在某些可以让步的利益,但这些利益无关大局;或谈判底线目标与理想目标有较大退让空间,有较多的可谈判区域;或纯粹就是为了建立长期战略关系。

3. 竞争战略

竞争战略就是在谈判中只关注自身的谈判结果而不考虑与对方关系的保持与发展的谈判思维。采用竞争战略的情况一般为:获得谈判结果对自身绝对有利,必须赢得谈判;不存在退让条件,竞争并不会影响与对手的关系;预计对手也是采取竞争战略时;双方目标相差悬殊,重合区域较小,谈判具有"零和"特征;实力强大的一方可不关注对方的利益;对手找不到替代方案或只存在为数不多的替代方案。

4. 合作战略

合作战略指在谈判中不仅关注自身的谈判结果,同时也关注与谈判对手关系的保持和发展。如出现以下情况时,双方通常会选择合作战略:第一,很难作出让步;第二,竞争战略不具有可行性;第三,承受不起拖延的代价;第四,双方的目标存在较大的重合区域,可谈判的弹性大;第五,存在谈判的整体潜能,能够找到很好的协调双方利益的新方案。

第二节 谈判立场与谈判利益

一、谈判利益与立场的界定

(一) 谈判利益

商务谈判是指不同的经济实体各方为了自身的经济利益和满足对方的需要,通过沟通、协商、妥协、合作、策略等各种方式,把可能的商机确定下来的活动过程。因此,在谈判中,利益的交换是非常重要的。

但是,商务谈判中的利益并不单纯指己方的利益,还包括了"满足对方的需要"这一内容,"竭泽而渔"的方式只能自毁"长城"。因此我们在制定谈判方案时,很重要的一个环节就是明确谈判的目的,如满足愿望和满足需要、为了自身的目的、对双方都有利,或者满足己方利益、利益互惠、满足各自的需要、为了各自的利益动机。

(二)谈判立场

立场通常指人们认识和处理问题时所处的地位和所持的态度,在商务谈判中更多地表现为"面子"问题。从表面上看,利益和立场有着不同的诉求,利益代表着"财",立场体现了"权",但从根本上说它们也有共同之处,如上述"满足愿望"和"满足需要""为了自身的目的""对双方都有利",或者"满足己方利益""利益互惠""满足各自的需要""为了各自的利益动机"这些利益目标,同时也体现了谈判者的立场。

二、不要在立场上讨价还价

美国谈判学家雷法指出:"如果谈判者在立场上争执时,他们会使自己更加陷入该立场中。你越澄清你的立场,越抵抗别人对它做的攻击,你就越会执着于它;你越设法叫别人相信你不可能改变立场,你越难做到这一点。于是,你的'自我'变得与你的立场混为一体。你现在有了保住'面子'这项新利益——把未来的行动与过去的立场联系起来——也就越不可能达成一项调和双方最初利益的明智的协议。在立场上投入的注意力越多,越不会注意如何调和双方利益。任何达成的协议,都只不过是机械式地消除双方在最后立场上的歧见,而不是精心拟出符合双方合法利益的解决方案。这种协议不可以使双方都满意。"

在立场上争执不休、讨价还价,往往会降低谈判的效率,尤其是会损害谈判双方的关系,它违背了谈判的基本准则,无法达成一个明智、有效而又友好的协议。

（一）立场会使得谈判者僵化

越澄清自己的立场,越抵抗别人对该立场的攻击,就陷得越深;越是说明自己的立场无法改变,就越难以使人信服。所以,在立场上投入的注意力越多,越不注意调和双方的利益,也就越不可能达成协议。即使达成协议,也很可能只是机械式地破除双方在最后立场上的分歧,而不是在充分考虑双方利益的基础上,精心拟出的符合双方利益的解决方案。这样达成的协议不可能使双方满意。

（二）在立场上讨价还价会降低谈判的效率

在立场上争执不休的谈判方式,往往会耗用大量的时间,使谈判陷入泥潭。在这种争执中,或是采取极端立场或是坚持顽固态度,或是向对方隐瞒真实意图,或是为谈判能继续进行而作出小小的让步,希望产生有利于自己的结果。而这时对方也自然会采取这种策略。其间的每种因素都会阻碍协议的迅速达成。所采取的公开立场越极端,所作出的让步越小,弄清协议是否可能成立所花时间和精力就越多。这些都会增加达成协议的时间和困难,甚至会使谈判破裂。

（三）在立场上讨价还价会损害双方的关系

谈判双方在立场上争执不休,会使谈判变成一场意志的较量、一种拉锯战,每一方都要用自己顽强的毅力说服对方,迫使对方改变立场。谈判者都是用毫不留有余地的口气说话:"我不打算降低条件,如果你想与我合作,就请接受我的要求。""我也不准备让步,因为我的条件已降到最低限度了。"这样下去必然会使双方的关系紧张,有时会导致破裂。因此,立场性争执会损害谈判双方的关系,失去更多的合作伙伴。

三、双方的利益是谈判的基点

在谈判中,每一位谈判者都应该把重点放在双方的利益上来考虑问题。谈判中的基本问题不是双方在立场上的冲突,而是双方在需求、欲望、关切、忧虑等方面的冲突,这些需求、欲望、关切、忧虑都是利益。立场是谈判者作出的某种决定,而促使他作出这种决定的则是利益。利益是隐藏在立场背后的动机。

（一）识别谈判双方的利益

重利益,首先要通过沟通,了解利益因素所在。在向对方积极陈述己方利益所在的同时,考虑对方的合理利益,努力做到在保证自己利益的前提下帮助对方解决利益冲突问题。谈判中可能有许多不同的利益在发挥作用。

1. 实质性利益

实质性利益主要涉及谈判的焦点,如货物采购价格、付款方式等。

2. 过程利益

过程利益涉及纠纷解决方式,如谈判采用何种形式,是选择分配性还是整合性谈判方法等。

3. 关系利益

关系利益反映每一方是否珍视与另一方的关系。这会影响谈判双方采取的谈判方法,双方都不愿意采取有损关系的行动。

4. 原则利益

原则利益主要反映了谈判双方的价值观,如谈判是否公平、是否有违道德等理念。

（二）协调谈判双方的利益

人们常常因为对方的立场与自己的立场对立,就认定对方的利益与自己的利益相反,认为只要维护自身的利益,对方就必然会发起攻击。但实际上在许多谈判中,仔细观察双方对立立场背后的基本利益,就会发现双方的共同利益与协调利益要多于冲突性利益。双方的共同利益可以促成协议的缔结,双方的不同利益也很有达成协议的可能。

谈判的立场往往是具体而明确的,但隐藏在立场后面的利益,却可能是不明确、不具体的,甚至可能是互相不一致的,那么如何理解并确认谈判中的利益呢？这里要记住,了解对方的利益,与了解自己的利益同样重要。

1. 站在对方的立场上考虑问题

协调双方利益的一个方法是把自己置身于对方的立场上考虑问题,探讨他们提出的每一个要求后面有什么可能的利益,并且要问一个"为什么"。询问的目的不是评价这个立场而是理解对方的需要、希望、担心或要求。如为什么出租房屋的单位要在5年内逐年确定房租价钱?你得到的答案可能是:为应对上涨的物价。这可能是其利益之一。

2. 要考虑双方的多重利益

每一方都有多种利益,而不是仅有一种利益。例如,一个建筑工程队在进行承包谈判中,想得到一个有利的承包协定,想要少费力而高效率,想要与对方保持良好关系等。谈判双方的利益不仅在于影响达成的协议,而且在于协议的结果。应该同时追求本身的利益和共同的利益,为了理出双方的各种利益,有必要将它们记录下来,列成表格,这样不仅可以帮助记忆,还可以突出重点,激发出解决这些利益的新想法。

(三)提出双方得益的方案

人们在谈判中容易坚持自己的立场不放,一方面是由于人们常常围绕单一的内容进行谈判;另一方面是由于人们有时候感到的是非此即彼的选择。真正富于创造性的谈判手应该尽量构思各种互相得益的方案,选择其中能最大限度满足双方需求的方案达成协议。要提出创造性的选择方案,必须注意:将提出方案的过程与谈判其可行性的过程分开,以防不成熟的判断扼杀了方案的形成。谈判时不能一开始就想得到唯一的最佳答案,而要增加各种可能的选择方案,再将它们逐一筛选;努力寻求共同利益,尽量使不同利益变为互补利益;不能只考虑自己一方的利益,要同时兼顾对方的利益。

第三节　让步型、立场型与原则型谈判

谈判的方法有很多,按谈判中双方所采取的态度与方针可以分为:让步

型谈判、立场型、原则型谈判。

一、让步型谈判

（一）让步型谈判

让步型谈判又叫软式谈判（concession negotiation），是指以妥协、让步为手段，希望避免冲突，为此随时准备以牺牲己方利益换取协议与合作的谈判方法，是"硬式谈判"的对称。软式谈判法往往适用于总体利益和长远利益大于一次具体谈判所涉及的局部的近期利益的谈判。

迁就性谈判的目标是谈判一方迫切地想达成协议、扩大与对方的合作，从而在谈判中尽量避免双方冲突、强调双方信任，采取提议、让步、信任对方的立场，在谈判中对人和问题态度温和、愿意作出让步维系关系；同时，相信对方，容易变换自身的立场。

（二）让步型谈判的特点

让步型谈判的特点如下。
（1）让步型谈判中把谈判对手视为朋友，信守以"和"为贵的原则。
（2）让步型谈判对人、对事物采取温和态度。
（3）让步型谈判的目标是取得协议，亦即协议本身高于本次谈判中自身的立场、利益，为取得协议而接受损失。
（4）让步型谈判强调的是建立和维持双方的关系。

二、立场型谈判

（一）立场型谈判

立场型谈判又叫硬式谈判（standpoint negotiations），谈判的参加者把谈判看作是意志力的竞赛和搏斗，认为在其中立场越强硬者，最后的收获也就越多。他们把注意力集中于如何维护自己的立场，否定对方的立场，忽视去寻找能兼顾双方利益的解决办法；他们的目的不是要达成协议，而是要获取坚守本方立场的胜利。

硬式谈判的目标是取得胜利,这种谈判是谈判者以意志力的较量为手段,很少顾及或根本不顾及对方的利益,以取得己方胜利为目的的立场坚定、主张强硬的谈判方法。这种谈判,视对方为劲敌,强调谈判立场的坚定性,强调针锋相对;认为谈判是一场意志力的竞赛,只有按照己方的立场达成的协议才是谈判的胜利。

(二)立场型谈判的应用

采用硬式谈判,双方常常互不信任、互相指责,谈判也往往容易陷入旷日持久的僵局,无法达成协议。而且,这种谈判即使达成某些妥协,也会由于某方的让步而履约消极,甚至想方设法撕毁协议、予以反击,从而陷入新一轮的对峙,最后导致相互关系的完全破裂。

硬式谈判有明显的局限性,一般应用于以下两种情况:一是一次性交往,这种谈判必然是"一锤子买卖",也就是为取得一次胜利而拿未来的合作做赌注;二是实力相差悬殊,在这种情况下,实力强的一方处于绝对优势。

阅读案例4-1

(三)硬式谈判的缺点

一般地讲,任何谈判方法的优劣都可以通过三个标准来加以衡量:①如果谈判产生结果的话,结果应该是明智的;②谈判应该有效率;③谈判应增进至少不损害双方的利益。硬式谈判却难以做到这三个方面。

1. 硬式谈判的结果不够理想

当谈判者占据阵地开始谈判时,总是希望死守阵地不放。你越是声明你的原则、保护你的阵地,你对之也就投入得越多。由于更多的精力被投入阵地上,而使双方真正关心的问题被忽略掉了,达成协议的可能也变小了。最后得到的谈判结果也许是机械地削减双方与最后阵地间的差距,而不是真正恰当地考虑双方的利益,因而也不那么令双方满意。

2. 硬式谈判没有效率

硬式谈判会刺激谈判者,使谈判寸步难行,为了使最终结果有利于自己,双方的起步都很极端,而且死守不放,你要说服对方以你的观点看问题,直到迫不得已才做一小点让步。因此谈判所需的时间较长。

3. 硬式谈判给友谊带来危机

硬式谈判完全是一种意志的较量,每个谈判者都坚持站在自己的一方,希望通过自己的力量使对方退却。当一方看到自己的利益由于对方的强力压迫而得不到重视时,愤怒和憎恨往往油然而生。因此,硬式谈判会给友谊带来危机。

三、原则型谈判

（一）原则型谈判

原则型谈判的参加者把对方看作与自己并肩合作的同事,既非朋友更非敌人。他们不像让步型谈判那样只强调双方的关系而忽视己方利益的获取,也不像立场型谈判那样只坚持本方的立场,不兼顾双方的利益,而是竭力寻求双方利益上的共同点,在此基础上设想各种使双方各有所获的方案。

原则型谈判的目标是圆满有效地解决问题,这种谈判把人与问题分开,对人软对事硬,强调信任与否和谈判无关,双方着眼的是利益而不是立场,愿意共同探究共同性利益,并根据客观标准达成对双方有利的协议。原则性谈判将各方视为合作攻克一个共同问题或使一个共享机会最大化。

（二）原则型谈判的特征

原则型谈判,吸取了软式谈判和硬式谈判之所长而避其极端,强调公正原则和公平价值,主要有以下特征。

(1) 谈判中对人温和、对事强硬,把人与事分开。

(2) 主张按照共同接受的具有客观公正性的原则和公平价值来取得协议,而不简单地依靠具体问题来讨价还价。

(3) 谈判中开诚布公而不施诡计,追求利益而不失风度。

(4) 努力寻找共同点、消除分歧,争取共同满意的谈判结果。原则式谈判是一种既理性又富有人情味的谈判态度与方法。

（三）运用原则式谈判的要求

运用原则式谈判的要求有以下四点。

（1）当事各方从大局着眼，相互尊重，平等协商。

（2）处理问题坚持公正的客观标准，提出相互受益的谈判方案。

（3）以诚相待，采取建设性态度，立足于解决问题。

（4）求同存异，争取双赢。

这种谈判态度与方法，同现代谈判强调实现互惠合作的宗旨相辅，愈益受到社会的推崇。

（四）原则型谈判的基本原则

根据原则型谈判的思路，费舍尔对谈判过程的关键要素重新进行了诠释，并提出处理这些问题的基本原则。

（1）人：谈判者要将谈判过程人的因素与谈判的具体问题区别开。

（2）利益：谈判者应关注双方实质性的利益，而不是表面的立场。

（3）方案：为了共同的利益，谈判者要努力创造各种可供选择的解决方案。

（4）标准：如果遇到利益冲突，谈判者应该采用客观标准来衡量彼此的利益范围。

（五）原则型谈判的战术

原则型谈判法为我们的商务谈判建立了一个可以充分借鉴的框架，在具体应用中，可以分为三个阶段：情况分析、周密策划和讨论交流。

第一阶段是谈判人员对谈判双方的情况进行分析，达到知己知彼的阶段。此阶段的要点是：尽可能利用各种有效的途径获取信息，对信息进行组织、思考并对整体谈判形势作出判断。

（1）关于人的因素，谈判者要考虑谈判各方都持有什么样的观点？双方对同一个问题有没有认识上的差异？有没有敌对情绪？存在什么样的交流障碍？

（2）关于利益因素，谈判者应考虑并认知各方的利益所在，双方是否存在共同的利益？是否存在彼此矛盾但是可以兼容的利益等？

（3）关于方案因素，谈判者应审核既定的谈判方案，是否存在可供选择的谈判方案？

（4）关于标准因素，谈判者应该认知建议作为协议基础的谈判标准，是否存在可以划分利益的公平标准？

第二阶段是谈判者在分析谈判形势的基础上，作进一步周密策划的阶段。此阶段的要点是要求谈判人员利用创造性思维，策划如何实施谈判。谈判者要再次思考以下四个方面的原则。

（1）关于人的问题，谈判者要对可能遇到的人的问题作出解决方案的策划，若出现了双方认识上的差异，如何解决？若出现了双方情绪上的冲突，又如何解决？

（2）关于利益问题，谈判者应考虑在各种利益中，哪些利益是对你非常重要的？哪些利益是对对方非常重要的？用什么样的方法可以满足双方的要求？

（3）关于方案问题，谈判者应考虑用什么样的方法可以找出最终双方都能接受的解决方案，如何让双方摆脱僵局？

（4）关于标准问题，谈判者应找出供最终决策的客观标准。如双方各不让步，哪些标准可以用来公平地划分利益？

第三阶段是谈判双方讨论交流阶段。此阶段的要点是要谈判各方充分交流，努力达成协议，同样还要根据以下四个原则来考虑。

（1）关于人的问题，要探讨观念的差异，让对方发泄挫折和气愤的情绪，克服交流的障碍。

（2）关于利益问题，谈判每一方都要充分了解并关注对方的利益所在，使用各种询问方式进一步证实对方的利益所在。

（3）关于方案问题，双方都应积极配合对方在互利基础上寻求谈判解决方案。

（4）关于标准因素，对于相冲突的利益，努力以客观标准划分利益，并达成协议。

原则型谈判是一种既注重理性又注重感情,既关心利益也关心关系的谈判风格,在谈判活动中的应用范围很广泛。实践证明,这种谈判风格达成的协议,在履行过程中比较顺利,毁约、索赔的情况也比较少。

当然,原则型谈判也有其应用范围。首先,它要求谈判双方能够仔细地在冲突性立场的背后努力寻求共同的利益;其次,谈判双方处于平等的地位,没有咄咄逼人的优势,也没有软弱无力的退让。

表4-1、表4-2列明了三种谈判方法各自的特点。

表4-1 让步型谈判、立场型谈判、原则型谈判的原则与方法

项目	让步型谈判	立场型谈判	原则型谈判
目标	目标是达成协议	目标是赢得胜利	目标是圆满有效地解决问题
出发点	为了增进关系而作出让步	要求对方让步作为建立关系的条件	把人与问题分开
手段	对人和事都采取软的态度	对人和事都采取硬的态度	对人采取软的态度,对事采取硬的态度
态度	信任对方	不信任对方	信任与否和谈判无关
立场	轻易改变自己的立场	坚持自己的立场	着眼于利益而不是立场上
做法	提出建议	威胁对方	共同探究共同性利益
方案	找出对方能接受的方案	找出自己愿意接受的方案	达成对双方都有利的协议
表现	尽量避免意气用事	双方意志力的竞赛	根据客观标准达成协议
结果	屈服于对方压力之下	施加压力使对方屈服	屈服于原则,而不屈服于压力

表4-2 让步型谈判、立场型谈判、原则型谈判的特点

	让步型谈判 (接受我输你赢的结果)	立场型谈判	原则型谈判
支付结构	固定量资源划分	固定量资源划分	可变量资源划分
目标	先对方后自己	追求自己的目标	共同目标
动机	对方的结果	自己的结果最大	联合结果最大
关系	都有可能	短期	长期

(续表)

	让步型谈判 (接受我输你赢的结果)	立场型谈判	原则型谈判
信任开放	一方公开弱点暴露给别人	对对方的信任度低	信任,共同探索
态度	我输,你赢	我赢,你输	双赢
中断补救	如行为变成习惯,一方会破产	调解人/仲裁人	一方有活力的推动

(六)原则性谈判的技巧

1. 援引客观的标准

假设建筑工程的合同书条文规定地基要用钢筋水泥,但是并未注明深度。承包商主张用4米,而你认为高品质的住宅应当要有5米以上的深度,这样方能保证高层建筑的稳固性。这在技术上的要求虽然高了一点,但你说要对你的住户负责。如果这时承包商说:"我们已经同意屋顶用钢架。这已经增加了费用,你们对此也应当让步,同意将地基做得浅一点,因为这样的成本实在太高。"在这种情况下,具有建筑常识的承包人是绝对不能让步的。在谈判时,不应采取立场式、讨价还价式的谈判与对方对峙,而要援引客观的标准来处理问题。这时你应当说:"也许是我的过错,因为可能有3米、4米的地基。但不管怎样,我只希望你所建造的地基,要能支持这幢漂亮的建筑物,使它的防震性能符合政府的有关规定。它的安全要有所保障。对于这样一个客观不能回避的问题,难道没有可以适用的法定标准吗?这个地区其他类似的建筑物的地基有多深?耐震性又如何?我们一起来找出解决问题的标准好吗?"

签订合理的合同和建造坚固的地基有同样的困难,它不容你松气太大,否则是没有办法实现自己的目标的。如果客观的建筑标准能使建筑商和发包人的谈判顺利进行,那么商业谈判、团体谈判、法律谈判和国际谈判也可以应用客观的标准来进行。在买卖谈判中,卖主不要一味地坚持自己的金额,可以依照市场价格、成本价格、竞争价格来决定卖价,因为这些是客观的。以此作为依据就会增强议价能力。换句话说,在关键的时候不要屈服于压力或者销售者的要求,而应以客观、固定的原则来寻求解决问题的方法,不要受当事人的感情或势力影响,要注意问题的客观性质和标准。为达到这个目的,应当接受合理的标准;把注意力关注到问题的事实上,而不是彼此的耐力上,为此,谈判双方要一起"敞开理性之门,关闭威胁之窗"。

2. 运用公正、平等、有效、科学化的优点作为标准

用此标准来处理特定的问题,是达成公正、明智协议的最佳途径。商务谈判的当事人越注重先例、社会习俗和惯例,越能够从过去的经验中获得更多的方便和利益。而且,符合先例的协议,也比较不容易受到批评与攻击。如果双方都想占尽上风,那只会损害当事人之间的关系。根据标准进行谈判,可以避免这种损害,在尝试找出解决之道的交流中,不要去攻击对方。

3. 不以单方面提出的标准为基础进行协商

在谈判中,谈判者不应以对方提出的标准作为唯一的谈判标准,因为一方一项正当的标准并不否定另一方的正当性标准。在与承包商谈判房屋地基深度时,如果承包商说:"算了,你相信我就是了。"你可以回答:"信任完全是另一码事,问题是多深的地基才能使房屋安全。"

4. 不屈从于压力,提出你认为合适的客观标准

如果承包商提出,你在房屋地基深度上不让步,他就要抬高价钱怎么办?你可以回答:"我们按是非曲直来处理这件事,别的承包商做这样的工作要多少钱?"

第四节 分配性谈判与整合性谈判

一、分配性谈判

谈判的目标是对谈判者想要从谈判过程获得的东西的具体陈述,比如

降价。对传统的商务谈判而言,其往往呈现出以下几种结果:第一种结果是"我赢你输",一方以另一方为代价获得他想要的东西,这种谈判通常以牺牲一方的利益为基础。第二种结果是"双输",任一方都没有得到它真正想要的。导致双输的原因有很多,以下两种情形是最常见的原因:一是双方都作出让步和妥协,但是都没有完全得到满足;或者双方都抱有明显的"我赢你输"的观点,一方是以对抗方式或操纵方式进行谈判,强迫另一方接受对其苛刻的条款,以至于最终损害了另一方的士气,从而损害到双方的关系,最终没有达成任何协议。

阅读案例 4-2

（一）分配性谈判注意事项

对分配性谈判也就是传统谈判来说,它的本质是竞争的、敌对的,通过向对方施压设法寻找对方弱点,所以,要想在传统谈判中占尽先机,就要尽量做到以下六点。

（1）绝不要一开始便透露谈判底线,如果向对方说出类似"这是我能给你的底价了,不要再跟我谈了"这样的话语,那就意味着已经没有退路了,意味着从一开始就一次用尽了谈判筹码。

（2）绝不能接受对方的起始要求,因为那一定高于自己能接受的范围,正像一个谈判口号所说的"喊价要高,杀价要狠"。

（3）绝不在获得同等报酬之前作出让步,即所谓的"你不答应我这个,我就不答应你那个"。

（4）绝不暴露自己弱点,但要设法发现对方弱点,隐藏自己的真实情况,以免被对方抓住弱点。

（5）绝不泄漏过多信息,而应让他们不断猜测,营造"敌明我暗"的情景,可以方便自己在对方猝不及防的情况下袭击对方。

（6）尽早在谈判中抢占先机,并且维持这个地位,让自己居于强势地位,可以封住底线,操控对方。

（二）分配性议价的基本策略

（1）推动一个方案尽可能靠近另一方的抵制点,以保障我方取得最好的交易。

（2）通过影响对方的观点来降低其抵制点。

（3）使另一方认为这种解决方式是它希望得到的最好的解决方式。

（三）分配性议价的战术

（1）提出被夸大的初始立场、要求或开场出价，以便为预期的行为和妥协留出余地。

（2）夸大两方立场的初始距离，并将冲突观点极端化，以便说服对手其立场不切实际。

（3）隐瞒那些有可能突出你议价立场中的共同点或弱点的信息。

（4）使用可用的一切工具，威逼、压迫或操纵对方作出让步。

（5）不以让步为回报（除非被强迫这样做），即时获得较低的成本报价。

二、整合性谈判

（一）整合性谈判

传统的谈判可以称之为分配性议价，在这种谈判方式下，双方涉及有限资源的分配或"划分一个固定的馅饼"，一方切分"馅饼"越多，给另一方剩下的就越少，一方的盈利往往以另一方的损失为代价，这就是"零和游戏"或"我赢你输"的结果。

现在谈判思路发生了改变，谈判双方主要着眼于问题的解决，增加可供选择的方案，目的是探求一个双方都能满意或双赢的方案，这种方式的谈判可以定义为增值谈判。谈判最好的结果当然是"双赢"，双方都尽可能接近他们想要的结果。

整合式谈判（加值谈判）是取得双赢结果条件下的谈判。这种谈判的前提是假设至少有一种办法可能达成双赢的协议。整合性谈判可采取多种方法，如有选择地回避一些次要问题，把主要的时间和精力集中于主要问题；又如采用折中方法，放弃一些利益而获取更有价值的东西等。整合性谈判的思考方式是设法增加双方价值,而不是减少给予对方的价值;不是只要求对方让步,而是一种温和而双赢的谈判。

(二)整合性谈判的优点

传统谈判的火药味太重,所以,进行传统谈判的双方往往都会针锋相对,很难在竞争中保持良好的心情及风度,而加值谈判却能让谈判变得愉快起来,非常有利于树立企业的良好形象。当然,如果在谈判中始终采用加值谈判的方式与对方交涉,恐怕有违解决问题的初衷,但是,如果在谈判伊始采用加值谈判的方式,就可以令谈判双方获益不少。愉快的开场能让谈判进行得更顺畅,能在一定程度上减少对抗。

(三)整合性谈判的关键要素

1. 争取好感

争取好感是加值谈判的第一要素,它需要谈判者具备优秀的公关口才和良好的人际关系,让对方愿意花费时间与你进行深度沟通。

2. 集中注意搜寻利益

要特别注意收集对方的利益,同时也要让对方了解自己的利益所在,这样才能做到彼此心中有数,才能为合作打好基础。

3. 从选择双赢方案着手

选择双赢方案而不是设法阻止对方获利,这是加值谈判的第三个关键要素。谈判双方应该设法选择能够满足双方的方案。

(四)整合性谈判的基本方法

第1步:愿意对目标和需求、谈判的基本规则和方法、成本、风险、认知问题、建议和解决方案进行自由的信息交换。

第2步:找出各方提出某种需求的原因。

第3步:找出双方利益的吻合点。

第4步:设计新选项,使每个人得到比他们所需要的更多。

第5步:合作。将对方当成合作伙伴而不是对手。

（五）整合性谈判的战术

（1）公开自己的需求和关注点，并寻求理解另一方的需求和关注点，把所有的谈判筹码都放在桌面上。

（2）根据双方愿意合作的方式形成一个方案，双方都可能单独制定一个方案，但双方合作形成的方案比任一方提出的方案都更具有创造性和可行性。

（3）聚焦双方的共同点和共同利益，以保持一个积极合作的氛围。

（4）强调解决问题，并积极提供附加信息，及时提供帮助和跟进，支持另一方接受你的建议。

（5）提出合理的反要约并愿意妥协，从而保持灵活性。

（六）支持整合性谈判的因素

相比分配性谈判，以下一些情况更适合采用整合性谈判：①双方存在合作的强烈动机；②双方存在共同的目标；③双方都愿意说明各自的需求，并愿意接受新问题的重新定义和解决方案；④双方都对交易的达成有信心；⑤各方之间存在信任；⑥在谈判中进行清楚和准确的交流，并愿意交换信息等。

表 4-3 给出了分配性谈判与整合性谈判的特点对比。

表 4-3　分配性和整合性谈判的特性对比

	分配性（对抗性）谈判	整合性（合作性）谈判
重点	以另一方为代价实现目标	确定与另一方共有的目标
战略形成	基于保密性、低信任度	基于开发高信任度
所期望的结果	经常被误述，很少关心另一方的需求	使对方知晓，相互理解和关心
战略	不可预测	可预测，较为灵活
战术	各方使用威胁恐吓等手段	各方不用威胁手段
立场	坚持一个固定的立场	灵活的立场

（续表）

	分配性（对抗性）谈判	整合性（合作性）谈判
方法	竞争性、敌对性和攻击性	积极、自信但没有攻击性
逻辑极端	不健康的	健康的
关键态度	我们赢，你输	双赢
僵局时	可以终止谈判	较高管理者、调解人、仲裁人介入

第五节 谈判的目标

"知己知彼，百战不殆""凡事预则立，不预则废""不打无准备之仗"，这些至理名言揭示了准备工作的重要性。直接关系企业经济利益的商务谈判，其成功在很大程度上取决于准备工作的充分与否。谈判准备工作做得充分可靠，可以使己方增强自信，从容应对谈判过程中出现的各种问题，甚至掌握主动权，尤其在缺少经验的情况下，可以弥补经验和技巧的不足。

谈判的准备工作包括：谈判目标的确立、谈判资料的收集、谈判组织的建立、谈判计划的制订和模拟谈判的进行等。

谈判目标的确定，是指对谈判所要达到的结果的设定，是谈判的期望水平。谈判目标是商务谈判的核心。在整个谈判过程中，从谈判策略选择到策略实施以及其他工作，都是围绕谈判目标进行的，为谈判目标服务的。另外，谈判目标一旦被对方知晓，就容易使己方处于不利局面。所以在谈判准备工作中，首先要确定谈判目标，其次要做好谈判目标的保密工作。

一、谈判目标的层次

谈判目标可以分为四个层次。

(一)最高目标

最高目标也叫最优期望目标,是对谈判者最有利的目标,实现这个目标,可以最大化满足自己的利益,当然也是对方所能忍受的最高程度。最高目标是一个点,超过这个点,则往往会有谈判破裂的风险。在实践中,最高目标一般是可想不可及的理想目标,一般难以实现。因为商务谈判是各方进行利益分割的过程,没有哪一方心甘情愿地把利益全部让给他人。同样,任何一个谈判者也不可能指望在每次谈判中都大获全胜。尽管如此,确立最高目标还是很有必要的,一则可以激励谈判人员尽最大努力争取尽可能多的利益,清楚谈判结果与最终目标存在的差距;二则在谈判开始时,以最高期望目标为报价起点,有利于在讨价还价中处于主动地位。如在资金供求谈判中,需求方实际只想得到 70 万元,但谈判一开始,需求方经过各方面的衡量可能报价 100 万元,这 100 万元就是需求方的最高目标。这个数字比实际需要的 70 万元多 30 万元。但是供给方不会作出立刻提供 100 万元资金的慷慨之事。供方根据自己掌握的信息,明知对方只需要 70 万元,为了使谈判主动权掌握自己手中,就故意压低对方报价,只同意提供 40 万元。经过几轮往返折中、讨价还价,最后结果既不是 100 万元也不是 40 万元,可能就是 70 万元左右。

如果一开始需求方不提出 100 万元,或供方不提出 40 万元,谈判就无法进行。当然最高目标也不是绝对不能实现的,一家信誉极高的企业和一家资金雄厚、信誉良好的银行之间谈判,实现最高目标的机会是完全可能存在的。

(二)实际需求目标

实际需求目标是谈判各方根据主客观因素,综合考虑各方面情况,经过科学论证、预测和核算后,纳入谈判计划的谈判目标。这是谈判者调动各方面的积极性,使用各种谈判手段努力要达到的目标。实际需求目标也是一个点。上面提到的 70 万元就是实际需求目标。这个层次目标具有如下特点。

(1)它是秘而不宣的内部机密,一般只在进入谈判过程中的某个微妙阶段后才提出。

它是谈判者坚守的防线。如果达不到这一目标,谈判可能会陷入僵局或暂停,以便谈判者的单位或小组内部讨论对策。

(2)这一目标一般由谈判对手挑明,而己方则见好就收或顺梯下楼。

(3)该目标关系着谈判一方的主要或全部经济利益。如企业得不到70万元资金,就无法引进新设备,从而不能提高生产率、扩大生产。这一目标对谈判者有着强烈的驱动力。

(三)可接受目标

可接受目标是指在谈判中可争取或作出让步的范围。它能满足谈判方的部分需求,实现部分利益。在上述例子中,资金供方由于某种原因,只能提供50万元,没有满足需方的全部实际需求,这种情况是经常发生的。谈判者在谈判前制定谈判方案时,应充分考虑到这种情况的出现并制定相应的措施。对于可接受目标,谈判方应采取两种态度:一是现实态度,即树立"只要能得到部分资金就是谈判成功"的观念,不要硬充好汉,抱着"谈不成出口气"的态度,这样可能连可接受目标也无法实现;二是抱着多交朋友的思想,为长期合作打下基础。

(四)最低目标

最低目标是商务谈判必须实现的目标,是作出让步后必须保证实现的最基本的目标。最低目标是一个点,是谈判的界点,如果不能实现,宁愿谈判破裂也不降低这一标准。因此,最低目标是一个限度目标,是谈判者必须坚守的最后一道防线。当然也是谈判者最不愿接受的目标。最低目标与最高目标有着内在的必然联系。在商务谈判中,表面上开始报价很高,提出最高目标,但它是一种策略,保护着最低目标、可接受目标和实际需要目标,这样做的实际效果往往超出谈判者最低需求目标或至少可以保住这一目标,然后通过讨价还价,最终达成一个超过最低目标的目标。如果没有最低目标作为心理安慰,一味追求最高目标,往往会带来僵化的谈判策略,不利于谈判的推进。

一般来说，最低目标低于可接受目标。可接受目标在实际需求目标与最低目标之间选择，是一个随机值。最低目标是谈判一方依据多种因素，特别是其打算实现的最低利益而明确划定的界限。如上例中，如果最低目标设定为 20 万元，可接受目标就在 20 万—70 万元。

上述四个层次的目标，共同构成一个整体，但各有各的作用，需要在谈判前根据实际情况认真规划设计。

二、制定谈判目标注意的问题

谈判目标的确定是一个非常关键性的工作，在确定目标时要注意以下四方面的问题。

（1）应具有实用性，即制定的目标可以谈和能够谈。谈判双方要根据自己的经济能力和条件进行谈判；离开这一点，任何谈判结果不可能实现。

（2）应具有弹性。定出上、中、下限目标，根据实际情况随机应变，调整目标。

（3）应具有合法性，即谈判目标符合一定法律准则和道德规范。

（4）应具备一定的次序。谈判者要优化目标次序，当谈判中存在多重目标时，应根据其重要性加以排序，抓住最重要目标努力实现，其他次要目标可做让步，降低要求。

三、有效谈判目标的特点

（一）具体的且可以测量的

有明确的尺度来衡量取得的成果，一般性的目标，如果使用如比以前价格更低、良好的交付、令人满意的技术支持等含糊其词的表述，是不恰当的。

（二）可接受的

考虑关键利益相关者的利益，根据谈判者对他们应付的责任以及他们支持或抵制谈判协议的权利。尤其是参与的关键利益相关者（谈判团队成员)之间应当就目标达成共识,以确保每个人的意见一致。

(三)切合实际或可以实现的

为了在议价时留出向下调整的空间,谈判者可以从一个不切实际的切入点入手,但设定不切合实际的目标则毫无意义。

(四)临时性的或暂时性的

因为目标总是基于在做谈判计划时收集到的有限信息所做的假设而设定。这不是说不需要具体的目标,而是说单个目标要随着谈判进程的变化作出调整。

在设定绩效测量标准和日常目标时常常使用到"SMART"原则,所以在一个整合性谈判中,有效的目标还应当具有以下特点。

(1)灵活的,因为会出现比原先目标条件下更好结果的新选择。

(2)分块的,达到与另一方目标相吻合的水平,以便使双赢的机会最大化。

(3)有利于发展关系的,注重参与者在过程完成后能够合作得多好,而不是单纯注重交易的结果或价值共享。

四、谈判范围

(一)目标范围

几乎所有谈判专家都主张采用三点式目标范围:①最大或最有利的位置;②最低可以接受的或最不利的位置(在该位置之下,己方会终止谈判并采用备用方案);③客观、切合实际或最有可能的位置(见图4-3)。

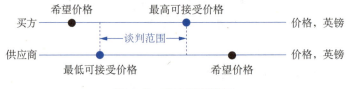

图4-3 确定谈判范围

（二）目标范围内临时改变战略战术的事项

（1）在必要时可以作出什么让步，将什么价值给予那些让步，以及如何确定让步时间和步调。一般在谈判出现僵局时将让步当作一种获得动力的手段。在分配性谈判中，让步往往可以提高另一方的信心，因此每一方应设法避免使让步模式化：让步一般应该是互惠互利的。

（2）可以将什么问题或变量联系在一起（如价格和质量）。

（3）另一方有可能如何响应或试图反击该战术。

（4）另一方有可能采取的战术是什么，并且能够怎样对他们进行反击。

（三）谈判目标的保密

谈判目标的实现依赖于各方谈判实力的强弱和谈判策略的有效性，谈判实力在短期内难以改变，而谈判策略的有效性取决于对对方信息掌握的完备程度，特别是对对方谈判目标的准确掌握。因此，谈判目标的保密显得格外重要。否则，在谈判前或谈判中由于谈判人员的言行不当而向对方泄露了谈判目标，就会对己方谈判造成不利的影响。

要非常注意谈判小组的保密问题，在漫长而艰巨的商谈过程中，前前后后可能要涉及许多的人，其中掌握一些关键性信息的人也难免会多起来。而对方的任务则是侦察你的信息，并利用探得的信息有效地对付你。如果你不采取必要的保密措施，一次气氛融洽的宴会或一次洋溢着热情的谈话都有可能使请客的人或谈话的另一方得到原本不属于他的好处，这就意味着你的损失。做好谈判目标的保密工作，可从以下三个方面入手。

（1）尽量缩小谈判目标知晓范围。知晓的人越多，有意或无意泄密的可能性就越大，就越容易被对方获悉。

（2）提高谈判人员的保密意识，减少无意识泄密的可能性。

（3）有关目标的文件资料要收藏好，废弃无用的文件资料尽可能销毁，不要让其成为泄密的根源。

阅读案例 4-3

五、谈判过程中固有的风险及减轻的措施

（一）谈判的固有风险

传统上，与供应商谈判会采用我赢你输的方法，这就存在一个风险，即便买方赢得了谈判，如压低价格，降低前置期，改进交货品质，该过程也会损害与供应商的关系，而这有可能会导致将来灾难性的后果。因此，在谈判过程中，采购方往往会面临一些风险。

（1）如果采用零和谈判或我赢你输的谈判方式，可能面临谈判失利的风险。

（2）作出不可行让步的风险，这种让步会导致经济损失、出现冲突或其他负面影响。

（3）谈判陷入僵局的风险，双方长时间的纠结于一个不能达成一致的条款，无法形成解决方案或协议，因此浪费了大量的谈判时间和谈判成本。

（4）可能与另一方形成对抗性关系，这会导致二次风险。例如，关键供应商或员工感到被疏远而心生怨恨，会损害后续合作。

（5）如果没有考虑内部利益相关者的利益，没有在谈判内部达成一致的情况下进行谈判，可能会导致谈判团队内部产生冲突。

（6）道德和信誉风险，如利用谈判权利谋求个人利益，或者谈判中违反保密性要求。

（7）合规性风险，如在政府采购中不遵守相关的法定规程。

（二）减轻风险的措施

以下是一些可以控制或减轻风险的措施。

（1）进行详细的谈判前研究，如进行供应商评估、价格调查。

（2）进行仔细的立场计划，确定谈判范围，明确最好的结果和最坏的结果，设定谈判抵制点，以及设定完成谈判的备选方案。

（3）在谈判陷入僵局时，为第三方调解或仲裁做好准备。

（4）将供应关系分类，以便选择适当的谈判风格和谈判方法。例如，对

战略或关键性物品的供应商采用更灵活或更具整合性的解决问题方法。

(5) 预先排练谈判战术。

(6) 制定道德政策。

(7) 在谈判前后与利益相关者沟通,以便使最终协议能被接受和批准,降低风险。

(8) 评价、报告和从谈判中学习,以改进下次的绩效。

六、谈判中制订备选方案的原因

(1) 这样做使你能够在谈判中更加自信,因为你能够使用一个好的备选方案 BATNA,作为议价的工具,尤其是当对方更急于达成交易时,有备选方案将使得己方更加气定神闲,从容不迫。

(2) 防止不得不接受太过不利的条款,谈判一旦进入己方的抵制点,备选方案可以提供一个相对更好的结果,而不是一味作出让步以便达成交易。

(3) 提供了一个决策规则,如果谈判到了抵制点,一方威胁"要么接受要么离开",那么己方也能准确识别出自己离开的备选方案。

第四章 拓展阅读

实践指导

一、案例

图书馆里发生了争吵事件,两位男士意见不和,一个人想打开窗户,而另一个则坚持要关窗户,二人在这个小问题上吵了半天都没有什么进展。这时,图书管理员走了过来,问那个要开窗户的人为什么要这样做,他回答说:"我要呼吸新鲜空气。"管理员又问另一个人为什么要关窗户,对方说:"我不想被风吹。"图书管理员想了一下,便去打开隔壁的窗户,结果风不但没有直接吹进来,而且室内又有了新鲜的空气,使两个争吵的人彼此都得到满足。

二、案例分析

从这个例子中,我们能得到在商务谈判中的启示。

1. 针对利益而非立场进行谈判

在以上的例子中,其本质是一般谈判最典型的例子。因为问题的产生是由于双方立场的分歧,所以如要解决问题,必须在立场上取得协调,在磋商的过程中,采取的方法要针对利益而非立场。因为固执地坚持自己的立场,往往会使谈判陷于严重的僵局。如果当时图书管理员只是在考虑打开窗户和关上窗户这两种要求本身,而不去挖掘其内在的利益实质,是绝对难以找到解决问题的答案的。管理员正是深入了一步,透过这两种要求本身,挖掘到利益在于"要呼吸新鲜空气"和"不想吹风"。这样打开隔壁的窗户,问题就迎刃而解了。因此,在商务谈判中,留意分析立场与利益的本质是很重要的。

2. 利益决定问题

谈判时的基本问题,并非是表面的立场问题,而是当事者的心里的愿望、欲求、关切与担心的冲突。为此其中一方可能在谈判中会说:"我要求在7月15日以前发货,在运输过程中,不得进行转船。"透过这表面的问题,其实质问题在于要求在7月15日以前装运,是因为买方担心不能及时发货会影响他的正常生产计划。这样虽然会增加一些仓储费用,但为了保险起见,他也宁愿这么做。这时卖方如果有十足的把握准时将货运到,就可以要求对方把装运时间适当放宽一下子。买方在运输条款中规定不许转船的本质内容在于担心货物破损,但如果卖方能向买方阐明直达班轮稀少,只能通过转船才能保证货物顺利、准确抵达目的地时,买方就会与卖方一起来协商变通的方式了,如可以加固包装以减少转船过程中可能产生的破损。

上面例子所讲的愿望和关切都是利益的代表。利益对谈判者有着本质的影响,它是隐藏在立场之后争吵的原动力。表面的立场是当事者决定做的某一件事情或结论,但是,利益却是引导做结论的诱发因素。

 思考与练习

一、名词解释

1. 分配性谈判

2. 整合性谈判

3. 立场式谈判

4. 原则性谈判

二、选择题

1. 以下哪种情况是分配性议价的战术(　　)。

   A. 公开你自己的需求和关注点

   B. 以合作方式形成方案

   C. 聚焦共同点和相互利益领域,以保持一个积极和合作的氛围

   D. 使用可用的一切工具,威逼、压迫或操纵对方作出让步

2. 以下哪种情况是整合性谈判的战术(　　)。

   A. 提出被夸大的初始立场

   B. 隐瞒那些有可能突出你议价立场中弱点的信息

   C. 聚焦共同点和相互利益领域,以保持一个积极和合作的氛围

   D. 使用可用的一切工具,威逼、压迫或操纵对方作出让步

3. 谈判可能的结果有(　　)。

   A. 双输　　　　　　　　B. 双赢

   C. 我赢你输　　　　　　D. 我输你赢

4. 冲突的处理方式有(　　)。

   A. 回避　　　　　　　　B. 迁就

   C. 妥协　　　　　　　　D. 合作

5. 支持整合性谈判的因素包括(　　)。

   A. 存在合作的强烈动机　　B. 各方存在共同的目标

   C. 双方感到有信心　　　　D. 各方之间存在信任

6. 原则性谈判的可能战术有(　　)。

   A. 将人与问题相隔离

   B. 聚焦于协调各种利益

   C. 提出各种想法和选择

   D. 坚持协议要反映某些客观上公平的标准

三、简答题

1. 请列出分配性议价的可能战术。
2. 请列出原则性谈判的可能战术。

四、论述题

论述哪种情况有利于整合性谈判。

第五章

采购谈判中的实力和关系管理

1. 理解商务谈判中实力的影响
2. 掌握势力和议价能力的来源
3. 认知关系背景、关系类型
4. 掌握建立和维持积极关系的方法

实力、公开实力、隐蔽实力、信任

第一节 谈判中的实力

一、实力在谈判中的影响

（一）实力

实力是个人或群体对其他人施加影响的能力。谈判实力是指谈判者在谈判中相对于谈判对手所拥有的综合性制约力量，它不仅包括谈判者所拥有的客观实力（如企业经济实力、科技水平、独特性、规模、信誉、品牌等），更包括谈判者与对方相比所拥有的心理势能,而这是谈判策略和技巧运用的主要来源。谈判实力强于对手,就能在谈判中占据优势、掌握主动,取得于己方更有利的谈判结果。

谈判实力是能力、经济力量、产品的质和量、社会影响、权力等的综合反映。了解对手的实力之后,在谈判之前可采用加强自身的实力或借用第三者、第四者或其他方面的力量与之抗衡;实在无法与之相比时,可采用"避实就虚"的方法,在谈判时避开对手的实力。

(二) 实力的影响

显然,如果谈判一方的实力比另外一方更大,它就更有机会利用己方的谈判实力向另一方施加影响,以达到自己想要的谈判目标和结果。为了达到以下各项目标,在谈判中,恰当地使用实力是一种合理的手段。

(1) 保障己方的"赢"结果,如达成己方想要的谈判目标。

(2) 如果谈判结果是"双赢"的选择,在"双赢"合作协议中,保障己方获得尽可能大的价值收益份额。

(3) 如果谈判中出现僵局和困难,利用己方的谈判实力可以推进谈判过程,如"强迫"解决某个问题,对某个关键问题强行施加解决方案,将洽谈推入一个新领域等。

(4) 如谈判中出现某种障碍,如对方不愿意披露信息,操纵议题,抵制某个问题的商谈,利用己方的谈判实力可以排除谈判障碍,以支持谈判继续进展并向达成交易的方向迈进。

(5) 保障对各方立场或解决方案的同意、承诺和支持,而不是仅仅是服从。

(三) 实力在商务谈判中的特点

1. 综合性

谈判实力来源于影响谈判结果的各种因素,既包括客观因素,也包括主观因素;既有外部因素,也有内部因素。它受到多种因素的影响和制约,绝不能简单地将其等同于经济实力或固有实力。

2. 相对性

谈判实力不是绝对力量,而是相对力量,它只有针对某一特定的谈判对手、谈判环境和谈判事项时才有意义,它是经谈判各方对比后所形成的相对力量,同时不存在不受环境和事物制约的谈判实力。

3. 动态性

正因为谈判实力是一种相对力量,因此它是可变的。谈判者可能在此时实力强于对手,但在彼时实力又可能弱于对手;可能在此事上实力强于对手,但在另一件事上实力又可能弱于对手。由于谈判者的谈判技巧和行为举止对谈判实力影响甚大,而这些因素是微妙变化的,因此谈判实力也是微妙变化的。这种微妙性,不仅决定了谈判实力的可变性,也决定了谈判更多的是一种心理斗争。

4. 隐蔽性

谈判实力一般不会轻易地暴露出来,它常常虚实结合地使用,构成谈判谋略的重要部分。因此,谈判者要懂得实力的展示方式和使用时机,而不可将自己的实力底细轻易泄露给对方。

二、相对实力

(一)影响双方相对实力的因素

1. 交易内容的重要性

交易内容对一方越重要,说明该方的需求程度越高,其主动权就越差,因此谈判实力就越弱;反之,谈判实力就越强。

2. 交易条件对双方的满足程度

交易条件对一方的满足程度越高,说明交易条件对其越有利,其让步或回旋的余地越大,在谈判中就越主动,因此谈判实力就越强;反之,谈判实力就越弱。这就是为什么"出价要高、还价要低"的道理所在。

3. 竞争对手的强弱

谈判者面临的竞争对手越多,实力越弱,其所承受的压力就越大,谈判的主动权和影响力就越差,显然,谈判实力就越弱;反之,谈判者面临的竞争对手越少。或优势越明显,或独特性越高,谈判实力就越强。

4. 谈判者信誉的高低

谈判者的信誉包括资信状况、业绩记录、企业形象、知名度、美誉度、口碑、社会影响等因素。信誉越高,谈判实力就越强。在商务谈判中,信誉是谈判者最宝贵的资本,是构成谈判实力最重要的组成部分之一。

5. 谈判者经济实力的大小

经济实力通常表现为谈判者的资金状况、规模、技术水平、经营状况、市场占有率等,经济实力越强,谈判者的承受力和影响力就越强,谈判实力自然越强。但需要再次指出的是,经济实力不等于谈判实力,它只是形成谈判实力的基础因素和潜在条件。

6. 谈判时间耐力的高低

时间是改变谈判实力对比的重要因素,谈判者对时间的耐力反映了需求的强度和迫切程度,时间耐力越强,谈判的承受力和主动性越强,谈判实力自然就越强。因此,谈判者在谈判中应有充分的时间余地和耐心。

7. 谈判信息掌握程度

在谈判中,谁具有信息优势,谁就具有主动权。相关信息的多少、真伪、及时性等信息掌握程度与谈判实力息息相关,两者基本上成正比。

8. 谈判人员的素质和行为举止

谈判人员的基本素质、谈判能力、谈判技巧及为人处世等,对谈判实力亦具有十分重要的影响,毕竟谈判是通过人来完成的。选择优秀的谈判人员、谈判人员的举止适当,是增强谈判实力的重要途径。

(二) 在准备和计划阶段相对实力重要性

(1) 假如双方都寻求在谈判中使用实力,那么为了预测谈判的最好、最坏和最有可能出现的结果,评价他们的实力相对重要。如果一方相对于另一方的实力较弱,坚持不切实际的要求是徒劳的。

(2) 另一个重要问题是决定使用何种实力以及如何使用。如果一方的实力比另一方强得多,则实力强的一方,采用强迫或威逼性的谈判去处理冲突的可能性非常大,当然,采用这种方式处理的危害性也非常明显:这会造成双方关系的疏远,也会诱导将来交易和谈判时,双方采用对抗性方式解决问题的行为。

(三)合理地利用采购商相对实力

在与外部顾客或供应商的关系中,如果采购方持续性地利用自己的实力来谋求有益结果,如长期压价换取大量的订单等行为,可能会导致对某一单一来源供应商的依赖性问题,或者带来供应商非人性压迫劳工的道德问题,所以采购方应该考虑这种结果是不是他们所期望的谈判结果。

在采购商与供应商之间的关系中,不应该逼迫性地、专横地、不公平地滥用实力。首先,这种行为可能不合法,如根据欧盟公共采购指令,在公共部门采购投标中,对供应商采取不公平的待遇是非法的;或者这种行为是不道德的,如根据 CIPS 的道德规范,滥用买方的影响地位牟取私利是不道德的。其次,这种行为的作用可能是适得其反。虽然利用实力施加影响会保障短期的利益,但这种行为一般都会导致愤恨、抵抗情绪,并丧失了发展更具有建设性的长期关系的潜力。

第二节 谈判实力和议价能力的来源

一、个人实力的来源

(一)NOTRICKS 模型

谈判实力在每种谈判中都起到重要作用,无论是商务谈判、外交谈判,还是劳务谈判,双方谈判实力的强弱差异决定了谈判结果的差别。对于谈判中的每一方来说,谈判势力都来源于八个方面,就是 NOTRICKS。

N 代表需求(need)。谈判双方谁的需求更强烈一些,在谈判中就处于不利地位。如果买方的需要较多,卖方就拥有相对较强的谈判力;卖方越希望卖出己方的产品,买方就拥有较强的谈判力。

O 代表选择(options)。如果谈判不能达成协议,那么双方面临其他选择的多少将成为谈判的资本。如果己方可选择的机会很多,而对方认为己方的产品或服务是唯一的或者没有太多余地,己方就拥有较强的谈判资本。

T 代表时间(time)。是指谈判中可能出现的有时间限制的紧急事件,如果买方受时间的压力,自然会增强卖方的谈判力。

R 代表关系(relationships)。如果卖方与顾客之间建立密切的关系,在同潜在顾客谈判时就会拥有关系力。但是,也许有的顾客觉得卖方只是为了推销,因而不愿建立深入的关系,这样,在谈判过程中将会比较吃力。

I 代表投入(investment)。在谈判过程中投入了多少时间和精力。为此投入越多,对达成协议承诺越多的一方往往只有较少的谈判力。

C 代表可信性(credibility)。潜在顾客对产品可信性也是谈判力的一种。如果推销人员知道对方曾经使用过某种产品,而他的产品具有价格和质量等方面的优势时,无疑会增强卖方的谈判力,但这一点并不能决定最后是否能成交。

K 代表知识(knowledge)。知识就是力量。如果你充分了解顾客的问题和需求,并预测到己方的产品能如何满足顾客的需求,你的知识无疑增强了对顾客的谈判力。反之,如果顾客对产品拥有更多的知识和经验,顾客就有较强的谈判力。

S 代表技能(skills)。这可能是增强谈判力最重要的内容了,不过,谈判技巧是综合的学问,需要广博的知识、雄辩的口才、灵敏的思维等。

(二) 弗伦奇和雷文的实力模型

弗伦奇和雷文在其著名的个人实力模型中,提出了在组织中,有五种不同的实力来源。

1. 法定性实力(或职位权力)

法定性实力来源于在组织中的地位或角色,这些地位或角色的合法权力来自组织的授权,施加影响的能力正是由于个人在组织中占据关键位置。

2. 专家性实力

专家性实力来自被他人认可的专门技能或知识,并且这些技能和知识是谈判双方实现谈判目标必须的,因为他们愿意接受专家的影响。

3. 奖励性实力(或"资源性实力")

奖励性实力来源于受到大家认可的、并被他人珍视的资源和奖励的掌控。奖励性实力的高低取决于个人对资源的控制程度、他人对它的珍视程度以及资源的稀缺性。

4. 参照性实力(或"个人实力")

参照性实力来源于有吸引力的和鼓舞人心的个性、个人形象或魅力,以及人际关系、沟通技能和领导力等。

5. 强制性实力(或身体实力)

强制性实力指的是如果不遵守,能威胁给予制裁、惩罚或在人身安全上恐吓他人等。

(三) 列维奇的观点

列维奇等人发现了大量在谈判中可以具体运用的实力,这与前面两个模型的分类方法有所不同,该模型除了考虑了谈判者个人的因素外,还考虑到了谈判形势,具体而言,个体谈判实力来源于信息性方面、个性和个人差异、基于职位的实力、基于关系实力和背景实力,如表5-1 所示。

表5-1　谈判中个人实力的主要来源

实力来源	描　　述
信息性	用于理性说服的资源,基于: ·信息,拟改变另一个人对某事项的观点或立场的数据累积和提供 ·专门知识,有关某个特殊问题得到认可的信息累积或信息的掌握
个性和个人差异	由于在以下方面存在差异而产生的实力: ·心理取向(更愿意使用实力) ·认识取向(实力的思想和理解) ·动机取向(使用实力得到的满足和奖励) ·倾向和技能(有利于合作或竞争的行为倾向和技能) ·道德取向(围绕实力使用的道德价值观)
基于职位的实力	源于在一个组织或沟通结构中具有正式权限或影响地位的实力,可以导致: ·法定实力或正式权限源于在一个阶层式组织中担任关键职务 ·资源控制:控制可作为守规激励或作为不守规制裁的资金、原材料、劳动力、时间和设备的部署

(续表)

实力来源	描　　述
基于关系的实力	·目标相互独立性：各方为完成自己的(以及分担的)目标彼此需要 ·利用或控制信息、资源供应流，或利用源于人员在关系或供应网络中的位置或状态的影响
背景实力	源于谈判发生背景的"结构性"实力，例如： ·是否有可接受的 BATNA 或"走开"立场 ·组织和国家文化价值观对实力使用的支持 ·是否有这样的代理人、支持者和听众，他们可以直接或间接影响谈判结果并可以被"指派"支持某人的立场或实力

阅读案例 5-1

二、组织实力的来源

(一) 买方的议价实力

在准备谈判时，最重要的步骤之一是评定双方的相对实力或议价实力，在以下情形下，买方的相对实力较高。

(1) 相对于供应商而言，买方数量更少或订购规模大。

(2) 买方的支出占供应商收入的比例较高，换句话说，供应商的收入依赖于该采购方，而采购方在该供应商上的支出占比不大，采购方不依赖于该供应商。

(3) 存在许多潜在的供应商，并且他们的产品与服务没有差别，或存在着很多替代品，从而更换供应商比较容易。

(4) 买方具有自制代替购买的选择权，即买方可以选择在组织内部自己提供。

(5) 需求不急或可以延迟。

(6) 供应商渴望获得该笔交易业务，如供应商处于经营危机或处于衰退期。

(7) 买方对供应商而言是一个有吸引力的客户，如买方的付款方式良好、实力雄厚、拥有良好的口碑等。

(8) 买方对供应商及其谈判立场做了全面的信息准备工作。

（二）卖方的议价实力

在以下情形下，卖方的相对实力较高。

（1）对买方而言，供应商的数量有限或规模大。

（2）很少有替代品，供应商产品和服务具有高度差异性。

（3）买方的采购数量或所在行业对供应商不重要。

（4）供应商的产品在买方业务中是一个重要组成部分。

（5）供应商具有稀缺的机器或专业知识。

（6）转换成本对买方来说太高，如买方与供应商建立了长期的特殊关系，并对供应商进行了投资。

（7）买方需求紧急，并且不容拖延。

（8）供应商因在质量、可靠性、道德等方面信誉好而具有吸引力，具有通过联合来强化买方品牌的潜力。

（9）供应商对买方及其谈判立场做了全面的谈判前信息准备工作。

三、提高采购议价能力

在采购过程中，买方会尽可能地使自己的谈判实力最大化，并尽可能地合理利用这些实力进行谈判来实现其谈判目标，在与供应商的商务谈判中买方提高议价能力的五种方式。

（一）增加专家实力和信息实力

（1）收集市场情报，并与关键信息持有人保持联系。

（2）集中收集和整理支持己方立场、论据或所期望结果的有力数据，或可以挑战对方立场、论据或所期望结果的数据。

（3）向相关专家咨询相关意见，以便支持己方立场与论据。

（4）必要时，谨慎分享相关的信息和专业知识，以增加己方的专业信服力。

（二）增加资源实力

（1）确保在谈判中拥有签订更高金额、提高合同支出水平的权限。

（2）通过整合性谈判"做大馅饼"，如提高交易的总金额，增加交易的资源。

（3）设计出对另一方价值高，但对你而言成本相对低的谈判筹码。这些筹码可以是货币或者物品，也可以是其他的形式，如交货时间、交货的灵活性、提供帮助和支持、市场的认可度等。

（4）强调给对方提供的价值和作出的让步的价值。

（5）给予对方奖励或惩罚，通过奖励来达成交易，或明示、暗示威胁，如采取威胁制裁、惩罚、告之延误或未能履行带来的危险或负面后果等来施加压力。

（三）增加合法实力

（1）告知对方自己的合法权限，如身份、职位、利益相关者进行的选举等。

（2）告知对方现有的决策规则已被广泛接受，如己方的解决方案公平、公正。

（3）告知对方己方的职位或解决方案具有的"必要性"，如需求的紧迫性，不可抗力事件的影响等。

（四）在买方-供应商势力中操纵结构因素

（1）合并己方的各类需求进行采购，或参与联合采购，以增加需求规模、需求的价值以及对供应商的重要性。

（2）确保己方对另一方是一个有吸引力的客户，解决那些可能会降低对另一方的吸引力的问题。

（3）留下足够的时间，可以进行提前谈判，以便谈判实力不被需求的急迫性削弱，而且不会受选择方案减少的限制。

(4)强调采购产品的可替代性,供应商的可替代性,并强调己方有备选方案。

(5)在谈判前收集对方的一切相关信息,以便能在谈判前能预测对方的目标、战略、战术、实力和弱点。

(五)有效的利用己方实力

(1)展示竞争情报,作出姿态要与对方的竞争者合作使对方陷入竞争状态,便能创造谈判权势。比如,卖方要到你公司报价或者与你洽谈,你可以故意将竞争者的目录放在办公桌上,故意让对方不经意地看到一些内容。通过这种方式,向对方摆出一种要与其竞争对手合作的姿态,让对方陷入竞争状态,而赢得主动选择权。

(2)勇于冒险可增加谈判的权势,不敢冒险就容易被对方操纵。当然,冒险虽然会带来很大程度上的成功,但同时也存在很大的风险,所以,最好是在考虑好风险成本的基础上勇于冒险。比如,在谈判中采购方面临着假如不签合同恐怕就要停产的危险,但是由于对方的价格不合理,所以采购方冒险提出"不怕工厂停产,只要求价格合理",这就是冒险挑战的权势,双方谁能坚持到底谁就有可能获胜。

(3)承诺也会产生权势。向对方作出承诺,就能产生说服对方的筹码,相对也可以向对方要求对我方有利的承诺。承诺说服力,可以用在很多方面,在谈判中尤其可以起到很好的作用。

(4)未获授权也能产生权势,因为未获授权往往可以守住谈判底线,这就是无权更改条件反而可以坚持初始条件;这更有利于集中火力先解决已获授权范围内的问题。未获授权可以充分限制议题,避免节外生枝的困扰。

(5)掌握对方需求,了解对方需要你或非你的产品不可的情况时,你的谈判筹码便得以增强。一般来说,人们需要的包括崇尚品牌心理、品质保障心理、服务满意心理和规避风险心理等。要设法了解对方的这些需求心理,这样就很容易影响对方。

阅读案例 5-2

(6)用先例来提出要求也能产生权势。比如美国汽车工人与资方谈判，获得加薪5%，加拿大汽车工人随即根据美国先例，向资方要求加薪5%，结果工人如愿以偿；另外，在谈判中如果有人要求优惠，也可告知对方"我公司采取的是全国统一报价，无法对您特别优待"，让对方无法反驳。

第三节 供应商关系的选择

一、供应商关系的类型

（一）关系

关系是企业与客户、供应商或其他组织间长时期内的互动模式和行为的互相协调。组织所期望的商业关系种类对制定与外部组织的谈判计划以及谈判的实施至关重要。

（二）关系图谱

1. 关系图谱

供应商关系连续图谱是指采购方与供应商之间的各种合同关系，根据供应定位模型和供应商感知模型，采购方最终会制订适合侧采购策略，其中很重要的就是确定与供应商报之一种怎样的法律关系，或者合同关系（见图5-1、表5-2）。

图5-1 关系图谱

表 5-2 关系图谱的解释

关系类型（从竞争到协作）	特点
对立关系	对方付出代价,各自利益最大化
松散关系	疏远的、不带个人感情色彩
交易关系	经常性的交易
较紧密战术关系	相互承诺和协作的长期关系
单一供应源关系	唯一的、高度信任的
外包关系	更高水平的信任、承诺和合作
战略联盟关系	发现共同协作的合作领域
伙伴型关系	长期密切合作,分享信息和开发思路
共同命运关系	战略高度绑定在一起,以争取长期互惠

2. 交易型的供应商关系

交易型的供应商关系是指采购和供应之间的关系是一种类似购买的交易关系,采购方以采购交易为主要目的,关注产品、质量和购买价格。采购方采取公开竞价方式,将所采购的物品公开地向若干供应商提出采购计划,各个供应商根据自身的情况进行竞价,提供标准的产品和服务,接受标准的条款和条件。采购方依据供应商竞价的情况,选择其中价格低、质量好的供应商作为该项采购计划的供应商。交易结束后,伙伴关系即结束。组织之间没有长期和联合运作的共同承诺。

3. 合作型的供应商关系

合作型的供应商关系实际上是一种伙伴型的关系。它的优势在于,管理有效的合作关系可以获得与合资企业关系或纵向一体化关系相同的收益,但不用付出相同的代价。虽然大多数合作型的供应商关系具有相同的要素和特征,但不存在适用所有情况的基准关系。每种关系都有其内部的驱动因素和独特的运行环境。合作伙伴关系的持久程度、范围、强度和紧密程度,随着具体情况的变化而变化。合作伙伴关系的三种类型。

（1）操作型的伙伴供应商关系。

双方组织把对方视为合作伙伴,组织间在有限的基础上进行计划、实施和管理经营活动的协调。合作伙伴通常只设定短期目标,该目标只涉及双方组织中的一个部门或一个经营管理职能领域。

(2)整合型的伙伴供应商关系。

参与的组织超越了活动的协调,其目的是在更大规模上进行活动的整合。虽然双方没有公开承诺永久持续的合作关系,但这种合作伙伴关系是长期的。组织内有多个部门和经营管理职能领域参与合作伙伴关系。

(3)战略型的伙伴供应商关系。

参与的组织相互共享高水平的核心能力集成结果,各方都把对方视为扩展企业组织的一部分。把合作伙伴战略优势作为自己的竞争优势加以运用。

交易型和合作型的供应商关系比较,如表5-3所示。

表5-3 "交易型"与"关系型"的比较

交易型	关系型
针对一次性的采购业务,强调寻找最低价格或最优价值的供应商	强调保持和发展能提供增值、竞争优势的供应商;长时间内重复交易、互相发展
时间范围较短	时间范围更长
正常交易型的,不带个人感情色彩的交易	旨在获得合作、信任和互相的承诺
联系与沟通不多(主要是与业务处理有关的)	联络和沟通频繁(共享信息、促进合作、加深关系、培养共同的能力)
主要关心有效的供应商产出(合规性和符合性)	主要关心的是有效的合作流程(导致增值与竞争优势的结果)

二、供应商关系的选择

(一)供应商关系选择的决定因素

前文探讨了"交易性"与"合作性"关系的区别,也许有人会认为,理想的供应商关系应该是"合作性"关系,或至少是"卓有远见的",但是在实践中未必如此,对抗性的关系也很常见。实际上,采购方应该根据采购的具体情形,制定适合双方定位的关系,最适合的关系类型往往取决于以下因素。

1. 被采购物品的性质和重要性

对于低值的、日常性或一次性的采购,采购方不可能进行长期合作,或进行大量投资;而对于不稳定的市场供应,或复杂的、特制的、高附加值的采购情形,进行这种投资具备一定的合理性,其目的在于保证供应的稳定性,质量的可控性和可用性。

2. 供应商的胜任力、能力和双方的信任程度

信任是发展更密切关系的必要基础。

3. 地理位置

双方的地理位置越近,发展更密切的关系越可行,而与海外供应商建立和保持密切关系相对更困难,尤其是通信、交通等基础设施不便的地区,这种关系的维护很难持续。

4. 供应伙伴的相容性

买卖双方的价值观、目标体系越接近,双方就越可能形成更紧密的合作关系;反之,如果采购方与供应商的战略目的、价值观与体系都不相容,那么要弥补彼此的差距显得尤为困难,而克服这些困难可能因为代价太大而无法进行,只要出现更相容的备选合作对象,采购方会选择新的交易对象是显而易见的。

5. 组织和采购职能部门的目标和优先事项

采购方的优先事项可以是价格,也可以是供应的安全性,供应品的质量可靠性,不同的情形,适用于不同的合作关系。

6. 供应市场状况

如果价格波动,采购方更希望使用投机性的临时购买方式,或采用固定合同锁定价格;如果市场变化快且具有创新性,采购方会避免出现被长期合同捆绑的情况;如果市场上优质、有能力且声誉佳的供应商很少,采购方可能会希望与之达成长期交易,形成良好的合作伙伴关系。

(二)交易型关系的适用情形

根据上述的影响因素分析可知,与供应商打交道,合作型的关系不一定就比竞争型的关系更合适,以下这些情形,采用交易型的关系更科学。

（1）更具有对抗性的谈判方法可能更好地保证商业交易,并从关系中获得最大的价值份额,尤其是优先考虑价格等因素时。

（2）发展合作型关系费时费力,而且将资源投入到所有的关系中不切实际。对于特定的供应商,这种关系的发展显得得不偿失,如供应商不感兴趣或供应商不具备胜任力。对于日常物品,如办公文具等,或者很少采购的物品,这种关系也不具备经济上的效益,显然这种合作也不会实现将来更大的增值。

（3）长期关系存在风险。由于关系稳定,可能出现供应商自满或投机行为的风险,有被"错误的供应商"伙伴关系捆绑的风险,或者均摊合作风险时出现问题,对方更有实力,更强势地主导了风险与利润均摊机制。

（三）合作型关系的驱动因素

环境的巨大变化给传统的交易型关系带来了前所未有的冲击,一种新的,更高层次的关系型采购与供应关系应运而生,并日臻成熟。许多著名企业如 P&G、通用汽车等跨国公司纷纷改变传统的交易型采购策略,向关系型采购蜕变。因为在传统的交易型关系中,采购商从交易的角度理解与供应商的关系,往往缺乏完整的、系统化的标准和过程,对于供应商业绩考核主要着眼于交货品质、价格,在整个供应价值链中,各利益主体各自单独作出价格、促销决策,缺乏必要的协调和支援,采购商、制造商与中间商无系统化的、行之有效的信息反馈和处理机制,供应商着重于产品销量,忽视了市场管理,采购人员主要扮演订单承接人的角色。针对传统交易型关系的不足,合作型关系理论应运而生。合作型关系是指:为了提高整条供应链的质量和效率,在保证采购商与供应商双赢局面的情况下,采购商从团队的角度来理解和运作双方的关系,以协作、双赢、沟通为基点来加强对供应渠道的控制力,并最终达到本公司的战略意图。合作型策略的价值在于以下三个方面。

1. 协同效应

采购商与供应商能够从彼此信任关系中获取更高的利益而无损于双方的利益。瑞士某位教授的一个实证研究表明,能够与供应商保持良好依赖关系的采购商可以获取更多的竞争优势。该研究将采购商分成两类：对供应商信用度高的，对制造商信任度低的。结果发现，在寻找新的供应货源，采购商对供应商的信用兑现，采购商销售制造商的产品线宽度以及由供应商评估的采购商业绩方面，不同的信任关系有较大的差异。往往信任度越高，合作关系也越好，双方能够获得的协同效应也越大。

2. 客户信息分享

信息在企业市场竞争中正发挥着越来越至关重要的作用。20 世纪 80 年代以来，由于条形码、POS、EOS、VAW 等系统的广泛使用，使得销售商以非常低的成本获取全面的顾客，通过与采购商分享用户信息，供应商可以以非常低廉的成本建立起相当完备的客户资料库，可以精确到对每一个消费者的购买行为、消费行为进行量化分析，这与供应商通过样本调查得来的统计数据在信度、效度及功能上有天壤之别。采购与供应商能建立起良好的关系型的、协同的渠道关系，通过信息共享机制，能够更接近和了解消费者，降低经营决策的非理性程度。

从另一个角度讲，供应商及时获取采购商各种不同规格产品的即时销售、存货数量的信息，既使得供应商可以预测产品的销售，合理调节生产计划，也使得采购商能把库存降到最低程度并杜绝缺货现象。

3. 分享对方企业能力，实现企业能力的递增收益

合作型关系的另一个贡献之源来自成员间彼此可以借用对方的能力。由于企业能力的内部培育是一个漫长且要大量耗费人力、物力、财力的过程，这就意味着每个企业应该集中在其涉足的领域内培育和拓展自己的企业能力。合作型关系提供了这么一种可能，采购商可以合理利用供应商的物料生产成本控制能力，而供应商则利用采购商的市场调研分析能力，双方成员之间可以互相分享对方的企业能力，一定程度实现企业的递增收益。

（四）有关供应商关系决定的模型

1. 帕累托分析（ABC 分类法）

任何要素序列中，从要素数量而言占少数的几个要素（20%）总是占据

从成果而言的大部分成果(80%)。

在采购中解释为:80%的开支是针对20%的供应商,采购与关系管理的大部分精力和资源应当集中于关键的,即A类供应商及从它们那里采购产品。

组织可以用帕累托原理或者80/20法则,将关系投资侧重于提供80%总供应价值的20%的供应商或者提供80%总销售收入的20%的客户身上,组织可以将各种方法组合使用。

2. 卡拉杰克(Kraljic)采购定位或关系矩阵

供应市场的复杂性与物品供应源搜寻的难度、采购方对供应商或供应商失败的脆弱性、采购方与供应商在市场中的相对势力等因素有关。所采购物品的重要性与组织对该物品的年度支出额、该物品通过创收或成本节约而带来利润的潜力等因素有关(见图5-2)。

		供应市场的复杂性		
		低		高	
高 物品的重要性 低	采购的焦点 杠杆物品	时间 变化的,一般12—24个月	采购的焦点 战略性物品	时间 可长达10年;受制于长期战略影响(风险与合同组合)
	关键绩效标准 成本/价格和物料流动管理	所采购的物品 各类商品和特定的物料	关键绩效标准 长期的可用性	所采购的物品 稀缺的和/或高价值的物料
	典型来源 很多供应商,主要是当地的	供应 丰富	典型来源 已有的全球性供应商	供应 天然稀缺性
	采购的焦点 非关键物品	时间 有限的,一般12个月或更短	采购的焦点 瓶颈物品	时间 变化的;依赖于可用性与短期灵活性之间的权衡
	关键绩效标准 职能部门的效率	所采购的物品 初级商品,一些特定的物料	关键绩效标准 成本管理与可靠的短期供应源搜寻	所采购的物品 主要是指定规格的物料
	典型来源 已有的当地供应商	供应 丰富	典型来源 全球性的、主要是具有新技术的新的供应商	供应 基于生产的稀缺性

图5-2 卡拉杰克的采购定位或关系矩阵

3. 供应物品定位模型

供应物品定位模型的英文名称是Supply Positioning Model,该模型可以帮助我们确定所采购产品的优先权,也就是确定问题的重要顺序,继而采取适当的措施去解决问题(见图5-3)。

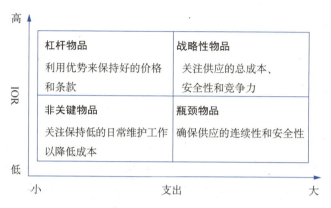

图5-3 供应物品定位模型

该模型以矩阵的方式对采购的产品进行分类:横轴是支出大小的定位,按照帕累托的20/80法则对支出的大小进行划分;纵轴是影响、风险和机会的综合定位,其划分原则较为复杂,会根据企业总目标和对供应市场分析之后加以确定。影响程度高低取决于企业总目标,风险与机会程度来自对供应市场的分析。把这三个指标合并后简称为IOR,这是影响(impact)、机会(opportunitiy)和风险(risk)的英语首字母。

根据这两组要素的划分得出物品可以分为四个分类。

(1) 常规物品:低支出、低IOR(routine)。

(2) 瓶颈物品:低支出、高IOR(bottleneck)。

(3) 杠杆物品:高支出、低IOR(leverage)。

(4) 关键物品:高支出、高IOR(critical)。

产品不同的分类对采购与供应的一系列工作都产生影响。例如,常规物品采购关注的是能否节省精力,而不考虑价格或者成本,意味着可以买高价;瓶颈物品采购关注的是能否降低风险,要不考虑价格或者成本,意味着不得不买高价;杠杆物品采购关注的就是价格和成本,哪怕费时费力也要去压价,因为产出可以弥补投入;关键物品采购关注的不仅仅是价格和成本,同时还要关注风险的降低。

4. 供应商感知模型

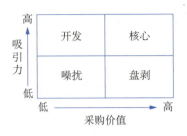

图 5-4 供应商感知模型

如果说供应物品定位模型是采购方根据采购产品的支出大小、IOR 等级的程度的主观定位,是知己的过程,那么供应商偏好模型就是从供应商的角度来看待采购方所采购产品,或者说是对供应商进行该项业务积极性的判定,是换位思考知彼的过程。

供应商感知模型也是以矩阵的方式来表示:其横轴为采购价值大小,采购价值是指采购方采购额占供应商销售总额的百分比。大于 15% 为高,5% 到 15% 为中高,0.8% 到 5% 为低,低于 0.8% 为可忽略。

其纵轴为吸引力的大小,吸引力是指那些非货币因素,包括战略一致性、往来方便性、财务稳定性、间接利益的获得性以及未来业务发展的可能性等。

供应商据此也把采购方分成四类。

（1）边缘类:低采购价值和低吸引力(marginal)。

（2）盘剥类:高采购价值和低吸引力(exploit)。

（3）发展类:低采购价值和高吸引力(development)。

（4）核心类:高采购价值和高吸引力(core)。

根据不同的分类,供应商会采取不同的态度对待采购方。

对于边缘类的采购企业,供应商一般仅仅采取维持的态度,给予该类企业低的优先权。供应商积极性较低,因为该类型的企业没有发展潜力,公司谈判地位也很弱。

对于盘剥类的采购企业,公司的采购或许很重要,但供应商没有理由发展长期关系,因此不会付出特别的精力,也不会给公司优先权。如果供应商确定会获得业务就会抬高价格以获得最大的收益。

对于发展类的采购企业,公司业务量可能很小,但供应商认为具有长期发展潜力或者因为其他原因而愿意与公司合作,并愿意投入时间和精力来建立关系。这类采购企业适合建立长期、合作的关系。

对于核心类的采购企业,供应商认为这类公司是他们的核心业务部分(根据当前的业务与发展潜力),会投入明显的时间和精力来销售并保持与企业的业务合作。这类采购企业适合建立合作伙伴关系。

第四节　供应商关系维护

一、关系维护的驱动力

供应商处于企业价值链的最前端,与供应商合作能否顺利开展关系到企业的后端价值链的实现,供应商关系管理可以更为有效地从战略角度利用组织范围内的新资源,使供应链上的业务更加顺畅、更加高效、更加便捷,可以极大地降低潜在成本、增加利润,并可显著影响企业的竞争地位,增强创新能力。结为伙伴合作关系的企业组织间能够持续地追求更低成本与更多的新价值,满足客户需求。

从理论上讲,合作伙伴关系是企业适应效益最大化的产物。因此,企业与供应商关系的维系也显得更加重要,应将优秀的供应商管理能力视为获得持续性竞争优势的一种原动力。企业与供应商的关系存在着很强的维护动因,有着积极与供应商建立长期合作伙伴关系的驱动力。

（一）降低成本、减少差错,缩短产品周期提升盈利能力

在供应链中企业之间的合作调度物资可能是极为复杂的,因为从原材料的采购到产品的生产加工,再到将公司的产品送到其最终目的地涉及多

个步骤与流程。良好的合作关系可以使企业的需要与供应商、与生产厂家高度结合,通过整个组织的数据结构标准化弥补通信差异、减少差错,对各种流程进行同步化,提高效率,为直接和间接物料提供成本节约。业务流程的同步化可以减少管理失误、加快库存周转并且提高符合性,使设计和采购资源保持一致、集成。由于集成性更强,公司将加快产品上市时间,持续地监控产品成本和采购表现,在减少人力、配送与运输成本的同时,确保在整个产品生命周期内的产品盈利能力,更快地交付创新产品、增加收入。良好的合作伙伴关系在降低成本、减少差错、缩短产品周期、提高盈利的同时使整条供应链的运作更有效率。

(二) 提高效率与规模经济,满足客户需求

供应商可以通过与企业建立的伙伴关系,削减成本与改善效率,供应链上的企业可以利用其他企业的能力与资源,节省重叠的成本。合作伙伴供应商要求供应商在一个特定长的时间内,与其客户就某些产品和服务达成一定的承诺和协议,实现资讯系统整合,供应商参与企业的生产以提高效率。供应商之间共结良好的伙伴关系满足了追求更大效率与经济的需要。

企业之间的携手合作可以更好地满足客户的基本要求与期盼,客户所寻找的不仅仅是能提供产品与服务的供应商,还要求强大的伙伴关系为他们带来完整的解决方案,以及提供最优良的产品和服务。如何选择供应商、控制库存量,在降低库存同时又能为生产不同产品提供保障,如何使供应商积极地参与和加入产品的设计过程中,为企业具体项目的更改提供快速的响应支持,以不断加快产品创新的节奏,缩短产品从研发到投放市场的时间,如何在动态的环境下实现组织结构、业务流程的快速适应和调整,将主要精力集中在核心业务上,从而保持资产的高回报和对市场状况的敏捷反应等,供应商合作关系的建立和维持能保证这些要求的顺利实现。

(三) 带来新市场价值,增强创新能力,提升竞争力

结成伙伴关系使供应链上的企业之间进入一个新的层次,整合力量创

造更多的市场价值,为市场创造全新的贡献。企业之间结合彼此的核心能力,研发新的产品或推出新的方案,在最高的层次中,这种核心能力的结合甚至会扭转整合产业的方向。从运营层面来看,经由合作共同创造的新的市场价值为团队成员提供协同功能,更为结为伙伴的企业厂商带来强而有力的竞争优势。

总之,和谐的供应商关系能为企业带来许多好处,对供应商关系进行维护也有其必要性,企业有对其供应商进行关系维护的强动因。扩展、加强与重要供应商的关系,把供应商集成到企业流程中。在维持产品质量的前提下,通过降低供应链与运营成本来促进利润提升。优化供应商关系,企业可以依据供应商的性质以及其对企业的战略价值,对不同供应商采取不同的合作方式。并通过合作,快速地引入更新、更好管理方式和解决方案,来增加企业利润,建立企业的竞争优势。

二、关系维护的基础

传统的供应商与客户企业之间是一种交易型关系,其特点是交易时间短、合同一次性、双方互为竞争对手等,一方的获利往往是以另一方的牺牲为代价的。在这种关系下,交易双方不可能实现双赢。随着供应链管理概念日益成熟,建立长期、紧密的合作关系成为合作的重要目标,不仅有助于提高供应商对客户需求反应的敏捷性,同时还能保证采购质量、降低采购成本。供应商和客户双方通过信息共享、相互信任、交互参与,在合作关系中达成共赢。

(一)信任

信任指相信一个人或一方的真实性、诚实性、能力和可靠性,并相应地付诸于行动。

信任有两层含义:信任是一种预期,即对我们而言,交易伙伴值得信赖的预期意念,是由于期待对方表现出可靠性而产生的一种心境;信任是自己表现出的行为倾向或实际的行为,以展现己方利益与交易伙伴的未来行为有密切关系。总的说来,信任是种相互行为,一方表现出值得信赖的特质,另一方表现出信任的意愿。实践证明,同供应商建立长期的信任,有利于提升供应商对采购商的忠诚和可靠性;反之,如果对供应商不抱信任,可能直接导致供应商对客户企业的忠诚度下降。因此,现代企业也越来越强调和重视建立长期的企业-供应商关系。

(二)发展高度信任供应商关系的产生机制

1. 选择合适的供应商

社会交换的延时性特征使得过去的行为对现在和未来的行为产生不同程度的影响。因此,合作的历史、合作的信誉影响着信任的产生机制。在选择供应商的过程中,采购商必须根据自己的规模能力、发展目标,选择与其相匹配的供应商。因为,供应商的规模太小,则影响其供货能力;规模太大,又与自身的目标不匹配,企业难以驾驭。

除此之外,供应商的信誉、价值观念都是很重要的因素,它将直接影响到产品的质量和主体企业长远的利益。供应商确定之后,主体企业应该利用市场信息优势,主动向供应商介绍市场需求动向,以及企业自身的诉求,从而获取供应商的了解和信任。供应商也只有在充分了解需求的前提下,才能有效地满足需求。

2. 信息共享、利益共享

企业间的交流共享内容包括信息、物质原料和财务等,而信息共享主要指企业与供应商之间无形资源的共享,包括产品研发信息、成本信息、生产信息、市场信息、财务信息、人力资源信息等。

双方的供需关系确定之后,包括高管在内的企业各部门,应该深刻认识到供应商在价值链上的重要地位,积极接收供应商的反馈信息,关注供应商的需求,有效维护与供应商之间的关系。首先,处于优势地位的采购商应该本着双赢的态度,给供应商留有盈利的空间,这是双方长久合作的基础和前提。其次,应带头信守承诺,保证价格合理、规格齐全、数量充足、质量可靠、时间宽裕,尤其要避免拖欠货款的问题,以确保供应商资金充足,提高价值链创造的运转效率。

供应商关系正常运转之后,还可以采取多种方式确保合作的持久性,如邀请供应商入股、互惠购买等,通过有效管理,形成一种利益共享、风险同担、相互信任的战略合作伙伴关系。

3. 制度保障

从心理学的角度看,信任是人与人之间一种情感关系的体现。但信任的维持与强化终究离不开一定的法律或规范条件等硬性约束。因此,在供应商关系管理方面,企业应当改变不规范的口头协议的习惯,完善合作契约,确立契约信任。契约信任也叫合同信任,是以契约或合同所规定的准则为基础所建立的又一理性信任关系。这种信任关系往往受到国家法律的保护,并具有以下两个特点:一是契约性,契约规定了信任双方的责任及能力,阐明双方的作为和不作为。契约越完备,信任越趋于理性化,合作的风险就越小。二是强制性,这种信任建立的主要依据是法律的监督与保护,一旦合作的某一方出现机会主义行为,就必须受到法律惩罚而支付高额"背德成本"。

(三)获取供应商信任的方法与步骤

要去取得信任,争取拿到采购商品的,通常都是知名、热销品牌的供应商,他们考虑的问题,除了销售、生产能力之外,还要考察多方面的东西。要想取得供应商的信任,成为其合作伙伴,需要采取以下方法和步骤。

1. 拥有基本资质,公司规模达到供应商要求

行业内应该有的资质必须有,证件齐全,并且都按时年审,资质在有效期内。供应商会对公司的规模有硬性要求,如应具备的职能部门、技术部门,应具备的人员等都必须达标。这些都是取得信任的基础。

2. 展示团队实力和过往业绩

有实力的团队往往能获得供应商的好感,介绍和展示团队中的精英人员及团队近三年的销售业绩,以优秀的数据去说服供应商,不能只是主观地认为自己实力强大。

3. 展示自己在同行中的优势

这就要对自己的竞争对手有深刻的了解,并且这个优势必须是实际存

在的,如技术方面、现金流方面、营销手段、市场扩展、在当地的影响力、口碑等方面的优势,这些都是供应商非常重视的。

4. 和供应商有共同的目标和理念

作为知名品牌的供应商,追求的不仅仅是销量,还有品牌建设、售后服务、终端技术支持等方面的管理。因此,这就要求合作方除了有能力做销量,在其他方面也有一致的目的,尤其是品牌建设方面,能为维护品牌作出相关支持。

5. 根据当地具体情况,向供应商展示具有区域特色的营销方案

这就要求要做好市场调查,熟悉当地市场特点。就以产品线为例,每个城市,产品线布局都不尽相同。例如某连锁西餐快餐品牌,在各地都会有汉堡、鸡翅、蛋挞、可乐、奶茶、咖啡等一样的产品,唯独在广东省,饮料当中还供应凉茶,这是根据当地人的饮食习惯决定的,而这个产品要是放在北方是没有销量的,而且这个具有中国特色的产品出现在了西餐品牌当中。因此,展示可运行的区域特色的营销方案更容易突出自身能力。

阅读案例 5-3

6. 拥有良好的信用

这里考察的是供应商与本公司之间、本公司和客户之间、本公司和员工之间的履约能力,近几年销售额增长能力,贷款情况等。应该说近 5 年内没有重大违约事件、无信用官司、无影响形象投诉等事件发生,都是拥有良好信用的。因此,维护自己优良的信用记录非常重要。

三、受损关系的修复

由于内部因素或外部因素阻碍了商业关系的发展,或损害了彼此的关系,可以通过谈判来解决。利用谈判要注意其有两面性:一方面,谈判可以解决冲突、解决合同纠纷、修复受损的关系;另一方面,谈判也可能导致更严重的冲突,尤其是在谈判被认为不公平,或双方处于对抗性状态的时候。

(一)协调

协调,指管理者采用各种手段,对经营活动中的各个要素进行协商和调

节的过程,最终达到各要素之间相互配合与调节,从而快速、高效地实现经营活动的目标。关系修复的关键点在于协调不同网络成员行为,实现从"冲突"到"关系恢复"的结果。

协调的根本目的在于解决冲突。采购商与供应商冲突的根本原因是双方之间存在利益分歧和矛盾。矛盾引发冲突,矛盾是指采购与供应之间产生阻碍,干扰正常经营活动,降低效率。双方之间经营活动难以协调,导致矛盾激化,就会发生冲突。冲突既有阳光的一面,又有黑暗的一面,此时,需要用协调手段对冲突进行管理与引导,减少消极作用,发挥积极作用,使双方行动协调一致,实现资源最大化,最快、最好地实现合作目标。协调管理可以有效地解决双方之间的冲突问题,产生并建立资源共享、相互依赖的协调关系。

冲突协调的主要手段是协商与沟通。通过有效的协商与沟通,各成员认可其共同的合作目标,了解其处事风格,相互包容与协作,实现合作的目标;能够使双方意识到必须通过资源与能力来实现自我价值增值,这就意味着必须寻求主动与对方发展合作关系;能够促使企业在冲突产生之前通过真诚的协调与沟通,主动处理问题,冲突就会化解,促使双方关系协调一致,实现共赢。

(二) 归因

归因即判断和解释自己或者他人行为背后原因的理论。关系修复是一个归因的过程,是一方通过观察对方的言行举止来搜集信息,并据此进行推断,形成自己的认知的过程。从这个角度看来,当发生违背行为时,受损方倾向于负面归因,形成对违背方未来行为的负面期望,会重审双方继续合作的必要性。修复冲突关系意味着在违背行为发生后,尝试增加受损方的积极认知,消除负面认知,修复双方关系。

浅层归因包括三个维度:稳定性、可控性和控制点。深层归因包括三个维度:能力、正直和善良。不同维度的归因会导致不同水平的冲突,也会导致不同的关系修复难度。从责任大小来说,把违背行为归因为外因、不可控且不稳定的,能减轻违背方的责任,减轻受损方的负面情绪,增强对违背方可信度感知,更容易修复关系,从改正的可能性来说,把违背行为归因为可变且可控的,更有利于双方关系的修复。

(三) 谈判

谈判是一种能解决冲突的有效方法。作为一种机制,它常常用于劳资冲突。另外,非正式谈判也可以用于解决采购方与供应商内部存在问题。

在谈判过程中,采购与供应双方就交易或合作条件进行磋商,调整各自的利益,谋求在某一问题或多个问题上进行妥协并取得一致。双方都要有所给予,从而使双方的需要相互得到满足,谈判是为了协调双方利益冲突,最终实现共同利益。

(四) 调解

如果协调不成功,可以进行调解。调解是任命一个双方都能接受的调解员或调解团队,综合考虑案情,并提出一个正式建议作为解决纠纷的基础。在这个过程中,调解员或团队等社会中介的作用不可忽视,包括人才交流平台、协会、商会等。社会中介起到连接采购与供应双方关系的作用,为促进双方相互谅解和信息沟通提供了一个良好的平台。应该完善社会中介的制度环境,减少矛盾与摩擦;社会中介应该定期不定期的举办活动,为采购与供应双方合作提供机会,减少矛盾,实现合作。

实践指导

根据供应商偏好模型,采购商在供应商眼里可以分为噪扰类客户、盘剥/利用类客户、开发类客户和核心类客户。

一、噪扰类客户

这类客户的业务对于供应商,既谈不上吸引力也没有价值可言,属于供应商完全不需要依赖的客户类别。

若在供应商企业中具有客户关系管理体系,他们会经常性的分类管理和审查他们的客户群,减少或者停止为不能带来充足的业务的客户提供服务,一旦出现"风吹草动"或遇到经营和交易的麻烦时,可以迅速地放弃这类客户。

即使那些能够维持的交易关系,也仅仅关注从有限的交易量中通过稳定的单位价格获取相关的利润,对于单位价格的谈判通常表现较为刚性,"寸土不让"。而且容易采取提价的行为,谋求向"利用"类客户转化,因此采购方最多也就是得到了简单的交易服务而已。

二、盘剥/利用类客户

此类客户的业务量相对较大,从而在某种程度上弥补了吸引力不足。

从表面看,供应商会满足供应合同条款的要求,但是不会额外提供其他过多的增值服务。换言之,除了满足了供应商基于采购量较大带来的营收和利润的基本交易之外,从成本和客户层级管理角度,对于采购方任何额外的要求都会另外收取费用。

供应商只是把这类关系看作一个获得业务的途径,采购方单方面想要开发和监控供应商绩效的任何企图,都可能会遇到抵制。

若采购方落入这个象限,在供应商的客户优先级排名上也是十分靠后的。

三、开发类客户

这类客户则非常具有吸引力,尽管当前的业务水平还较低,但是供应商在这类客户升上看到了某些非常重要的值得开发的潜力要素。

这类交易会在维持履行基本业务合同的同时,额外用某些优惠条件吸引客户招揽更多的生意机会,以谋求这类客户有一个快速发展的前景,以稳定增加未来的业务量。

若双方都采取积极开发的态度,这些客户有很大的潜在机会转变为"核心"类客户。此时,供应商认为目前的订单和未来的关系同样具有价值。

四、核心类客户

此类客户对于供应商而言是非常受欢迎的高价值客户群体。供应商希望能够与这类客户建立起长期互惠互利的战略合作关系。双方对彼此的依存度都很高。

采购方对于供应商业务量的贡献很大,同时也备受供应商的关注,认为是非常值得进一步发展战略关系的客户。供应商会不惜一切代价来维护和培育这种关系,并给予持续性的照顾和关注。

这里以一个样例来理解这个模型的思想。一个供应商所生产产品的固定成本7元,变动成本2元,对于不同的采购方有着不同的报价。

四个报价(8元、10元、15元、25元)分别给了处于供应商感知模型中不同象限的采购方,结论如下。

8元报给处于发展象限的采购方:以求未来的发展和在其他方面获得利益,可以在这里少亏,因为采购价值低不影响业绩。

10元报给处于核心象限的采购方:薄利多销,与采购保持伙伴关系维持行业的合理利润(10%)。

15元报给处于盘剥象限的采购方:由于没有发展前景,在能够获得订单的前提下最大化此次交易的利润(大于66%)。

25元报给处于噪扰象限的采购方:此报价不是为了获得高利润,因为采购价值小不足以创造业绩,而是拒绝交易的一种委婉的表达方式。

思考与练习

一、名词解释

1. 实力
2. 公开实力
3. 隐蔽实力
4. 信任

二、选择题

1. 哪种情况下,买方的议价实力相对较高?(　　)

    A. 供应商的数量有限或规模大。

B. 很少有替代品,供应商产品和服务具有高度差异性。

C. 买方的采购数量或所在行业对供应商不重要。

D. 买方的支出占供应商收入的比例较高。

2. 哪种情况下,卖方的议价实力相对较高?(　　)

　　A. 买方组织数量有限或订购规模大。

　　B. 很少有替代品,供应商产品和服务具有高度差异性。

　　C. 需求不急或可以延迟。

　　D. 买方的支出占供应商收入的比例较高。

3. 利用己方的实力,可以(　　)。

　　A. 推进谈判过程　　　　　　B. 排除谈判障碍

　　C. 保障己方的"赢"结果　　　D. 保障"双赢"

4. 在买方和供应商关系中的实力形式有(　　)。

　　A. 公开实力　　　　　　　　B. 隐蔽实力

　　C. 结构实力　　　　　　　　D. 法定实力

5. 谈判中个人实力的来源有(　　)。

　　A. 法定实力　　　　　　　　B. 专家实力

　　C. 结构实力　　　　　　　　D. 奖励性实力

6. 在与供应商的商务谈判中买方提高议价能力的方式有(　　)。

　　A. 增加专家实力　　　　　　B. 增加资源实力

　　C. 增加合法实力　　　　　　D. 增加资源实力

三、简答题

1. 请解释组织实力的五个来源。

2. 简述重新建立信任关系五种行动。

四、论述题

论述如何在谈判中明智使用实力。

第六章

影响采购定价的内部因素

 学习目标

1. 认识供应商定价策略
2. 理解供应商成本的构成
3. 理解成本核算的方法
4. 掌握谈判的价格策略

 基本概念

全成本定价法、成本加成定价法、边际定价法、差异定价法

第一节 供应商定价策略

一、影响供应商定价决策的因素

影响供应价格的因素主要有成本结构和市场结构两个方面,成本结构受生产要素的成本影响,如原材料、劳动价格、产品技术要求等,具体包括:①供应商的物料成本;②供应商的劳动力成本;③供应商的管理成本分摊;④供应商的利润,这些都是影响供应价格的内在因素;而对市场结构而言,

宏观经济条件、供应市场的竞争情况、技术发展水平及法规制约等因素,是影响供应价格的外在因素。市场结构会强烈影响成本结构,而供应商自己的成本结构往往不会对市场结构产生影响。市场结构对供应价格的影响直接表现为供求关系。

(一)市场结构的影响

市场结构主要指市场上供应商之间的竞争状况,包括竞争的性质和竞争对手的价格。竞争的性质主要分为:自由竞争、垄断和垄断竞争。如果基本上没有竞争,那么供应商就可以自由定价,如世界上的第一个托拉斯企业,由约翰·D.洛克菲勒建立的标准石油公司,曾经占据95%的美国石油产品供应,其定价比其他石油公司的价格都要便宜。在市场化竞争中,供应商的价格既要具有竞争力,又要避免陷入无谓的价格战。所以供应商要考虑他们的价格定位在什么位置比较适合,在涵盖自己成本的同时又比较有竞争力。同时,也是每个公司都在考虑的,就如何降低成本,从而提升自己的利润,以及提升自己的竞争力。市场结构还包括市场供需状况,从而决定供应商和采购商之间的相互地位。需求及供应水平会反映出市场对价格的承受能力。如果需求大于供应,价格就会上升;反之,如果供应大于需求,价格就会下降。

1. 供求关系及变化

商品的市场价格是由市场的供求关系决定的,市场上某商品的供求关系的变化均会直接影响这款商品的价格。在其他条件不变或变化细微的情况下,当市场上某种商品供给数量增加,价格下跌;供给数量减少,价格上涨;当该商品市场需求增加,其价格就会上涨,反之价格下跌。

2. 市场竞争

商品在市场竞争包括各卖方之间的竞售、各买方之间的竞购、买方与卖方之间的竞争。这三个方面的竞争都会影响价格的变化。在市场上,卖方竞销某一商品则使该商品的市场价格下跌;买方竞购某一商品则使该商品价格上涨,各买方和卖方之间的竞争对某一商品的价格影响取决于两者的竞争力量的对比,当某商品处于"买方市场"时,卖方可以凭某些有利条件抬高价格。

3. 市场上的垄断

在市场上垄断组织是为了追求利润最大化,通过相互协议或联合,采取瓜分销售市场,规定统一定价,限制商品产量、销售量从而直接控制市场价格。在这种情况下,买方的力量无法影响市场价格。

4. 经济周期

在不同的经济周期环境下,市场需求是不同的,从而影响商品的市场价格。在经济危机阶段,生产下降,商品滞销,大部分商品市场价格下降;经济复苏后,生产逐渐上升,需求逐渐增加,价格也随之逐渐上涨。

5. 商品的质量、包装及销售中的有关因素

商品都按质论价,优质优价、劣质劣价。此外,包装装潢、付款条件、运输条件、销售季节、成交数量、消费者喜好、广告宣传、售后服务质量等都会影响商品价格。

6. 非经济因素

自然灾害、战争、政治动荡以及投机等非经济因素对市场价格都会带来影响。

7. 国际因素

对国际贸易而言,货币以及外汇变动也会带来市场价格变化。各国政府和国际性组织所采取的有关政策措施等对价格也会产生巨大的影响。比如,价格支持、出口补贴、进出口许可、外汇管制、政府抛售等。

表 6-1 总结了供应商定价决策中的各种因素。

表 6-1 供应商定价决策中的各种因素

外部因素	内部因素
竞争对手的价格:既要确保具有竞争力,又要避免陷入无谓的价格战	生产及销售成本:销售收入一定要大于成本才能确保能获得利润
竞争状况(市场结构):如果基本上没有竞争,那么供应商可以自由决定如何收取费用。如果竞争情况很复杂,那就只能根据市场情况来定价	供应商在某一特定时期需要业务的程度到底有多迫切(如为了收回固定成本,收回研发新产品的成本,获得现金流,给股东回报和信心)
市场上竞争的性质:可能与价格直接相关,也可能与价格根本没有关系	风险管理:例如在制定价格的为不可预见的成本或费用留出一定的空间

(续表)

外部因素	内部因素
市场情况:需求及供应水平会反映出市场对价格的承受能力。如果需求大于供应物,价格就会上升;反之,如果供应大于需求,价格就会下降	某个特定客户对供应商的吸引力:如果吸引力很大,那么为了留住客户就需要降低价格,但如果根本无所谓,那么价格就可以定得高点(如对那些支付不及时、需求量很小的客户)
客户对价值的不同理解:不用的客户对资金价值有不同的理解,比如有些客户愿意为质量支付额外的费用等	财务定位和产品组合:不用的情况会决定供应商是否会为了保住业务而愿意偶尔承担损失
需求的价格弹性:价格变化对市场需求上升或下降的影响程度	产品处于其"生命周期"的哪个阶段,如新产品的定价就需要高一些,以便收回研究及开发成本
某个特定客户(指那些有较大市场需求量的、好的客户)准备支付多少	股东对利润率的期望值及管理目标
影响原材料成本的环境因素(例如天气、供应中断、原材料短缺)	组织的战略目标:如定位为"资金价值"的"优质"提供者,力争扩大市场份额(通过具有竞争力的定价)等
影响需求和供应的环境因素:例如经济衰退导致消费减少,政府价格控制	

(二)成本结构的影响

供应商成本结构包括以下几个方面:设备成本(生产设备购买或者折旧费)、人员成本(生产线员工工资)、原材料成本(各种原材料成本)和物流成本(运输、报关)等。

1. 设备使用

应当评价供应商额外的业务在成本上对运营效率产生的影响。供应商是在满负荷生产吗?额外的产量会因加班而产生更高的成本吗?供应商能通过额外产量压缩其成本结构吗?评价设备使用是因为生产资料的使用率直接影响供应商的成本结构。

2. 流程生产能力

采购方还应当考虑计划的需求量是否与供应商的生产能力相匹配。向一个需要长期经营才能实现成本最小化的供应商采购较小的批量可能是没有效率的。另外,专长于小批量的供应商不能有效地提供需要长期生产经营的产量。供应商的生产流程应与买方的生产要求相匹配。采购时应评价生产流程,确认它是依赖先进的技术还是过时的技术。生产能力影响卖方的工作效率、质量和总成本结构。

3. 供应商的劳动力

供应商的劳动力影响成本结构。如职工是否有工会,是否被激励,职工的质量意识和责任都对成本结构增加另外一种影响因素。在参观供应商的工厂时,采购方代表应当花时间与雇员讨论质量及其他与工作相关的问题。与雇员的接触可提供关于供应商运营绩效的宝贵信息。

4. 管理能力

管理的效率与能力会对公司的成本结构产生有形或无形的影响。比如以最有效的方式指挥劳动力,实现物料生产;能力的长期改进,规定企业的质量要求、管理技术,以最优方式分配资金等。其实,每项成本最终都是采取某种管理行为的结果。

5. 采购效率

产品或服务的采购工作的好坏直接影响采购价格。供应商在其供给市场面临上着与采购方相同的不确定性与影响力。在做供应商的调查与评价时,应当评价他们在采购物料时所用的工具与技术。

二、供应商的定价策略

供应商的定价策略可以是基于成本的因素,也可以是基于市场的因素。

(一) 基于成本的定价方法

1. 全成本定价法

供应商计算出产品的总成本,并在此基础上加上一笔收费作为利润,最后得出的就是销售价格。这种方法常常被用在非常规工作的定价上,因为这类工作通常事先很难知道具体成本,如提供一整套的综合服务。

2. 成本加成定价法

供应商计算出产品的直接成本,再在上面加上一部分收费,这部分收费包括间接成本(企业日常管理费用)及利润。

3. 边际定价法

供应商所定的价格能确保其获得预订比例的利润率(报价的百分比)。

4. 收益率定价法或目标回报率定价法

供应商根据自己希望从投资上获得多少回报作为利润分析的基础,而不是预计的产品成本(可能不会包括研发、管理和市场方面的成本)。

5. 差异定价法

在这种情况下,为了维持工厂或机构的运行,价格会低于产品的所有成本的总和,但可以覆盖部分成本。这可以避免工厂关闭、设备停运和人员暂时遣散的成本。

(二) 以市场为导向的定价方法

1. 价量定价法

供应商使用本量利分析定价法(或盈亏平衡定价法)来决定应该生产多大产量才是最经济的(将日常管理费用成本分摊到数量较大的产品上),才能给购买者提供批量折扣,从而促使销售量的提高。

2. 市场份额定价法

供应商设定一个较低的推介价格,以便争取客户、减少竞争。

3. 市场撇脂定价法

供应商设定一个较高的引入价格,以便吸引那些热切希望能尽早得到新产品的客户(如果这个产品本身是很有创新性的具有市场竞争优势的产品),以及那些有承受能力能支付得起的客户。

4. 目前收入定价法(或差异定价法)

供应商的目的在于收回运作成本,而不是获取利润。他可能会以相当于或甚至低于成本的价格来承接订单。

5. 促销定价法

在特定的一段较短时间内,供应商会给出一个折扣价格,以刺激短期销售。

6. 细分市场定价法（也称差异定价法或价格差异法）

对不同的细分市场，根据购买者的价格承受力，供应商制定不同的价格——不同的客户获得不同的价值。

7. 竞争定价法：供应商通过竞争的方式取得合同。这种定价方式，要让自己这边的最高价格比竞争对手的价格还要低。

三、合适的价格

（一）价格

价格是用标准货币单位计量的商品或服务的价值。

（二）供应商收取的合适的价格的界定

（1）市场可以承受的价格。

（2）使得销售商可以赢得竞争、获得生意的价格。

（3）使得销售商能够收回成本的价格。

（三）采购方支付的合适的价格的定义

（1）采购方能接受的价格。

（2）公平合理的价格，相对于所采购的总收益而言是具有资金价值的。

（3）能够给采购方相对于其竞争对手以成本或质量优势的价格。

（4）采用良好的采购实践价格。

（四）供应商将价格传达给潜在买方的途径

1. 价格表

供应商会提供标准价格清单或者价格表，不管是打印的表格或者印刷的小册子，还是上传到网上的信息，这些价格表通常都有标准条款和构成内容。对于大宗采购、现金支付或提前付款，企业往往能给出比标准价更低的折扣价格，以便能留住优质客户或刺激购买需求。

2. 报价

供应商根据内部价格清单或某个合同特别准备的预估价给出一个发盘或报价。报价也可以出现在供应商的投标书里,作为竞争性投标流程的一部分。

3. 谈判协商

价格也可以通过买卖双方之间的谈判协商决定,这些协商是建立在价格及成本分析的基础上。

(五)竞争(拍卖)

价格也可以通过市场竞争形成,如在拍卖(采购方竞价购买卖方出售的商品)过程中,或方向竞拍(供应商竞价出售买家求购的商品)进程中。采购方可以参考历史竞标的数据,作为制定招标广告的依据。

(六)市场

价格也可以根据市场信息制定。市场交易所交易的大宗商品会公布"市场价格"。世界各地主要的商品交易所有纽约的贵金属交易所、纽约矿产交易所、芝加哥农产品交易所等。历史数据可以帮助我们判断市场价格的发展趋势及波动情况。

(七)发布的经济指数

发布的经济指数包括各类价格数据(包括大宗商品价格)和成本数据(如劳动力成本)。

(八)影响采购方价格决策的因素

1. 买方组织在市场上或供需关系中的相对议价能力

如果供应商数量单一,那么供应商就有势力按照自己的意愿设定价格。但是如果买家的这单业务占供应商整个业务量的很大一部分,那么在价格谈判的时候,买方就处于强势地位。

2. 市场上供应商的数量及产品的可替代性

如果在市场上能够找到备用的供应源或替代品,买方就可以利用竞争手段迫使价格下降。

3. 采购类型

对于非关键的日常用品,买方希望通过竞争性的采购来确保获得最好的价格,而那些关键物品或具有战略意义的产品,买方愿意支付更高的价格以确保供应的稳定。

4. 竞争对手支付的价格

如果能获得竞争对手支付价格这类的信息,根据这些信息,买方可以确保自己所买的物品的价格是具备竞争力的。

5. 特定价格所对应的总收益

如果价格里包含一些特殊的服务,价格更高能获得"更好"的价值,如质量好、按时交付、供应商良好的售后服务等。

6. 承受能力

对于一段时间内可能的供应数量,买方能承受什么价格。

第二节 成本的构成

一、成本的基础构成要素

成本指的是买方为了获得所购买的商品或服务而支付的费用。成本不仅仅是商品或服务本身的价格,还包括与采购原材料部件相关的物流费用,包括采购订单费用、采购计划制订人员的管理费用、采购人员管理费用等。

供应商有权进行报价,从而使得他们能够收回成本并获得应当部分的利润,当然这个利润率应该基于合理的基础,并进行再投资。分析供应商基于成本的定价时,采购方对供应商的成本构成需要进行了解。制造商的成本可以分成三大块。

（一）原材料

原材料是零件、配件、耗材等，即在生产过程中的输入。

（二）劳动力

劳动力成本主要是指组织雇佣的工作人员的工资或薪水。

（三）日常管理费用

日常管理费用是指那些投入到生产上，但不能直接分配在所产出的产品上，与维持生产过程和企业正常运作却密不可分的花费和费用。

二、直接成本和间接成本

（一）直接成本

直接成本是指可以被直接归类到某个可销售的产品单元上的成本，如直接材料成本、直接劳动力成本和直接花费等。

（二）间接成本

间接成本是指不能被直接归类到某个可销售的产出单元上的劳动力成本、材料成本或其他物品的花费，生产管理费用、行政费用和销售配送费用等。

直接成本和间接成本合起来构成了总成本（见图6-1）。

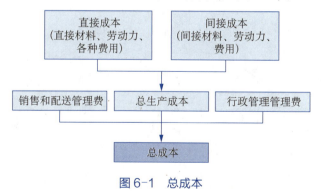

图6-1　总成本

三、固定成本和可变成本

（一）固定成本

固定成本(fixed cost)，又称固定费用，是指成本总额在一定时期和一定业务量范围内，不随生产数量或销售水平的增加而改变的成本。例如，厂房租金、设备等。

（二）可变成本

可变成本是指随生产数量和销售水平的增加而改变的成本。例如，原材料成本、制造费用、销售成本等内容。

（三）混合或半可变成本

有些成本既包含一部分固定成本，一部分可变成本，这种成本通常被称作混合或半可变成本，这种成本混合了固定成本和可变成本的特点。

固定成本和不变成本，如图 6-2 所示。

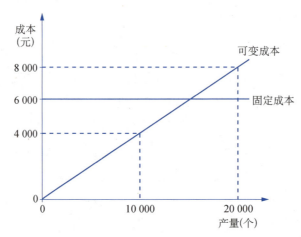

图 6-2 固定成本和可变成本

四、获取供应商成本信息的策略

（一）开放账本成本计算

供应商向采购方提供关于己方成本的信息，以便让他们确信自己采购的物品物有所值。从理论上说，这种方法能有效帮助双方就基于成本的价格达成一致，同时也使得采购方有机会帮助供应商找出进一步节省成本的方法。但是，在实践中，这种方法对供应商没有动力，因为信息的提供是单方面的，且有利于采购方。

（二）成本透明

买卖双方共享成本信息，以求在成本降低方面开展合作。比起开放账本成本计算，这个方法更加公平、更加互惠。但这种方法要求双方具有高度的互信水平，而这种互信水平仅可能存在于长期伙伴关系中。

五、成本分析的益处

成本分析是利用核算及其他有关资料，对成本水平与构成的变动情况进行分析，系统研究影响成本升降的各因素及其变动的原因，寻找降低成本的途径。供应商成本分析，是指分析供应商报价和其生产成本之间的关系。

如果买方能够确定供应商的成本结构，就可以多方面利用这些信息进行分析。例如，买方可以估计供应商的目标利润是否过高，是否存在降价空间。除此之外，买方还可以利用这些信息进行如下操作。

（1）估计供应商为达到盈亏平衡点所必须达到的销量，如果销量超过盈亏平衡点，可以采取批量折扣的方式让买方一起共享利润。

（2）比较供应商的目标利润水平与其竞争对手获得的利润水平，并且在必要时，采用竞争性威胁手段，作为一种谈判议价实力。

（3）估计业务或合同在盈利性方面对供应商的价值如何，这样可以评估采购方在供应商那边的地位,判断一方的生存是否过度依赖另一方的持续业务。

(4) 估计供应商能够可持续地承受的最低价格。

第三节　成本核算方法

一、成本核算方法

(一) 边际成本法

在边际成本法(或称可变成本核算法)下,企业所有的成本都要划分为固定成本和变动成本。按照英国特许管理会计师工会定义:边际成本法是一种会计制度,在此制度下,成本单位仅包括变动成本,某一时期的固定成本全部由边际贡献毛益中销记。这样处理固定成本和变动成本的理由是:每生产一件产品,变动成本都会起变化,而固定成本则不管产量多少都支付。因此,贡献毛益首先用于弥补固定成本,如补偿有余就是利润,补偿不足就是亏损。

(二) 完全成本法

完全成本法亦称全部成本法。完全成本法就是在计算产品成本和存货成本时,把一定期间内在生产过程中所消耗的直接材料、直接人工、变动制造费用和固定制造费用的全部成本都归纳到产品成本和存货成本中去。所以这种方法也称为"归纳(或吸收)成本法"。

在完全成本法下,单位产品成本受产量的直接影响,产量越大,单位产品成本越低,能刺激企业提高产品生产的积极性。但该法不利于成本管理和企业的短期决策。

它与边际成本法差异之处是他亦会计算固定成本(fixed cost),而边际成本法则不计算。完全成本法的好处是较容易计算出收益,因此在做财政预算或报表时一般都会计算所有成本。

（三）边际成本法的应用

运用边际成本法取得信息，对企业管理者进行相关分析和决策具有重要的指导作用，在企业实际工作中的应用主要为：避免操纵短期利润，有利于短期产量决策。

在完全成本法下，计算产量和劳务成本的方法是在生产产品和劳务的直接成本上计入合理部分的生产间接费用（即间接成本）得出单位完全成本和总成本，非生产间接成本不包括在完全成本中，而是作为期间费用处理。完全成本法有赖于对产量的估计，企业一定时期的利润在一定程度上取决于生产水平而不是销售水平。如果产量大于销量，一部分固定成本就会推延到下一会计期抵减利润，固定成本的性质被歪曲了。

实训案例6-1：边际成本法和完全成本法的区别

某企业生产一种零部件产品，其生产性费用为：直接材料10元/件，直接人工5元/件，变动制造费用（能源）7元/件，固定制造费（折旧）4 000元。其非生产性费用为：管理费用（保险）400元，销售费用：其中变动费用3元/件（买一送一），固定费用（广告费）600元。期初库存为0，本月生产1 000件，销售600件，售价40元/件。

(1) 用完全成本法计算的利润如下：

单位生产成本：10 + 5 + 7 + 4 000 ÷ 1 000（件）= 26元

销售收入：600件 × 40 = 24 000元

　减：销售成本：600件 × 26 = 15 600元

毛利：8 400元

　减：期间成本：600件 × 3 + 400 + 600 = 2 800元

净利：5 600元

在完全成本法下，400件库存中有固定费用（折旧）1 600元（4 000 ÷ 1 000件 × 400件）作为存货，虚增了资产和当期利润。同时也可以看出，在完全成本法下，企业很难正确作出是否应该增产或减产的决策，因为产品或劳务的吸收成本中包括固定成本要素，而固定成本与企业的产量无关。

(2) 用边际成本法计算的利润如下：

单位生产成本：10 + 5 + 7 = 22元

> 销售收入：600 件 × 40 = 24 000 元
>   减：销售成本（全部变动）：600 件 × (22 + 3) = 15 000 元
> 贡献毛益：9 000 元
>   减：全部固定：4 000 + 400 + 600 = 5 000 元
> 净利：4 000 元

由实训案例 6-1 可知，在边际成本法下，利润与销售量直接相关，而与产量无关。两种方法计算的利润差额正好是完全成本法下期末库存产品中所含的固定费用数。所以，用边际成本法更能准确地反映企业的实际利润。同时，也可以看出，由于固定成本与产量增减无关，在短期增减产量决策时，不必考虑固定成本因素，因此，边际成本法对企业管理者短期产量决策是非常有用的。

（四）适用于特殊订货的订价决策

特殊订货决策主要是指在企业生产能力过剩的情况下是否接受订货的决策。由于生产技术的发展，大多数企业的生产效率的大大提高，所以企业往往未能尽用其生产能力，这时作为企业的管理者对特殊订货如何决策显得尤为重要。

> **实训案例 6-2：边际成本法和完全成本法的区别**
>
> 某机修厂生产某种备件的最大能力是 12 000 件/年，已签订了 10 000 件的加工合同，每件售价 1 200 元，单位完全成本 1 000 元，其中：固定部分（折旧等）200 元，变动部分（直接材料、人工等）800 元，剩余生产能力无法转移。现有一客户，准备以 900 元/件的价格追加定货 1 000 件，追加定货无特殊要求，也不需要投入专属设备，是否能接受此批定货呢？按照习惯的决策理念是不能接受此定货的。因为按照完全成本法计算的单位生产成本是 1 000 元，而客户只愿支付 900 元/件，每件亏损 100 元。虽然企业生产能力有富余，但也不能赔钱干。但是，引入边际成本法其结论就不同了。
> 计算结果如下：
>
>   增量收入：1 000 件 × 900 = 900 000 元
>
>   增量成本（相关成本）：1 000 件 × 800 = 800 000 元
>
>   增量收益（边际收益）：900 000 − 800 000 = 100 000 元

> 由计算结果可以看出此定货能产生 10 万元的边际收益,可以接受此定货。因为折旧等固定成本是无关成本,不论是否接受此定货都会发生。

由实训案例 6-2 可见,两种不同的成本计算方法其为决策提供的信息是完全不同的,所形成的决策也截然不同,作为采购人员必须熟悉边际成本法,为企业领导提供可靠的决策依据。

二、总拥有成本

一个物品的采购价格和其总拥有成本(TCO)之间是有很大差别的。总拥有成本不仅包含物品的价格,还包括以下七个方面。

(1) 各种交易成本,如税收、外汇交易成本及签订合同的成本。

(2) 财务成本(假如用于购买物品的资金是借来的)。

(3) 获取成本,如运输、安装及佣金成本。

(4) 运营成本,如能源、备件、耗材、超过使用年限的维护和维修的成本(例如,设备和机器)、操作人员培训、供应商的支持等。

(5) 存储成本和其他需要的搬运、装配或精加工的成本。

(6) 质量成本如,检查、返修或拒绝、销售损失、客户赔偿等。

(7) 生命结束成本,如拆卸、搬移和处置。

第四节 利润与贡献

一、利润与贡献的概念

(一) 利润

利润即产品销售价格(或说销售某产品的总收入)与产品生产成本之间的差额。

利润（profit）是一种颇为特别的经济学概念，它有两种含义：经济利润（economic profit）指的是总收入和总成本之间的差额；会计学上，利润可细分为毛利、纯利及除税前盈利，用以财务分析，了解企业的表现。其中，毛利是销售收入减去售货的成本差额，毛利再加上额外的收入再减去其他费用（如输出费用、薪金等）便是除税前纯利，扣去税项就是真正的纯利。它们都会被显示在购销损益帐上，反映公司在某时期的营业额和相关的收入及支出。

（二）溢价

溢价是用成本的百分比来表达利润要素。

（三）利润率

利润率是用销售价格百分比来表达利润要素。

（四）安全边际

计划销售量与盈亏平衡销售量之间的差额。

（五）贡献

贡献是销售额与可变成本之间的差额，或者说它是对固定成本和利润的贡献。

假定公式中：C = 贡献，F = 不变成本；S = 销售额 P = 利润；V = 可变成本。S 和 V 都随产量而变化，因此 C 也随产量而变化。已知 V 占销售额 S 的百分比，就可以计算出 C。

> **实训案例 6-3：贡献对利润的影响计算**
>
> 某产品的可变成本占销售额的 60%，且不变成本为 3 000 000 美元，那么可知，C 为销售额的 40%。假定其余的成本为唯一的不变成本，所以：$C = F + P$ 或 $P = C - F$ 可以计算出任何销售水平的利润。
>
> 如果总销售额为 10 000 000 美元，C 是它的 40%，即 4 000 000 美元，且 $P = C - F = 4\,000\,000 - 3\,000\,000 = 1\,000\,000$（美元），如果整个销售额为 8 000 000 美元，C 是它的 40%，即 3 200 000 美元，且 $P = C - F = 3\,200\,000 - 3\,000\,000 = 200\,000$（美元）

二、盈亏平衡分析

（一）含义

盈亏平衡点是指在这个点，供应商的产品销售量正好可以覆盖可变成本，即实现盈亏平衡，也就是说即没有盈利也没有亏损。再增加一点销售量，就会打破平衡、获得利润。

（二）公式

盈亏平衡点的计算公式如下。

$$盈亏平衡点（总件数）= \frac{固定成本}{每单位的销售价格 - 每单位可变成本}$$

（三）盈亏平衡分析的意义及局限性

1. 意义

一方面，供应商将会意识到需要达到盈亏平衡点，并且他们的销售人员承担着达到所需销售量的压力。另一方面，一旦该供应商越过了盈亏平衡点，每多生产和销售一个单位都代表利润。

实训案例 6-4：盈亏平衡点的计算

某企业固定费用为 2 700 万元，产品单价为 800 元/台，变动成本 600 元/台。计算其盈亏平衡点。当年产量在 12 万台时，为实现目标利润 40 万元，最低销售单价应定在多少？

盈亏平衡点

2 700 万/(800-600) = 13.5 万台

最低售价为 X

(2 700+40)/(X-600) = 12

解得 X = 828.33 元

最低售价 828.33 元

2. 局限性

贡献分析对供应商来说是一个有用的工具,但也存在以下一些局限:

(1)供应商很少只生产一种一成不变的商品,因此采用单一售价的方法是不合适的。

(2)假设售价和可变成本过于简单,一般都有批量折扣。

(3)成本分摊有难度,因为商品的差异性较大,有些商品的生产成本明显比其他产品高,但是却将总成本分摊到其他商品中。例如,工厂租用的成本、总经理的工资成本如何分摊到不同的单个产品上去。

(4)需求弹性变化会有影响,在某些特定的情形中,售价会影响成本,而不只是成本会影响售价。售价影响需求的思想大家都能理解,如售价是1元/个,买方会购买10 000个产品,但如果售价是1.2元/个,买方会去别处购买;需求会影响生产,如购买方下单了,供应商可以增加产量,产量的增加会形成规模经济,进而影响成本,包括变动成本。

第五节 谈 判 价 格

一、价格分析

价格分析主要是分析供应商产品的价位与同种(或类似)产品相比孰高孰低,其差异是否构成重大影响。另外,还要分析价位是否在消费者的承受能力之内,以及价格的变化在多大程度上影响潜在需求和现实需求之间的转化。简而言之,价格分析就是采购方力图证明支付的价格是合适的,有优势和合理的。

二、价格谈判

价格谈判和协商包括一系列问题,其中的内容如下。

（1）定价协定的类型：确定供应商是否以及怎样才能在合同执行期中提高价格，或者增加在原始报价单或标书中不包括的"额外内容"，如耗材、加班费或保险费。

（2）供应商计算收取费用的价格或收费明细表。

（3）在合同过程中，由供应商产生的、而应由买方偿付的成本和费用。

（4）确定新价格或价格变更所采用的方法，如合同价格调整条款。

（5）可提供的折扣，以及它们应用的条件，如当订单超过一定金额时或提前付款时，买方可以享受什么样的折扣。

（6）付款和赊账方式。

阅读案例 6-1

三、确定价格协议

确定价格协议是协商确定按照固定的日程来支付费用的合同，按照里程碑进行支付或按照固定的服务费用进行支付。价格协定有三种基本类型：固定价格协议、各种类型的激励合同和成本加成协议。

（一）固定价格协议

固定价格协议（FFP）是一种确定的协议，一旦合同中规定的事项（服务）已经交付并被接受，就支付特定的价格。

一旦各方协定，则在整个合同期间该价格保持不变。但可以在合同中以明示条款的形式包含一定的灵活性，允许根据合同范围内出现的变化情况适当调整价格。

1. 固定价格协议的种类

（1）带有合同价格调整的固定价格协议。

很多原因会导致供应商的成本和供应合同所规定的水平有出入，合同价格调整协议是一种既可以保护采购者又可以保护供应商的方法。

在合同中确定一个固定价格，同时插入一条 CPA 条款，允许在出现某些特定意外情况的时候对价格进行调整。根据下列情况规定价格调整方式：在整个合同期内，供应商无法控制的材料、劳动力、大宗商品或能源的成本,超过规定范围的实际提高量或减少量。需要确定什么是合适的成本、哪些是需要考虑的意外事故,并对供应商的成本机构及价格表进行审查。

(2)包含合同重审或重新认定条款的固定价格。

根据供应市场成本变化情况、供应商绩效等,在规定的期限结束时,可以对价格进行复核和重新谈判。

(3)"努力程度"条款合同。

具体规定供应商在一个约定期限上所需提供的努力程度(投入水平),作为对固定价格和金额的回报。这种条款适用于不可能准确预测结果时使用,如产品的研发或软件开发。

2. 固定(确定)价格机制对采购者的好处

(1)财务风险小,所有价格事先谈定,供应商承担了成本波动的所有风险。

(2)便于现金流管理,支付时间是事先安排出来的。

(3)对供应商起激励作用。合同极大地鼓励供应商高效、按时完成任务,节约下来的成本都留在供应商手里。

(4)管理简单化及合同管理成本最小化。

(二)各种类型的激励合同

(1)谈定一个目标供应价,并据此确定一个最高价格。

(2)利用灵活付款方式对供应商进行激励,如阶段性付款、临时付款、提前付款。

(3)根据关键绩效指标、成本节约或项目改进目标的实际情况,给供应商支付固定价格外的特定奖金。

(4)分享买方的所得、利润或收入。

(5)在整个合同期间,逐年降低产品或服务的固定价格,激励供应商不断提高效率,以保持利润率。

(6)对未能达到要求的绩效采取价格惩罚措施。

（三）成本加成协议

成本加成定价协议指的是采购方同意返还供应商所有在履行合同过程中发生的正当的、可分摊的、合理的成本，并支付一笔固定的或一定百分比的费用作为供应商的利润。

1. 成本加成定价方法的各种变化

（1）成本加固定费用合同：成本支出，再加一笔事先确定的固定金额。

（2）成本加激励费用合同：成本支出，再加一笔较高的费用，前提是供应商达到或超过绩效要求、成本目标或关键绩效指标。

（3）成本加奖励费用合同：成本支出，再加一笔基于承包人绩效的奖金。

（4）仅成本不加费用，这针对的是非营利性的供应商。

（5）成本分摊，采购方与供应商达成公平分摊成本的协议。

（6）时间及材料，通常应用在没有办法预先预测出精确工作量的情况，双方会谈妥一个每工时的固定收费，再加上所供应材料的成本。

2. 成本加成定价法对采购方的缺点

（1）财务风险：因事先无法知道全部的价格情况，因此采购方就需要承担所有的风险。

（2）供应商激励：既然所有的采购风险都由采购方承担，供应商不会有任何动力去监督或管理与成本相关的风险。

（3）行政管理及合同管理成本：供应商成本清单需要跨职能团队的每个组成人员仔细地进行审核监督，以确保准确计算成本并进行补偿。

3. 成本加成定价法对采购方的优点

成本加成定价法制定的最后成本可能会比采用固定价格合同低，因为供应商不需要按通胀后的价格进行报价或谈判，以防止自己承担和成本相关的风险。

各种不同定价协议对采购方可能带来的财务风险和履约风险，如图6-3所示。

第六章 拓展阅读

■ 采购合同谈判

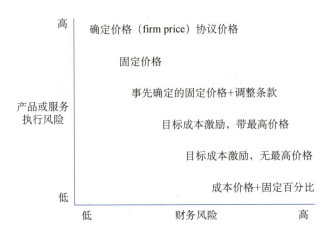

图6-3 各种不同定价协议对采购方可能带来的财务风险和履约风险

一、同一供应商成本构成指数的变动与价格调整

供应商A向用户B订购密封件,该件的价格构成,如表6-2所示。

表6-2 供应商A向用户B订购密封件的价格构成

去年成本构成		今年物料及人工成本指数变化	
人工	30%	人工	+4%
钢材	15%	钢材	+2%
不锈钢	10%	不锈钢	+20%
油脂	5%	油脂	−5%
橡胶	25%	橡胶	−5%
固定消耗	10%	固定消耗	0
利润	5%	利润	0

根据去年的构成成本,企业如果得知今年的物料及人工成本指数之后,就可以预测出今年的构成成本。

二、多家供应商成本、质量与交货定量评审与价格修正

1. 信息汇总

某采购员负责购买50台发动机减速器,他咨询了5家可能的工业商,对其提供的信息进行汇总,得到如表6-3所示的咨询信息汇总表。

表6-3 购买发动机减速器的咨询信息汇总表

项目	第一家	第二家	第三家	第四家	第五家
价格	8 000元	9 500元	8 700元	9 000元	9 250元
供货期限	现货	2个月	现货	1个月	3个月
包装	没有包装,估计需2%包装费	单件包装	有托架无包装	纸箱包装每箱3件	每箱5件包装,带托架
运输	出厂另加5%运费	到厂	出厂(在本市)	出厂另加3%运费	到厂
质保期	3个月	2年	6个月	1年	1年
付款条件	90天	60天	90天	30天	30天

上述案例中,如果有五家企业生产同样一种产品,现在已知每一家的项目价格、供货期限、包装、运输、保质期和付款条件,就可以分别分析在供应期限内是否有现货、是否有包装,然后考虑如果没有包装如何应对,如果有包装是否有一定附加费用,运输时是否有出厂,要增加多少运费,质保期分别是几个月,保修费是多少,付款条件能否接受。如果将这些数据准备充分并调整到位,会非常有助于谈判的进行。

2. 咨询反馈(评分)

与供应商谈判时,如果把相关数据都准备充足,就可以非常自信地给出建议价格,而得出建议价格,就是咨询反馈的过程。

对产品信息的评估可以包括很多内容,如他人的评价等。然后将这些评价收集起来,对每家供应商的质量、遵守期限、售后服务等打分,得出综合评分,就可以清楚地知道应该选择哪家供应商。

企业要购买50台发动机减速器,于是对5家供应商的情报数据进行综合打分,得出的评分结果,如表6-4所示。

■ 采购合同谈判

表6-4 对五家供应商的评分结果表

供应商	大致情况	质量	遵守期限	售后服务
第一家	产品质量靠运气,坏了就换,没有售后服务,总有现货	1	5	0
第二家	质量过硬,大批量供货有困难,售后服务有限(据说质量很好)	5	1	2
第三家	质量中等,有时缺货,售后服务人员不足	3	3	2
第四家	质量有时间问题,售后服务快捷,效率高,建议签订维修合同,遵守供货期限	3	5	5
第五家	质量极佳,几乎没有售后服务,进口产品,期限无保证	5	0	0

要想得出校正价格,需要得出每一家的修正系数:第一家是38,第二家是17,第三家是23,第四家是11,第五家是25,于是就可以得出校正价格分别是1 040、11 115、10 701、9 990、和11 563,如表6-5所示。

表6-5 校正价格表

| 供应商 | 单价(元) | 修正系数 | | | | | 系数和 | 校正价格(元) |
		质量(0—20%)	期限保证(0—10%)	售后服务(0—15%)	包装(0—2%)	运输(0—5%)		
第一家	8 000	16	0	15	2	5	38	11 040
第二家	9 500	0	8	9	0	0	17	11 115
第三家	8 700	8	4	9	1	1	23	10 701
第四家	9 000	8	0	0	0	3	11	9 990
第五家	9 250	0	10	15	0	0	25	11 563

根据幅度变化值,实际不可能得出固定的值,表6-5中第一家企业的质量应是0—20%,期限保证应是0—10%,售后服务应是0—15%,包装应是0—2%,运输应是0—5%,这是一个整体的数据,可以拿出一部分作为幅度值,然后量化得出校正价格,从而决定选择哪家企业。

从表面上看,第四家供应商的报价较高,但是经过综合评估之后可以看出,其价格属于可以接受的范围。

三、对供应商细节的分析

采购是供应链决策的因素,对于供应商的报价,企业需要分析其价格构成。对于价格构成的分析是整个谈判的基础,如果清楚地掌握供应商的价格因素,也就掌握了整个谈判的主动权。

此外,对于供应商的分析还包括:公司有无网站、公司的原材料所在地、仓库的管理、服务质量等,这些都可以作为谈判时的筹码。

思考与练习

一、名词解释

1. 全成本定价法
2. 成本加成定价法
3. 边际定价法
4. 差异定价法

二、选择题

1. 以下哪种是直接成本(   )。
   A. 生产管理费用　　　　　B. 行政费用
   C. 销售配送费用　　　　　D. 劳动力成本

2. 以下哪种是间接成本(   )。
   A. 原材料成本　　　　　　B. 行政费用
   C. 直接花费　　　　　　　D. 劳动力成本

3. 基于成本的定价方法有(   )。
   A. 全成本定价法　　　　　B. 成本加成定价法
   C. 边际定价法　　　　　　D. 差异定价法

4. 以市场为导向的定价方法有(   )。
   A. 价量定价法　　　　　　B. 市场份额定价法
   C. 市场撇脂定价法　　　　D. 目前收入定价法

5. 影响采购方价格决策的因素有(　　)。
   A. 买方组织在市场上或供需关系中的相对议价能力
   B. 市场上供应商的数量及产品的可替代性
   C. 采购类型
   D. 供应商的成本
6. 成本的基础构成要素包括(　　)。
   A. 原材料
   B. 劳动力
   C. 日常管理费用
   D. 谈判中个人势力的主要来源

三、简答题
   1. 请列出基于成本的定价方法有哪些。
   2. 请说出直接成本和间接成本的区别。

四、论述题
   为什么固定价格协议对买方更有利。

第七章

影响采购谈判的外部因素

1. 了解经济环境对采购的影响
2. 理解市场机制对采购的影响
3. 掌握市场结构对采购的影响
4. 认识竞争和宏观环境对采购的影响

宏观经济、需求弹性、市场机制、市场结构

第一节 经济环境

经济因素是指影响企业营销活动的一个国家或地区的宏观经济状况,主要包括经济发展状况、经济结构、居民收入、消费者结构等方面的情况。

经济环境是指经济体制、经济发展水平、物价变动水平、金融、证券市场发育及完善程度等具体因素的总和。它是影响经济发展的主要因素。

一、宏观经济

(一) 宏观经济

宏观经济指总量经济活动,是指整个国民经济或国民经济总体及其经济活动和运行状态,如总供给与总需求;国民经济的总值及其增长速度;国民经济中的主要比例关系;物价的总水平;劳动就业的总水平与失业率;货币发行的总规模与增长速度;进出口贸易的总规模及其变动以及经济的"繁荣和萧条"周期效应。

(二) 宏观经济因素的信息来源

以下是支持谈判的一些宏观经济资料的来源。
(1) 政府或政府机构公布的预测、报告和统计调查。
(2) 在主流和金融媒体以及网站上公布的分析报告。
(3) 由金融机构和分析师公布的数据。
(4) 由金融市场以及商品市场和交易所公布的资料。
(5) 已公布的经济指数。
(6) 贸易和出口促进机构的网站和信息服务。
(7) 出版的和在线的宏观经济分析报告。

二、微观经济

(一) 微观经济

微观经济(microeconomic)是指个量经济活动,即单个经济单位的经济活动。是指个别企业、经营单位及其经济活动,如个别企业的生产、供销、个别交换的价格等。微观经济的运行,以价格和市场信号为诱导,通过竞争而自行调整与平衡;而宏观经济的运行,有许多市场机制的作用不能达到的领域,需要国家从社会的全局利益出发,运用各种手段,进行宏观调节和控制。

（二）产品市场

产品市场，又称商品市场，是指有形物质产品或劳务交换的场所，企业出售其产品或劳务给消费者的市场。

产品市场是商品经济运行的载体或现实表现。是各种微观经济要素相互联系的场所。相互联系这里有四层含义：一是商品交换场所和领域；二是商品生产者和商品消费者之间各种经济关系的汇合和总和；三是有购买力的需求；四是现实顾客和潜在顾客。

（三）两个关键的微观经济概念

1. 市场机制

市场机制（market mechanism）是通过市场竞争配置资源的方式，即资源在市场上通过自由竞争与自由交换来实现配置的机制，也是价值规律的实现形式。具体来说，它是指市场机制体内的供求、价格、竞争、风险等要素之间互相联系及作用机理。市场机制有一般和特殊之分。一般市场机制是指在任何市场都存在并发生作用的市场机制，主要包括供求机制、价格机制、竞争机制和风险机制。市场机制是供需之间的关系，以及价格对两者的影响方式。

2. 市场结构

市场结构是构成一定系统的诸要素之间的内在联系方式及其特征。作为市场构成主体的买卖双方相互间发生市场关系的情形包括四种情况：卖方（企业）之间的关系；买方（企业或消费者）之间的关系；买卖双方相互间的关系；市场内已有的买方和卖方与正在进入或可能进入市场的买方、卖方之间的关系。上述关系在现实市场中的综合反映就是市场的竞争和垄断关系。市场结构就是一个反映市场竞争和垄断关系的概念。市场结构是决定市场的价格形成方式，从而决定产业组织的竞争性质的基本因素。

（四）微观经济信息来源

1. 原始数据

原始数据是指为某个特定的目标直接从相关来源收集到的信息，无论这些信息来源何处，都是最可靠的数据。如与供应商沟通，通过访问行业的数据库收集行业数据,访问在线市场交易所,向相关的专业机构咨询和商品展会的信息收集等。

2. 二手数据

二手数据是指那些出于其他目的已经被收集起来的数据或一般性的参考物或出版物,如金融或产业出版物、已经公布的经济指数和商品市场指数、出版的或在线的市场分析报告等。

第二节 市场机制

一、需求

(一) 需求

需求是指人们在某一特定的时期内在各种可能的价格下愿意并且能够购买某个具体商品的需要。

(二) 需求取决的因素

1. 价格

在其他条件不变的情况下,某一商品的价格越低,消费者对该商品的需求量越大;而商品的价格越高,消费者对该商品的需求量则越小。这就是经济学所说的需求法则。商品的价格是影响商品市场需求的最重要因素。

2. 偏好

这里所说的偏好,既与消费者的个人爱好和个性有关,也与整个社会风俗、传统习惯、流行时尚有关。一些时效性较强的商品(如流行时装、音乐唱片)的需求对社会偏好十分敏感,即使价格不变,由于社会时尚的改变,流行时髦的变迁,需求量也会有急剧的变化。

3. 收入

一般说来,收入与需求是正相关的,即别的条件不变的情况下,收入越高,对商品的需求越多,这是因为较高的收入代表了较高的购买能力和支付能力,而需求是受支付能力的约束的。

4. 相关商品价格

需求不仅取决了商品自身的价格,也在相当程度上受其他商品价格的影响。在其他商品中,有两类商品的价格影响最大。

第一类是替代品,即在消费中相当程度上可互相代替的商品,如猪肉与牛肉,可口可乐与百事可乐等,一般说来,某种商品的替代品价格越高,就显得这种商品相对便宜,因而对这种商品的需求会增加;反之则相反。例如,如果猪肉的价格上涨,牛肉的价格相对猪肉来说会显得较为便宜,人们就会用牛肉去替代猪肉,从而增加对牛肉的需求。

第二类是互补品,即经常放在一起消费的商品,如钢笔与墨水,汽车与汽油等。显然,如果汽油价格暴涨,使用汽车就会变得昂贵,因而对汽车的需求会下降。因此,当某种商品的互补品价格上涨时,这种商品的需求也会随之减少。

5. 预期

这里说的预期,不是指消费者的个人预期,而是指对商品需求产生影响的是社会的群体预期,无论这种预期正确与否。如果人们普遍预期某一商品未来价格会显著上涨,则会增加现时的消费,或多购买一些贮存起来。预期效应有时会带来价格越高,需求量越大的反常现象,这是因为人们普遍有"买涨不买跌"的心理。

二、 供给

(一) 供给

供给指的是供给(生产)量与价格的关系或价格与供给(售出)量的对应关系,在给定价格条件下,企业愿意并能够生产和销售的量。

(二) 供给的影响因素

1. 产品价格

在其他条件不变的情况下,某种产品自身的价格和其供给的变动呈正方向变化。在其他条件一定时,价格提高,就会增加企业的收益或利润,从而吸引企业去生产更多的产品,其他企业也会生产这种产品,使供给增加;反之,价格下降,收益减少,供给就会减少。

2. 生产成本

在其他条件不变时,成本降低,意味着利润增加,则供给就会增加。反之,如果生产成本上升,供给就会减少。

3. 生产技术

生产技术的进步或革新,意味着效率的提高或成本的下降,从而影响企业的利润。因此,技术水平在一定程度上决定着生产成本并进而影响供给。

4. 预期

生产者或销售者的价格预期往往会引起供给的变化,如果行情看涨,厂商就会减少供给;反之亦然。

5. 相关产品的价格。

《资本论》中举了一个实例——如果咖啡的价格上涨了,可可的价格不变,一些可可生产者会转向生产咖啡,可可的供给量必然减少。

6. 生产要素的变动

生产要素价格变化,导致生产成本发生变化。生产要素价格上涨表明生产成本增加,在同一价格水平上,供应量减少;反之,生产要素价格下降,使生产成本减少,在同一价格水平上,供给量增加。

7. 政府的税收和扶持政策

这实际上也影响到生产成本的变化。政府如果增加税收,生产者的负担则加重,供给便会减少,反之则会增加。

三、市场价格

(一) 均衡价格

均衡价格是指一种商品需求量与供给量相等时的价格,在该价格上生产商希望销售的数量与消费者希望购买的数量相等。

当一种商品实现了市场供求均衡时,该商品的需求价格与供给价格相等称为均衡价格,该商品的成交量(需求量与供给量)相等称为均衡数量。市场上需求量和供给量相等的状态,被称为市场出清的状态。

(二)均衡价格的实现

在市场上,由于供给和需求力量的相互作用,市场价格趋向于均衡价格。如果市场价格高于均衡价格,则市场上出现超额供给,超额供给使市场价格趋于下降;反之,如果市场价格低于均衡价格,则市场上出现超额需求,超额需求使市场价格趋于上升直至均衡价格。因此,市场竞争使市场稳定于均衡价格(见图7-1)。

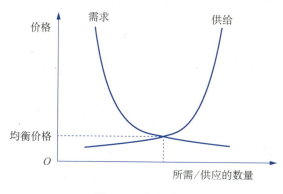

图7-1 均衡价格

四、需求弹性

(一)需求价格弹性

一个人对某种商品的需求的唯一普遍规律就是:如果其他情况不变,他对此商品的需求会随着对其拥有量的增加而递减。这种递减也许缓慢也许迅速。

需求的价格弹性(price elasticity of demand)的定义需求价格弹性简称为需求弹性或价格弹性,它表示在一定时期内一种商品的需求量变动对于该商品的价格变动的反应程度。或者说,表示在一定时期内当一种商品的价格变化百分之一时所引起的该商品的需求量变化的百分比。

(二)弹性的测量

我们通常用价格弹性系数加以表示。

需求价格弹性系数=需求量变动的百分比/价格变动的百分比

设 Q 表示一种商品的需求量;P 表示该商品的价格;ΔQ 表示需求量变动值;ΔP 表示价格变动的数值;E_d 表示价格弹性系数,则:

$$E_d=(\Delta Q/Q)/(\Delta P/P)$$

需求价格弹性的分类根据需求价格弹性系数的大小可以把商品需求划分为五类。

(1)完全无弹性(perfectly inelastic),$E_d=0$。
(2)缺乏弹性(inelastic 或 relatively inelastic),$0<E_d<1$。
(3)单位弹性(unit elastic),$E_d=1$。
(4)富有弹性(elastic 或 relatively elastic),$E_d>1$。
(5)无限弹性(perfectly elastic),$E_d=\infty$。

总而言之,需求弹性越小,提升价格采购商损失的就越多;需求弹性越大,降低价格供应商损失的就越多。

第三节 市 场 结 构

一个市场的结构依赖于买者和卖者的数量以及产品差别的大小。依照市场上厂商的数量、厂商所提供产品的差异、对价格的影响程度以及进入障碍等特征,市场被划分为完全竞争、垄断、垄断竞争和寡头四种市场结构。这些结构可以看作一个连续系列:从完全竞争市场到完全没有竞争的市场,如图 7-2 所示,有时候将处于谱图中间的情形,统称为不完全竞争。

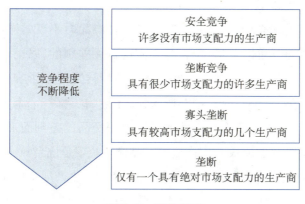

图 7-2 竞争谱图

（一）完全竞争

1. 完全竞争

完全竞争市场又称纯粹竞争市场或自由竞争市场，是指一个行业中有非常多的生产销售企业，它们都以同样的方式向市场提供同类的、标准化的产品（如粮食、棉花等农产品）的市场。卖者和买者对于商品或劳务的价格均不能控制。在这种竞争环境中，由于买卖双方对价格都无影响力，只能是价格的接受者，企业的任何提价或降价行为都会招致对本企业产品需求的骤减或利润的不必要流失。因此，产品价格只能随供求关系而定，参与市场的各方没有市场支配能力影响商品价格。

2. 完全竞争市场对商务谈判的影响

（1）供应商多。

由于存在着大量的供应商，与整个市场的生产量（销售量）和购买量相比较，任何一个生产者的生产量（销售量）和任何一个消费者的购买量所占的比例都很小。因而，任何一个生产者或消费者都无能力影响市场的产量和价格。任何生产者和消费者的单独市场行为都不会引起市场产量（即销售量）和价格的变化。用另一种方式来表达就是：任何购买者面对的供给弹性是无穷大，而销售者面临的需求弹性也是无穷大的。

(2) 价格竞争激烈。

市场上有许多企业,每个企业在生产某种产品时不仅是同质的产品,而且在产品的质量、性能、外形、包装等方面也是无差别的,以至于任何一个企业都无法通过自己的产品具有与他人产品的特异之处来影响价格而形成垄断,从而享受垄断利益。对于消费者来说,无论购买哪一个企业的产品都是同质无差别产品,以至于众多消费者无法根据产品的差别而形成偏好,买者在市场上购买商品时不关心生产厂家和品牌。也就是说当各种商品互相之间具有完全的替代性时,就很容易接近完全竞争市场。生产厂家越多,市场是有限的,供应商为了争夺有限的市场,一般会采用价格战,竞相压价,所以竞争会很激烈。

(3) 小型买方缺乏市场支配力。

从买家的角度来看,完全竞争的缺点是有很多买方,小型买方缺乏市场支配力,不能通过影响价格来影响供应商。如果买方不愿意接受商业条款,供应商则会把商品卖给众多的其他买家。

(二) 垄断

1. 完全垄断市场

完全垄断市场指在市场上只存在一个供给者和众多需求者的市场结构。完全垄断市场的假设条件有三个点:第一,市场上只有一个厂商生产和销售商品;第二,该厂商生产的商品没有任何接近的替代品;第三,其他厂商进入该行业都极为困难或不可能,所以垄断厂商可以控制和操纵市场价格,垄断"理想"的形式是一个供应商向整个市场供货。

2. 垄断对商务谈判的影响

(1) 寻求替代。

一个垄断的供应商在市场上处于绝对支配地位,买家也没有机会把业务转移到别的地方,所以垄断供应商能主宰交易的条款。买方唯一的选择就是寻求商品或服务的替代品以达到相同的目的,或寻求新的供应市场,通常是国外市场。这种行为有可能导致采购方的战略创新。

(2) 合格价格需监管。

由于缺乏竞争导致价格升高,买方也不能通过施加压力来降低价格,也不能要求供应商改进质量或服务水平,因为自己的业务量仅仅给供应商带来很小部分的收入。但是,垄断企业喜欢规模经济,通过扩大企业的规模来节约成本。大规模的生产经营可以更好的利用先进的机器与生产技术,能更便宜地获得资金,能从批量采购中获取价格折扣,所有这些成本节约的方式都可能会以合理价格的形式传递给买方,这就需要监管机构通过监管行为控制垄断企业,监管垄断企业收取的价格。

(3) 个性化少。

由于垄断供应商并不积极调整产品范围来适应广大潜在买家的需求,买方也没法提出个性化的要求,买方面临的选择很少,更谈不上定制生产或创新,这对买方来说问题很严重,因为买方之间互相竞争且高度专业化,市场的变化非常迅速。

(4) 买方垄断。

也应该注意一种相反的情况,买方垄断。供应商面对拥有绝对议价能力的垄断买家时,被迫将他们的技术、流程和产品去适应单一顾客的各种要求,这将给供应商带来很多风险。如果他们失去了垄断性的客户,则几乎没有可以立即转换的市场。当供应商被其高度依赖的大客户挤压价格而无法维持继续经营时,他们就被迫中止供应关系,从而被淘汰出行业。

(三) 垄断性竞争

1. 垄断竞争市场

垄断竞争市场(Monopolistic competitive market)是指许多厂商生产相近,但不同质量的商品市场,是介于完全竞争和完全垄断的两个极端市场结构的中间状态。垄断竞争市场理论是20世纪30年代由美国经济学家张伯伦和英国经济学家罗宾进的提出的具有垄断竞争市场现象的这类结构模型。在垄断竞争市场,有很多供应商、商品不是同质化的、无法长期阻止其他公司进入市场。

2. 垄断性竞争市场对商务谈判的影响

(1) 非价格竞争。

同行业中不同厂商的产品互有差别,要么是质量差别,要么是功用差别,要么是非实质性差别(如包装、商标、广告等引起的印象差别),要么是销售条件差别(如地理位置、服务态度与方式的不同造成消费者愿意这家的产品,而不愿购买那家的产品)。产品差别是造成厂商垄断的根源,但由于同行业产品之间的差别不是大到产品完全不能相互替代,一定程度的可相互替代性又让厂商之间相互竞争,因而相互替代是厂商竞争的根源。

(2) 有谈判的空间。

买卖双方之间的势力平衡与转换也许更复杂,买方有转换品牌的势力,但需要承担转换的成本,如用于分析其他合适的供应商、选择新供应商的磨合成本,这样的情形让双方均有谈判空间,讨论令双方都满意的采购合同与关系,达到双方的需求平衡。

(四) 寡头垄断

1. 寡头垄断市场

寡头垄断市场是介于完全垄断和垄断竞争之间的一种市场模式,是指某种产品的绝大部分由少数几家大企业控制的市场。每个大企业在相应的市场中占有相当大的份额,对市场的影响举足轻重。例如,美国的钢铁、汽车,日本的家用电器等规模庞大的行业。在这种市场条件下,商品市场价格不是通过市场供求决定的,而是由几家大企业通过协议或默契形成的。这种联盟价格形成后,一般在相当长的时间内不会变动。这是因为:某一个厂商单独降低了价格,会引起竞争企业竞相降价的报复,结果只能是两败俱伤,大家都降低收入;如果提高价格,则意味着降低了市场占有率,也得不偿失。寡头垄断市场是少量大型生产商主导产品差异化市场的一种情形。

2. 寡头垄断市场对商务谈判的影响

(1) 综合的非价格因素。

因为市场上商品的非同质性,买方有一定的商品选择权。同时,由于寡头竞争避免直接的价格战,所以采购者应当特别强调通过非价格因素取得最大资金价值。如果买方无法在价格上进行谈判,他们将使用所拥有的任何买方势力来确保获得最好的服务、售后支持和其他价值增值的利益。

(2)增加买家的议价能力。

在寡头垄断供应市场里,由于供应商的规模优势,它们拥有强大的市场支配力,并且会通过合谋来增加它们的议价能力并削弱买家的议价能力。与垄断一样,寡头垄断供应商希望收取高价格,但也会从规模经济中获利,也许会把一部分获利转让给买方。买方所要做的是通过各种途径提升议价能力,如提高谈判技巧,将采购订单汇集到一起,与其他购买组织统一采购形成采购联盟,这样就能通过金额大的订单提高自己的议价能力。

第四节 竞 争

在买方与供应商的议价势力对比中,一个关键性的影响因素是市场竞争的激烈程度。本书的上一节通过市场结构的概念分析了为什么有些市场类型比其他市场类型更有竞争性,以及竞争采取的形式,如价格竞争或非价格竞争。迈克尔·波特教授通过一个微观模型解释了行业和市场中的各种竞争力量,其中包括供应商与买方的势力平衡,这个模型就是波特的五力分析模型。

一、波特的五力分析模型

(一)五力分析模型

波特五力模型是迈克尔·波特(Michael Porter)于20世纪80年代初提出。他认为行业中存在着决定竞争规模和程度的五种力量,这五种力量综合起来影响着产业的吸引力以及现有企业的竞争战略决策。五种力量分别为同行业内现有竞争者的竞争能力、潜在竞争者进入的能力、替代品的替代能力、供应商的讨价还价能力与购买者的议价能力(见图7-3)。

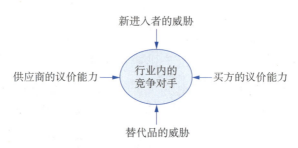

图7-3　波特的五力分析模型

波特五力模型用于竞争战略的分析,可以有效地分析客户的竞争环境。波特的五力分析法是对一个产业盈利能力和吸引力的静态断面扫描,说明的是该产业中的企业平均具有的盈利空间,所以这是一个产业形势的衡量指标,而非企业能力的衡量指标。通常,这种分析法也可用于创业能力分析,以揭示本企业在本产业或行业中具有何种盈利空间。

1. 供应商的议价能力

供方主要通过其提高投入要素价格与降低单位价值质量的能力,来影响行业中现有企业的盈利能力与产品竞争力。供方力量的强弱主要取决于他们提供给买主的是什么投入要素,当供方所提供的投入要素的价值构成了买主产品总成本的较大比例、对买主产品生产过程非常重要,或者严重影响买主产品的质量时,供方对于买主的潜在讨价还价力量就大大增强。一般来说,满足如下条件的供方集团会具有比较强大的讨价还价力量。

(1) 供方行业为一些具有比较稳固市场地位而不受市场激烈竞争困扰的企业所控制,其产品的买主很多,以至于每一单个买主都不可能成为供方的重要客户。

(2) 供方各企业的产品各具有一定特色,以至于买主难以转换或转换成本太高,或者很难找到可与供方企业产品相竞争的替代品。

(3) 供方能够方便地实行前向联合或一体化,而买主难以进行后向联合或一体化(注:简单按中国说法,店大欺客)。

2. 采购方的议价能力

采购方主要通过其压价与要求提供较高的产品或服务质量的能力,来影响行业中现有企业的盈利能力。采购方的议价势力主要有以下因素。

(1) 购买者的总数较少,而每个购买者的购买量较大,占了卖方销售量的很大比例。

(2) 卖方行业由大量相对来说规模较小的企业所组成。

(3) 购买者所购买的基本上是一种标准化产品,同时向多个卖主购买产品在经济上也完全可行。

(4) 购买者有能力实现后向一体化,而卖主不可能前向一体化(注:简单按中国说法,客大欺主)。

3. 新进入者的威胁

新进入者在给行业带来新生产能力、新资源的同时,希望在已被现有企业瓜分完毕的市场中赢得一席之地,这就有可能会与现有企业发生原材料与市场份额的竞争,最终导致行业中现有企业盈利水平降低,严重的话还有可能危及这些企业的生存。竞争性进入威胁的严重程度取决于两方面的因素,即进入新领域的障碍大小与预期现有企业对于进入者的反应。

进入障碍主要包括规模经济、产品差异、资本需要、转换成本、销售渠道开拓、政府行为与政策、不受规模支配的成本劣势、自然资源、地理环境等方面,其中有些障碍是很难借助复制或仿造的方式来突破的。预期现有企业对进入者的反应,如采取报复行动的可能性大小,则取决于有关厂商的财力情况、报复记录、固定资产规模、行业增长速度等。总之,新企业进入一个行业的可能性大小,取决于进入者主观估计进入所能带来的潜在利益、所需花费的代价与所要承担的风险这三者的相对大小情况。

4. 替代品的威胁

两个处于不同行业中的企业,可能会由于所生产的产品是互为替代品,从而在它们之间产生相互竞争行为,这种源自替代品的竞争会以各种形式影响行业中现有企业的竞争战略。

(1) 现有企业产品售价以及获利潜力的提高,将由于存在着能被用户方便接受的替代品而受到限制。

（2）由于替代品生产者的侵入，使得现有企业必须提高产品质量、或者通过降低成本来降低售价、或者使其产品具有特色，否则其销量与利润增长的目标就有可能受挫。

（3）源自替代品生产者的竞争强度，受产品买主转换成本高低的影响。

总之，替代品价格越低、质量越好、用户转换成本越低，其所能产生的竞争压力就强；而这种来自替代品生产者的竞争压力的强度，可以具体通过考察替代品销售增长率、替代品厂家生产能力与盈利扩张情况来加以描述。

5. 同业竞争者的竞争程度

大部分行业中的企业，相互之间的利益都是紧密联系在一起的，作为企业整体战略一部分的各企业竞争战略，其目标都在于使得自己的企业获得相对于竞争对手的优势，所以，在实施中就必然会产生冲突与对抗现象，这些冲突与对抗就构成了现有企业之间的竞争。现有企业之间的竞争常常表现在价格、广告、产品介绍、售后服务等方面，其竞争强度与许多因素有关。

一般来说，出现下述情况将意味着行业中现有企业之间竞争的加剧，即行业进入障碍较低，势均力敌竞争对手较多，竞争参与者范围广泛；市场趋于成熟，产品需求增长缓慢；竞争者企图采用降价等手段促销；竞争者提供几乎相同的产品或服务，用户转换成本很低；一个战略行动如果取得成功，其收入相当可观；行业外部实力强大的公司在接收了行业中实力薄弱企业后，发起进攻性行动，结果使得刚被接收的企业成为市场的主要竞争者；退出障碍较高，即退出竞争要比继续参与竞争代价更高。在这里，退出障碍主要受经济、战略、感情以及社会政治关系等方面考虑的影响，具体包括：资产的专用性、退出的固定费用、战略上的相互牵制、情绪上的难以接受、政府和社会的各种限制等。

（二）进入壁垒

进入壁垒（Barriers to entry）是影响市场结构的重要因素，是指产业内既存企业对于潜在进入企业和刚刚进入这个产业的新企业所具有的某种优势的程度。换言之，是指潜在进入企业和新企业若与既存企业竞争可能遇到的种种不利因素。进入壁垒具有保护产业内已有企业的作用,也是潜在进入者成为现实进入者时必须首先克服的困难。

1. 规模经济

企业在取得一定市场份额前,不能以最低成本生产。单位产品成本最低时的最小最佳规模(单位生产成本最低时的最小产量)占市场规模(产业需求量)比重很大的产业,往往集中度很高,也是垄断程度较高的产业。新企业的进入不仅需要大量的投资和较高的起始规模,而且难以站稳脚跟。

2. 资本投入

必要的资本量是指企业进入某一产业时最低限度的资本数量。必要资本量越大,筹措越困难,壁垒就越高。

3. 产品差别

产品差别对企业产品的销路和市场占有率有很大的影响,当由产品差别(设计、广告等)形成的成本对新厂商更高时,产品差别才成为进入壁垒。消费者对差别化产品的心理上的认同感颇深。对于原有企业来说,他们在广告宣传上只保持原有的力度或稍加改变即可,无须花费巨额的支出。但对于新企业,万事需从头做起,在解决了设计和制造方面的难点之后,还要想方法使公众相信新企业的产品与众不同,这无疑要比原有企业花费更多的广告和设计费用。例如在汽车和家用电器行业里,原有企业建立了区域性或全国性的推销网和服务网,新企业要建立与之相匹敌的系统不是一朝一夕能做到的。因此原有企业的产品差别程度便成为一道进入壁垒。

4. 费用

既存企业一般都已占有一些稀缺的要素和资源,购买这些要素和资源所需费用是很大的,这就是绝对费用。相对于新企业,既存企业在绝对费用和资源占有方面有很大的优势,包括对资源的占有、技术、销售渠道和市场的垄断,以及对本行业的专家和技术工人的拥有等各个方面,因而生产、经营和研究开发的成本相对比较低。

5. 法律规制

所谓法律、行政进入壁垒是指为了保证资源有效配置,采取立法形式指导和干预企业进入行为,调整企业关系的公共政策。从现象上看,无论行政性壁垒还是法规性壁垒都要使用一定的强制手段,这是它们的共同之处。在某些行业内存在的实业许可制、认可制,使得其他企业进入的可能性变得很小。例如,煤、电、水等行业的垄断性经营就属于此类,而关税、非关税壁垒这些由国家制度形成的贸易障碍是难以用降低成本或增加广告等促销费用的办法来克服的。

6. 战略阻止

原有企业为了巩固自己在市场上的地位,采取各种对策以阻止和威慑新企业的进入。在卖方高度集中的寡头垄断产业中,原有企业互相协调,把利润率限制到自己产业中相当于进入壁垒高度的程度,采取有效的阻止进入政策,并相应地采取一些阻止进入的行动,如一次性降低价格,重新获得或强化绝对费用壁垒中原有企业的优势。

进入壁垒是由多个因素结合而成。但即使进入壁垒很高,如果在相当长的时间内,该产业的利润率和需求成长率都很高,那么也会诱发进入。

二、SWOT 分析模型

(一) SWOT 分析模型

所谓 SWOT 分析,即基于内外部竞争环境和竞争条件下的态势分析,就是将与研究对象密切相关的各种主要内部优势、劣势和外部的机会和威胁等,通过调查列举出来,并依照矩阵形式排列,然后用系统分析的思想,把各种因素相互匹配起来加以分析,从中得出一系列相应的结论,而结论通常带有一定的决策性。

运用这种方法,可以对研究对象所处的情景进行全面、系统、准确的研究,从而根据研究结果制定相应的发展战略、计划以及对策等。

S(strengths)是优势、W(weaknesses)是劣势、O(opportunities)是机会、T(threats)是威胁。按照企业竞争战略的完整概念,战略应是一个企业"能够做的"(即组织的强项和弱项)和"可能做的"(即环境的机会和威胁)之间的有机组合。

(二) SWOT 模型分析的特点

1. 优势与劣势分析（SW）

由于企业是一个整体，并且由于竞争优势来源的广泛性，所以，在做优劣势分析时必须从整个价值链的每个环节上，将企业与竞争对手做详细的对比。如产品是否新颖，制造工艺是否复杂，销售渠道是否畅通，以及价格是否具有竞争性等。如果一个企业在某一方面或几个方面的优势正是该行业企业应具备的关键成功要素，那么，该企业的综合竞争优势也许就强一些。需要指出的是，衡量一个企业及其产品是否具有竞争优势，只能站在现有潜在用户角度上，而不是站在企业的角度上。

2. 机会与威胁分析（OT）

比如当前社会上流行的盗版威胁：盗版替代品限定了公司产品的最高价，替代品对公司不仅有威胁，可能也带来机会。企业必须分析，替代品给公司的产品或服务带来的是"灭顶之灾"，还是提供了更高的利润或价值；购买者转而购买替代品的转移成本；公司可以采取什么措施来降低成本或增加附加值来降低消费者购买盗版替代品的风险。

3. 整体分析

从整体上看，SWOT 可以分为两部分：第一部分为 SW，主要用来分析内部条件；第二部分为 OT，主要用来分析外部条件。利用这种方法可以从中找出对自己有利的、值得发扬的因素，以及对自己不利的、要避开的东西，发现存在的问题，找出解决办法，并明确以后的发展方向。根据这个分析，可以将问题按轻重缓急分类，明确哪些是急需解决的问题，哪些是可以稍微拖后一点儿的事情，哪些属于战略目标上的障碍，哪些属于战术上的问题，并将这些研究对象列举出来，依照矩阵形式排列，然后用系统分析的所想，把各种因素相互匹配起来加以分析，从中得出一系列相应的结论而结论通常带有一定的决策性，有利于领导者和管理者作出较正确的决策和规划。

（三）SWOT 模型分析的应用

SWOT 分析法常常被用于制定集团发展战略和分析竞争对手情况，在战略分析中,它是最常用的方法之一。进行 SWOT 分析时,主要有以下几个方面的内容。

1. 分析环境因素

运用各种调查研究方法,分析出公司所处的各种环境因素,即外部环境因素和内部能力因素。外部环境因素包括机会因素和威胁因素,它们是外部环境对公司的发展直接有影响的有利和不利因素,属于客观因素。内部环境因素包括优势因素和劣势因素,它们是公司在其发展中自身存在的积极和消极因素,属主观因素。在调查分析这些因素时,不仅要考虑到历史与现状,而且更要考虑未来发展问题。

优势,是组织机构的内部因素,具体包括:有利的竞争态势;充足的财政来源;良好的企业形象;技术力量;规模经济;产品质量;市场份额;成本优势;广告攻势等。

劣势,也是组织机构的内部因素,具体包括:设备老化;管理混乱;缺少关键技术;研究开发落后;资金短缺;经营不善;产品积压;竞争力差等。

机会,是组织机构的外部因素,具体包括:新产品;新市场;新需求;外国市场壁垒解除;竞争对手失误等。

威胁,也是组织机构的外部因素,具体包括:新的竞争对手;替代产品增多;市场紧缩;行业政策变化;经济衰退;客户偏好改变;突发事件等。

SWOT 方法的优点在于考虑问题全面,是一种系统思维,而且可以把对问题的"诊断"和"开处方"紧密结合在一起,条理清楚,便于检验。

2. 构造 SWOT 矩阵

将调查得出的各种因素根据轻重缓急或影响程度等排序方式,构造 SWOT 矩阵。在此过程中,将那些对公司发展有直接的、重要的、大量的、迫切的、久远的影响因素优先排列出来,而将那些间接的、次要的、少许的、不急的、短暂的影响因素排列在后面。

3. 制订行动计划

在完成环境因素分析和 SWOT 矩阵的构造后,便可以制订相应的行动计划。制订计划的基本思路是:发挥优势因素,克服弱点因素,利用机会因素,化解威胁因素;考虑过去,立足当前,着眼未来。运用系统分析的综合分

阅读案例 7-1

析方法,将排列与考虑的各种环境因素相互匹配起来加以组合,得出一系列公司未来发展的可选择对策。

第五节　宏观经济因素

一、宏观经济因素

宏观经济因素以多种方式影响着采购与商务谈判

（一）经济活动

经济活动的总量通常用 GDP 这个指标来衡量,它决定了一个国家的财富,影响了国民收入以及可支配收入,进而影响居民对各种商品与服务的总需求。需求会影响销售价格,需求和价格降低将影响采购数量和可用预算,这可能对商务谈判带来压力。

（二）经济周期

经济变量决定了经济的实力和企业对经济的信心,相应的影响投资金额。投资支出的变化也是经济活动上升或下降的主要原因。这种经济活动上升或下降的变化称之为经济周期,也会影响需求和价格。它们还会影响供应商的财务稳定性和生存能力,并且在谈判长期供应协议时需要管理风险,例如管理有关合同的终止和过渡条款、供应商保险等。

（三）就业和失业水平

就业和失业水平会影响供应商和买方的劳动力获取的数量和劳动力获取成本,进而影响可支配收入和需求。采购方需要与供应商谈判以确定合适的定价和定价方式,方便供应商能根据劳动力的成本调整价格,或通过一个固定价格合同确保它承担与成本相关的风险。

(四）通胀率

通货膨胀会影响价格，进而影响供应商的成本和定价。采购方可以通过与供应商谈判，为长期合同确定一个价格调整条款，以便供应商能根据通胀来调整供应物品的价格。

（五）税率

税率会影响需求，如减税意味着消费者有更多的可支配收入，而特定产品的税收，如酒精和烟草税率，会影响相关行业。

（六）汇率波动

汇率波动会影响国际供应源的风险水平，并有可能使得国外采购更昂贵。与供应商谈判需要清楚地识别由谁来承担汇率风险以及如何分摊风险，或如何使得风险最小化。

（七）利率波动

利率波动会产生公司的财务风险，并使得贷款的代价更大，这会影响那些大量借贷采购大型资本项目的公司。

二、商业周期

（一）商业周期

经济周期（business cycle），也称商业周期、景气循环，经济周期一般是指经济活动沿着经济发展的总体趋势所经历的有规律的扩张和收缩。是国民总产出、总收入和总就业的波动，是国民收入或总体经济活动扩张与紧缩的交替或周期性波动变化。

商业周期是经济活动水平、输出和就业的定期波动，从"繁荣"到"萧条"并再返回的过程，通常把它分为繁荣、衰退、萧条和复苏四个阶段（见表7-1）。

商业周期是成熟市场经济条件下发生的商业律动,它体现了产业结构的变化,体现了技术进步,体现了消费者品位的提升等。

表7-1 商业周期的各个阶段

萧条	消费者需求低;空置生产能力;价格稳定或下降;商业利润低;高失业率;商业信心低
复苏	消费者支出增加;开始投资;价格稳定或上升;利润和就业开始增加;信心增长
繁荣	消费者开支增加迅速。生产能力饱满,劳动力短缺,所以只有对劳动节约型技术进行新投资才能增加输出;投资支出高。需求的增加刺激价格上升,商业利润高
衰退	消费开始下滑;生产减少;失业率开始上升;利润下跌和一些企业倒闭;很多投资突然变成无利润和新投资减少

(二)根据商业周期制定采购策略

采购人员需要预测和调整采购决策以适应商业周期的每个阶段。

(1)应该根据预期的需求水平来制定投资、采购和库存控制的策略,如在下降和衰退期减少库存,而在经济复苏期再增加库存。

(2)通过运用采购议价能力来降低采购成本,以应对衰退时期,尤其是企业需要降低产品和服务的价格来刺激需求和维持销售时。买方需要通过与供应商进行强硬谈判才能迫使供应商承担更多的财务风险,例如采用固定价格加激励协议,而不是通过成本加成法来定价。同时,为了保证供应的可持续性和稳定性,可能需要调整其谈判目标,以支持处于财务困境的供应商,例如,提供临时或阶段性付款,改善供应商的现金流量。

(3)在衰退期暂缓招聘员工,可以达到自然减员而不是裁员。在某些对经济周期敏感的行业里,公司可以更积极地开发数量灵活的员工队伍,如通过外包、分包、劳务派遣等方式,采购可以在这方面有所作为。

(三)衰退时考虑的因素

在衰退和财务不稳定期,谈判前准备进行经济分析和市场分析时,要考虑到以下因素。

（1）了解买方和供应商对成本和盈亏的看法。

（2）了解双方在利润率上的压力。

（3）假如存在把供应商逼入财务困境的风险，就需要进行可持续和有道德的谈判。

（4）采购谈判人员实现更多价值或更低价格的压力，以支持组织生存和恢复。

（5）需要就支持处于财务困境的供应商的条款进行谈判，如提供信贷支持或加快付款。

（6）需要就减轻供应商或买方破产风险的条款进行谈判，如保留物权条款，使供应商能够保留货物的所有权直到他们收到货款为止。

（7）整合性地和/或有道德地进行谈判，目的是维持良好的供应商关系、帮助使供应商风险最小化、支持合作价值改善的积极供应商关系。

三、汇率的影响

（一）汇率的影响

1. 进口商希望他们的货币价值尽可能高

如果人民币价值高或有升值趋势，中国的购买者如果更多使用本币支付，会使得国内的进口品相对更便宜。如果人民币贬值，购买者获得外币的能力下降，进口商品在国内更贵，这是采购人员需要首先考虑的因素。

2. 出口商希望本国货币价值尽可能低

如果人民币兑换外币价格低，海外的采购商就更愿意兑换更多的人民币来采购中国产品，中国的出口商品对于海外的采购商来说更便宜。如果人民币价值高，中国产品相对的就更昂贵，这不利于中国产品的出口，中国的供应商被迫降低销售价格来维持销售，从而对其利润带来负面影响。

（二）通过谈判管理汇率风险的方式

（1）买方通过让供应商用本国货币报价，尽可能把风险转移给国外供应商。

（2）如果波动不是很厉害，也许可以估计在支付时所使用的汇率，并计算相应谈判价格。

（3）也许可能在合同签订时付款，不用等交货才付款。

第七章 拓展阅读

一、案例介绍

圣诞前夕，寒冷的冬季，白雪皑皑的北极，正是圣诞老人一年中最忙的时候。北极工厂呈现着一幅热火朝天的景象，所有的生产线都开足马力，精灵工人们也在加班加点，做着最后的冲刺，力图使世界各地的孩子在圣诞节早晨能够得到他们最心仪的玩具。

然而，临近节日，北极工厂才发现，市场上对蒂米玩具火车的需求大增，这使负责给孩子发放礼物的圣诞老人桑塔·克劳斯（Santa Claus）感到很棘手，如果在今年第四季度的早些时候准确地预测到需求，还有可能增加产能，但是现在，工厂的生产线已经满负荷运转，根本腾不出力量来生产更多的蒂米火车。同时，由于具有很大号召力的少女歌星在媒体上的一番抨击，公司新推出的另一款喵喵玩具很有可能遭到孩子们的冷落，这不仅使北极工厂面临数百万存货过剩的风险，而且也使孩子们的订单都转而集中到蒂米玩具上。最终可能出现的局面是，世界上很多地方的孩子在圣诞节早晨醒来时将大失所望——他们没能在圣诞树下找到他们想要的蒂米火车。

最近三年来，公司每年都会遇到玩具需求大增的情况，每一次，公司老板桑塔总是陷入被动局面。过去可不是这样，那时候事情简单多了，孩子们要的不外乎积木、小火车、布娃娃。多少年来北极工厂都是做那些玩具。过去，桑塔可以相信自己的直觉。可是现在工厂有超过100万个库存单位（stock keeping unit，SKU），多得连桑塔自己都搞不清楚了。而且，市场趋势变化很快，孩子们常常跟着电视的流行趋势跑，今天喜欢的，明天可能就不再需要了。桑塔已经要求公司员工不光要了解孩子们的行为表现，还要考察时尚潮流的动向。他还买了很多软件来预测孩子们的需求变化。尽管这样,桑塔有时还是忍不住要担心,有一天公司会干不下去的。

桑塔和他的管理团队决定不让孩子们失望,但是北极工厂必须想办法提高自身应对需求变化的能力。公司目前对市场需求的预测是根据孩子们写给圣诞老人的信件进行抽样分析作出的,在这些信件中孩子们提出自己对礼物的要求。由于孩子们的来信必须由人工输入ERP系统,因此,它们与采购系统和生产系统无法建立直接的联系。鉴于此,有人建议公司对现有的ERP系统升级,它可以让公司更准确地把握实际需求,而不是仅仅靠上一季度的数据来做推测。但也有人提出了反对意见,认为事先计划得再好都无济于事,关键是工厂的生产能够迅速应变,工厂主管提出了外包部分生产的意见。而效果总监提出了反对声音,他认为,北极工厂工人们的心灵手巧是外包工厂的生产能力不能相提并论的。

桑塔是应该在提高预测准确性上投资,还是应该提高生产系统的灵活性?他应该如何应对缺货与库存过剩的风险?

二、案例分析

针对北极工厂目前面临的难题,其应当把投资重点放在加强生产系统的灵活性上,当然提高预测准确性上投资也不可少。必须将供应链管理的思想贯穿在企业的生产运营当中,注意对供应链各个环节上的管理。

(一)原因

(1)事实证明,桑塔之前对市场需求和流行趋势的估计多作出的努力是难以合理安排企业生产的。这不是北极工厂的优势所在,理智的做法是依托咨询公司对市场行情作出判断。

(2)北极工厂的ERP系统管理存在严重问题:市场需求信息、采购系统与生产系统完全隔离,导致信息的不畅通。这直接导致工厂的生产安排、采购计划和库存管理乱套。

(二)具体策略

(1)升级ERP系统。将市场信息、采购管理、生产系统、库存管理整合,将供应链的管理放到企业战略的高度。

（2）寻求咨询公司对市场行情和流行趋势的咨询。北极工厂显然在预测市场上存在极大的困难，在升级了 ERP 系统之后，这种困难会得到一定程度的缓解。但是积极寻求咨询公司的意见仍然不可或缺。

（3）扩大产能。在准确预测市场行情的前提下，应当扩大产能。当前的生产线已经不能满足市场需求。只有足够的产能才能应对突发的市场变化。

（4）保留核心业务，部分业务外包。北极工厂工人们的心灵手巧是核心竞争力。在保留企业的核心业务即产品的设计与制造的前提下适当外包一些如物流业务。这样一来，既降低了成本，又保证了产品质量。

（5）挑选供应链合作伙伴。具体包括对原料的供应商、物流厂商、销售商。对于库存偏大的解决，很大程度上依赖于物流厂商和销售商。在充分把握市场行情的前提下，建立供应链合作伙伴关系能够实现库存成本的降低。

 思考与练习

一、名词解释

1. 宏观经济
2. 需求弹性
3. 市场机制
4. 市场结构

二、选择题

1. 以下微观经济信息来源属于原始数据的是（　　）。

    A. 金融或产业出版物

    B. 经济指数和商品市场指数

    C. 市场分析报告

    D. 行业数据

2. 以下微观经济信息来源属于二手数据的是（　　）。
   A. 咨询和信息服务　　　　　　B. 供应商沟通
   C. 市场分析报告　　　　　　　D. 行业数据

3. 宏观经济因素的信息来源（　　）。
   A. 政府或政府机构公布的预测、报告和统计调查
   B. 在主流和金融媒体以及网站上公布的分析报告
   C. 由金融机构和分析师公布的数据。
   D. 已公布的经济指数。

4. 需求取决的因素有（　　）。
   A. 替代品的价格　　　　　　　B. 互补商品的价格
   C. 可支配收入　　　　　　　　D. 消费者的偏好

5. 影响供给的因素有（　　）。
   A. 生产成本　　　　　　　　　B. 生产技术
   C. 供应商的数量　　　　　　　D. 市场预期

6. 基本的市场结构是（　　）。
   A. 完全竞争　　　　　　　　　B. 垄断
   C. 垄断性竞争　　　　　　　　D. 寡头竞争

三、简答题

1. 请解释需求价格弹性的含义。
2. 请描述四个基本的"市场结构"。

四、论述题

请利用波特五力模型分析采购与供应双方的谈判议价能力。

第八章

采购谈判前的资源准备

1. 认知谈判资源的组成部分
2. 掌握谈判时间和地点的确定方法与原则
3. 掌握谈判参与者的选择方法与原则
4. 了解电话会议的选择原理

个人谈判、团队谈判、谈判地点、管理幅度

谈判资源是一切可被利用,使谈判对己方有利的前期,中期及后期资源总和。在商务谈判中,支持谈判所需要主要包括六个资源:人力、财力、时间、信息、场所和设施、信息和通信技术资源。合适的谈判资源为顺利的谈判过程创造物质条件,也为双方取得理想的谈判结果奠定物质基础。合适的谈判资源在谈判过程中应该是能实现所期望谈判结果所需的资源,同时也能由资源配置产生调节机会。

第一节　谈判时间的选择

一、谈判时间

谈判时间安排,即确定谈判在何时举行,时间长短,如果是分阶段的谈判还需确定分为几个阶段,每个阶段所花的时间大约多少等。谈判时间安排是议程中的重要环节。

在谈判过程中,有无时间限制,对参加谈判人员所造成的心理影响是不同的。如果有严格的时间限制,即要求谈判必须在某段时间内完成,这会给谈判人员造成很大的心理压力,那么就要针对紧张时间来安排谈判人员,选择谈判策略。如果时间安排得很仓促,准备不充分,仓促上阵,会使己方心浮气躁,不能沉着冷静应对谈判中出现的问题;如果时间安排得拖沓,不仅会耗费时间和精力,还会增加谈判成本。

谈判中的时间因素还有另一个重要的含义:即谈判者对时机的选择与把握。时机把握得好,有利于在谈判中把握主动权;相反,时机选择不当,则会丧失原有优势,甚至会在一手好牌的情况下落败。

二、谈判议程中的时间策略

(一) 谈判议程中的时间策略

(1) 合理安排好己方各谈判人员发言的顺序和时间,尤其是关键人物的重要问题的提出,应选择最佳时机,使己方掌握主动权。当然也要给对方人员留出足够的时间以表达意向和提出问题。

(2) 对于谈判中双方容易达成一致意见的议题,尽量在较短的时间达成协议,以避免浪费时间和无谓的争辩。

(3) 对于主要议题或争执较大的议题,最好安排在谈判期限的五分之三时提出来,这样双方可以充分协商、交换意见,有利于问题解决。

(4) 在时间安排上,要留有机动余地,以防意外情况发生。

(二) 确定谈判时间应注意的问题

谈判时间适当与否,对谈判结果有很大影响。因此,对该问题应予以足够的重视。当你具有选择谈判时间的自由时,你要选择能使自己获得最佳谈判效果的任何时间。为此,谈判者要考虑到下列情况。

(1) 谈判准备程度。如果没有做好充分准备,不宜匆忙开始谈判。

(2) 谈判人员的身体和情绪状况。谈判人员的身体、精神状态对谈判的影响很大,谈判者要注意自己的生理时钟和身体状况,避免在身心处于低潮和身体不适时谈判。例如,有午睡习惯的人要在午睡以后休息一会再进行谈判,因此不要把谈判安排在午饭后立即进行。

(3) 要避免在用餐时谈判。一般地说,用餐地点多为公共场所,而在公共场所进行谈判是不合适的,再有,太多的食物会导致思维迟钝。当然若无法避开在用餐时谈判,则应节制进食量。

(4) 不要把谈判时间安排在节假日或双休日,因为谈判对方在心理上有可能尚未进入工作状态。

(5) 市场的紧迫程度。市场是瞬息万变的,竞争对手如林,如果所谈项目是季节产品或是时令产品,或者是需要争取谈判主动权的项目,应抓紧时间谈判。

(6) 谈判议题的需要。对于多项议题的大型谈判,所需时间相对较长,应对谈判中可能出现的问题做好准备。对于单项议题的小型谈判,如果准备充分,应速战速决,力争在较短时间内达成协议。

第二节　谈判地点的选择

阅读案例 8-1

商务谈判地点,即谈判进行的地方、场所。谈判地点的确定,是商务谈判计划中一个重要程序问题。谈判地点对谈判的结果有着不可忽视的影响,起着非常重要的作用。

一、谈判地点的作用

（一）谈判地点影响谈判者的心理

舒适的布置、优雅的环境、称心如意的服务等都会使谈判者感到愉悦轻松，从而在轻松合作的心理状态下展开谈判，有利于谈判目标的实现。有时候，通过谈判地点的选择，还能迷惑或误导对方的心理，从而达成对己方有利的谈判结果。

（二）谈判地点决定谈判氛围

一个令人感到亲切、熟悉甚至流连忘返的地点是调节谈判气氛最好的调料，它会使紧张的谈判氛围变得自然和融洽，会缓和双方争论、对立场面。反之，不合适的谈判地点会使双方更加紧张和拘谨，使双方彼此高度警惕甚至敌视对方。

（三）谈判地点影响双方利益

谈判地点通过影响心理从而影响双方的利益。如果谈判地点是己方选择，那么就可以选择对己方最有利的地点来达到地利，充分占有主场优势，一定程度上能影响对方心理，从而取得利益先机。

二、谈判地点的选择

谈判地点的选择一般有三种情况：一是在己方国家或公司所在地，俗称"主场"；二是在对方所在国或公司所在地谈判，俗称"客场"；三是谈判双方之外的国家或地点谈判，俗称"第三地"。不同地点均有其各自优点和缺点，需要谈判者充分利用地点优势，克服地点劣势，促使谈判成功。

（一）在主场谈判对己方有利因素

谈判者在家门口谈判，有较好心理态势，自信心比较强；己方谈判者不需要耗费精力去适应新的地理环境、社会环境和人际关系，从而可以把精力集中于谈判；可以选择己方较为熟悉的谈判场所进行谈判，按照自身的文化习惯和喜好来布置谈判场所；作为东道主，可以通过安排谈判之余的活动来主动掌握谈判进程，并且从文化上、心理上对对方施加潜移默化的影响；"台上"与"台下"人员沟通联系比较方便，谈判人员可以非常便捷地与领导层联系，获取所需资料和指示，谈判人员心理压力相对较小；谈判人员免去车马劳顿，以逸待劳，可以以饱满的精神和充沛的体力去参加谈判；可以节省去外地谈判的差旅费和旅途时间，提高经济效益。

（二）在主场谈判对己方不利的因素

由于身在公司所在地，经常会由于公司事务需要解决而受到干扰，分散谈判人员的注意力；由于离高层领导较近，会产生依赖心理；己方作为东道主要负责安排谈判会场以及谈判中的各种事宜，要负责客人的接待工作。

阅读案例 8-2、8-3、8-4

第三节　谈判人员的选择

在谈判中，选择合适的谈判人员非常重要，谈判人员的选择有时候能决定谈判的成败。按谈判人数的多寡，我们可以把谈判分为个人谈判与团队谈判。

一、个人谈判与团队谈判

（一）个人谈判

大多数直接和修改后的再购买有可能在一对一的基础上，由一方的采购人员、合同经理与另一方的销售代表、合同经理或客户经理进行谈判。

（二）团队谈判

对于重要谈判，尤其是在涉及复杂的技术、法律、财务和其他问题时，或

■ 采购合同谈判

对于新的购买或资产采购,常用团队方法,因为单个采买人很少能够合格地担任单独谈判者。

团队谈判的优点,如表 8-1 所示。

表 8-1　团队谈判的优点

优点	解　释
1. 团队改善绩效和决策	当需要多项技能、经验和知识时,团队可以提高任务的绩效。 · 实践证明,团队的决策比个人单独作出的决策得到了更好的评估(虽然决策数量较少并且有时更具有风险性) · 团队包括各种角色,可以对团队维护和任务绩效作出贡献(如领导者、建议者、批评者或质疑者、跟进者、细节安排者和策划者)
2. 团队促进协作	团队可以促进工作流程、工作努力和信息的协作,因为他们是跨越组织边界集中在一起的、有共同目标并可以进行结构化沟通。这在谈判中特别宝贵,可使关键利益相关者参与交易或在交易中代表关键利益相关者(如一个跨越职能部门谈判团队)
3. 团队促进沟通	团队可以促进信息交流和人际关系,这在以下方面特别有用: · 产生、检验和批准各种想法(因为能够征求其他人意见和获得不同输入) · 商议和谈判(能够交互性地交流看法和影响) · 解决冲突(代表和调和不同的和有分歧的观点和利益,以实现共同的、全局的目标)
4. 团队激励个人	团队能够激励个人为实现组织目标付出更多精力和努力,因为: · 它们促进对绩效的相互责任 · 它们可促进团队成员之间的建设性竞争

二、谈判团队人数的确定

谈判组成员应由几人组成,没有统一规定,人数多与少各有其利弊。参与人数多,可以做到谈判成员之间知识、能力、性格和经验的互补,可以群策群力,集思广益,人多势众。但如果谈判人员过多,也会造成沟通协调困难,互相依赖推诿,谈判中易被对方抓住漏洞。英国谈判专家比尔·斯科特提出,谈判班子以 4 人为佳,最多不能超过 12 人。企业在确定谈判人数时,要考虑下面几个因素。

(一) 谈判的效率

谈判是一项复杂的工作,有时可能会演变为旷日持久的僵持,需要花费大量的时间和精力。谈判成员过少,其耐力、精力、体力难以承受,无法及时处理谈判过程中的各种问题,以致延长谈判的期限而贻误时机;谈判成员过多,职能重叠,沟通协调难,费用开支高,影响谈判的进行。适度的谈判人数,有利于提高谈判效率,使谈判成员各显其能。经验表明,谈判班子的规模4人左右比较适合,不仅有利于谈判人员在体力、精力与技能上相互补充,而且有利于内部信息交流和成员之间的协作。

(二) 谈判所需的知识范围

商务谈判是一项涉及诸多问题的经济活动,谈判者必须具备复合型的知识结构。但是,由于每个人所掌握的知识有限,谈判人员不可能独自有效处理谈判中各种专业性较强及比较复杂的问题。因此,在组建谈判班子时必须考虑最优组合方式,做到成员知识互补,形成整体优势。一般来说,谈判规模越大、复杂程度越高、涉及问题越多,需要谈判人员就越多;如果谈判复杂程度低、谈判者自身素质高,则需要谈判人员就少。

(三) 有效的管理幅度

管理幅度是指一个领导者可以直接有效地指挥和监督下属人员的数量限度。领导者的管理幅度因工作性质与工作内容不同而不同。一般来说,层次多、活动复杂和环境变化程度高,管理幅度就小。商务谈判作为高度紧张、复杂多变的活动,既需要充分发挥个人的创造性和独立应对事变的能力,又需要内部随时协调统一、一致对外。众多经验证明:谈判组长的管理幅度在4人左右是最佳的,超过这个幅度,内部的协调和控制就会发生困难。

(四) 对谈判成员的调换

一般情况下,如果谈判班子成员能够满足谈判所需要专业知识的需要,胜任相应的工作,那么保持谈判班子的稳定,减少谈判班子成员的调换是有好处的。但一个完整的谈判过程要经过不同的谈判阶段,对谈判人员的知识、专长要求不同,因此,要做好在谈判过程中更换谈判人员的准备。谈判班子在4人左右时,既能保持谈判班子的稳定,又能在商务谈判不同阶段及时更换成员,使每个成员的优势尽情发挥。

总之,确定谈判班子规模时应坚持精干、高效、实用的原则。如果谈判确实需要较多的人员参加,企业可以选配智囊团,为谈判小组献计献策,智囊团成员不必以正式成员的身份出现。

三、谈判人员素质的要求

商务谈判是谈判人员之间知识、智慧、心理、能力、经验和应变能力较量的过程,是一种思维要求极高、专业性极强的社会活动。谈判人员的素质如何,直接影响整个谈判的进展,影响谈判的成功与否,最终影响双方的利益。弗雷斯·查尔斯·艾克尔在《国家如何进行谈判》中指出:"一个合格的谈判家,应该心智机敏,有无限的耐心。能巧言掩饰,但不欺诈行骗;能取信于人,但不轻信于人;能谦恭节制,但又刚毅果敢;能施展魅力,但不为他人所惑;能拥有巨富,藏娇妻,但不为钱财和女色所动。"美国谈判大师嘉洛斯(Chester Louis Karrass)经过调查分析,把谈判人员列前五位的特征概括为:准备和筹划的技巧、谈判将要涉及的知识、在遇到压力和不确定事件时保持思路清晰和敏捷的能力、善用语言表达想法的能力、听取陈述的能力。可见,对谈判人员的素质有很高的要求。一般地说,谈判人员的素质包括三个方面,即基本素质、知识结构和能力结构。

(一)基本素质

谈判人员的基本素质泛指谈判者个人综合素质,它是由谈判者的政治素质、业务素质、心理素质、文化素质、身体素质等构成,它是谈判者所具有的内在的特质。

1. 政治素质

政治素质包括思想觉悟、道德水平、价值观、法律意识等。在商务谈判中,谈判人员应具有爱国心,坚决维护国家、企业利益,不能损公肥私甚至与人合伙损害国家、企业利益;谈判人员应为人正直、廉洁奉公、不谋私利、尊重别人、平等待人,具有谦虚、协作、敢于承担责任的品德;谈判人员应以维护国家和企业利益为荣,具有高度原则性、责任感和纪律性;谈判人员应具有较强的法律意识,尊重法律和社会公德。

阅读案例 8-5

2. 业务素质

业务素质包括基础知识、专业知识、语言表达、判断分析、谈判策略运用等能力。谈判人员应该具备较高的学历和相当广泛的阅历,有较强的求知欲和获取新知识的能力;谈判人员应具备相关的专业知识,熟悉本专业领域的科学、技术及经营管理的知识,能够担当专业性较强的谈判任务;谈判者应能够熟练运用口头、书面、动作等语言和非语言表达方式,准确地向对手表明自己的意图,达到说服和感染对方的目的;谈判者应善于观察对手,及时捕捉对方信息,发掘其价值,冷静预见其谈判前景,并适时调整己方的谈判策略,促使谈判成功。

3. 心理素质

心理素质包括工作责任心、自控能力、协调能力等。谈判人员只有具有较强的工作责任心、事业进取心,才能在竞争性极强的商务谈判中既坚持原则,又充分发挥自己的能力;谈判人员的自控能力表现在谈判人员在激烈的谈判中控制、调整情绪,克服心理障碍,维护组织利益的能力。在谈判过程中,谈判人员应尽可能保持稳定的心理状态,避免忽喜忽忧或言行过激;谈判人员应善于同己方人员相处,并善于同来自不同文化背景的谈判对手交往,善于协调各方面的关系。

4. 文化素质

谈判者应该具有比较高雅的情趣,注重以文化艺术陶冶自己的情操,注重礼仪礼节和形象。因为谈判人员的言行举止,不仅是个人道德修养高低的反映,更代表了国家的文明程度与民族风貌,关系着国家的声誉和民族威望。

5. 身体素质

谈判人员身体要好,经得起连续的谈判、算账和长途跋涉。由于谈判是一项比较艰苦的工作,这就需要谈判人员有一个良好的身体素质。只有这样,谈判者在谈判中才能保证精力充沛,充满信心,适应性强。

（二）知识结构

一个谈判人员应具备良好的知识结构。谈判人员必须具备丰富的知识,不仅要有广博的知识面,而且还要有较深的专业知识。具体地说,商务谈判人员要掌握各种商务业务知识及与其有关的知识,如金融知识、市场知识、技术知识、法律知识等,还要掌握一到两门外语,以便在谈判中应变自如。

1. 商务知识

谈判人员应系统掌握商务知识,如市场营销、国际贸易、国际金融、商检海关、国际商法等方面的知识。

2. 技术知识

谈判人员应掌握与谈判密切相关的专业技术知识,如商品学、工程技术、各类工业材料、计量标准、食品检验等知识。

3. 人文知识

谈判人员应掌握心理学、社会学、民俗学、语言学、行为学等知识,要了解对方的风俗习惯、宗教信仰、商务传统和语言习惯等。

（三）能力结构

谈判人员除具备基本的知识结构外,还要有将知识转换成能力,具备较强的运用知识的能力。知识和能力是密切相关的,只有掌握了一定的知识,并能灵活运用,才能使知识转变为能力。商务谈判人员应具备以下几种能力。

1. 协调能力

谈判是一项需要密切配合的集体活动,要求每个成员在发挥出自己作用的同时还要相互协调关系,从而把个人的力量凝结起来,以形成更强大的战斗力。

2. 表达能力

谈判人员应该具有较强的口头表达和文字表达能力,善于运用言语有理、有利、有力、有节地表达自己的观点;同时要精通与谈判相关的各种公文、合同、报告的写作以及电脑技术的掌握。

3. 判断能力

在谈判过程中,谈判者既要"谈",又要"判"。由于对方往往掩盖自己的真实意图,或作出种种假象,这就需要谈判者迅速根据掌握的信息和对手的言谈举止加以分析综合,作出及时的、合理的和正确的判断。从而掌握谈判的主动权,取得谈判的成功。

4. 应变能力

谈判中会发生许多意想不到的事情和变化,谈判人员应能准确地分析、冷静地思考,迅速采取措施,机敏地由被动变为主动。

5. 决策能力

及时正确的决策,是人们采取有效行动达到预期目标的前提。在谈判中,决策不仅仅关系到谈判的方向、效率,而且直接影响到谈判的成败。一场谈判的成功与否,同谈判者适时作出决策有直接的关系。决策正确导致谈判成功和获益,否则就会失利。这就要求谈判人员具有较强的决策能力。

6. 创新能力

谈判人员应有丰富的想象力,勇于开拓、创新,拓展商务谈判的新思路、新模式。

7. 社交能力

谈判实质上是人与人之间思想观念、意愿感情的交流过程,是重要社交活动。谈判人员应善于与不同的人打交道,也要善于应对各种社交场合。这就要求谈判人员塑造良好的个人形象,掌握各种社交技巧,熟悉各种社交礼仪知识。

四、谈判负责人的选择

谈判负责人也称谈判主谈人,是指谈判组的领导人或首席代表,代表己方利益的主要发言人,是谈判班子的核心,在谈判班子中具有无可替代的作用。谈判负责人能力的高低,直接关系到谈判的成败。谈判负责人主要担负如下职责。

(一) 谈判指挥

作为谈判组的主导人员,负责人在谈判中最主要的职责是谈判指挥,具体内容包括人员调度、任务安排、总结成果等。

1. 人员调度

这是指负责人在商务谈判的不同场次确定并调度不同的谈判人员上场的责任。由于不同场次讨论的主题不同,对谈判人员的要求也不同,负责人要安排最合适的人员上场。

2. 任务安排

这是指负责人根据谈判的需要以及每个成员的个人专长和特点,为每个成员安排特定任务的职责。统筹安排好谈判组各人的任务,有利于各司其职,有条不紊地合作完成整个谈判组的任务。任务安排的职责对负责人的统筹安排能力要求较高。

3. 总结成果

这是指每一场谈判以及每个谈判阶段结束时,由负责人组织谈判组成员对上一场或上一阶段的工作成果进行小结的职责。及时对工作进行总结,有利于认清当时的谈判局势,并指导下一阶段工作的具体展开。负责人应该尽到主要总结人的职责,并征求所有人的意见。

(二) 决策拍板

负责人是谈判组的主导人员,也是主要的决策者。在谈判讨论最后,一般由负责人进行总结,并决定最后讨论结果。在遇到一些重大问题,如最终报价、额外的让步、接受对方的条件等,谈判组其他成员的意见不统一或者力不从心的时候,往往需要负责人拍板定夺。

执行最后决策的职责,要求负责人具有良好的大局观和一锤定音的魄力,无论是盲目武断还是优柔寡断都是不可取的。如果负责人在权限和能力范围内无法作出决策时,则应及时请示上级,以求迅速解决问题。

（三）联结纽带

负责人的联结纽带作用，主要表现为上情下达与下情上达。上情下达是指负责人把上级领导对谈判的各种指示性意见和要求，在理解基础上，及时传达给谈判组成员。下情上达是指负责人负责收集谈判组成员的意见并汇集谈判的各种信息，及时向上级汇报以获得指示。

（四）信息接口

负责人信息接口的作用，是指负责人作为己方与对方交换信息通道的责任。在谈判过程中，双方的谈判条件和要求，都是通过负责人来传达的。负责人在行使信息接口作用的时候，一定要出言谨慎。否则，就会损害到己方组织的信誉。因为，在很多时候，负责人代表着整个谈判组织甚至整个上级组织的，其观点往往被理解为己方组织的观点。所以，负责人一旦出言不慎，很难收回。

阅读案例 8-6

五、谈判组成员的配合

一个高效而强有力的谈判组织，应该由多方面的专门人才组成，并且相互密切配合。

（一）各类专业人员的构成及其职责

1. 技术人员

由熟悉生产技术、工艺设备、产品标准和科技发展动态的工程师担任。技术人员主要负责谈判中涉及的商品、劳务质量，有关生产技术、产品性能、产品验收、技术服务等问题。

2. 商务人员

由熟悉贸易、市场行情、市场价格的人员担任。商务人员主要负责提供有关价格决策、咨询，介入合同条款及价格谈判。

3. 法律人员

通常是由特聘律师、企业的法律顾问或者由熟悉有关法律规定的人员担任。法律人员要熟悉各种经济法律、法规,在国际商务谈判中还要懂得国际商法和有关国家、地区的法律规定,并能够透彻掌握和解释合同、协议中各种条款的法律含义和要求。法律人员的主要作用是保证本企业在谈判中得到法律保障,保证己方的谈判活动在法律许可范围内进行,并在发生法律纠纷时,能依法为己方利益进行辩护,维护己方利益。

4. 翻译人员

在国际商务谈判中,由熟悉业务、精通外语的专职或兼职人员担任,主要负责口头与文字翻译工作,准确传递和表达谈判者的语意,沟通双方意图,配合谈判语言等策略的运用,有时还可以通过翻译更正己方的失误。

(二)谈判组内部成员的配合

商务谈判是一项集体性工作,需要谈判组的所有成员以及谈判组以外相关人员密切配合,才能最大限度地发挥谈判力。

1. 主谈人与辅谈人的配合

在谈判班子中要确定不同情况下的主谈人和辅谈人的位置、责任与配合关系。主谈人的责任是将己方确定的谈判目标和谈判策略在谈判中得以实现。辅谈人的责任是配合主谈起到参谋和支持的作用。主谈人表明自己的意见、观点,辅谈人必须与之一致,必须支持和配合。例如,在主谈人发言时,辅谈人自始至终都要从口头语气或身体语言上都要作出赞同的样子,并随时为主谈人提供有利的说明。当谈判对方设局,使主谈人陷入困境,辅谈人应设法使主谈人摆脱困境,以加强主谈人的谈判实力。当主谈人需要修改已表述的观点,而无法开口时,辅谈人可以作为过错的承担者,维护主谈人的声誉。

2. 台上台下人员的配合

在比较重要的谈判中,为了提高谈判效果,可以组织台下配合的班子。台下班子不直接参加谈判而是为台上人员出谋划策或准备各种必需的资料和证据。台下人员有时是主管领导,可以指导和监督台上人员按既定目标和准则行事,以维护己方利益;有时是具有专业水平的各种参谋。台下人员不宜过多,不能干扰台上人员的工作。要发挥台下人员应有的作用,协助台上人员实现己方目标。

3. 谈判班子中不同性格人员的配合

在配备不同类型谈判成员时,应充分考虑不同类型性格的人的特点,性格沉稳的人一般做负责人较合适,活泼型的人做调和者,暴躁型的人充当"黑脸",忧郁型的人做记录者较合适。在配备各种类型性格的谈判成员时,还要看对方人员的性格,若对方多属暴躁型性格,我方则应适当增加沉稳型的人,以收到"以柔克刚"之效。若对方多活泼型的人,我方则应增加暴躁型和沉稳型的人,做到双管齐下;若对方忧郁型占主导,则需增加暴躁型和活泼型的人,使对方在压力面前自动让步。

总之,在配备谈判组成员时,不仅要顾及个人的专业能力,在有条件的情况下,还要考虑己方成员之间性格搭配和与对方人员之间性格的配合,还要考虑在不同时期让不同人出场来化解难题,以使谈判收到较好的效果。

第四节 谈判方式的选择

一、网上虚拟会议

商务谈判方式可简单地分为两大类,面对面的会谈以及其他方式。面对面的会谈又可分为正式的场内会谈和非正式的场外会谈,其他谈判方式包括采用信函、电报、电传、电话、互联网等方式。相比之下,面对面的会谈能较多地增加双方谈判人员的接触机会,增进彼此之间的了解,从而更能洞悉对方谈判人员的谈判能力,谈判风格,给谈判人员充分施展各种策略技巧留下了很大空间。尤其是非正式的场外会谈,可以创造轻松愉快的氛围,缓和正式谈判的紧张气氛。心理学研究表明,人们在愉快的心境下交谈,容易产生求同和包容心理,对对方观点的接受性增强,排斥力减弱,从而使得会谈更富有成效。但是,这种谈判方式对谈判人员的个人素质有较高的要求,同时费用较高。这种方式较适用于大宗贸易和欲与对方建立长期合作关系的谈判活动。

在现代高科技迅速发展的今天,互联网已成为广播、电视、报刊杂志之后的"第四媒体",网上谈判应该是大有用武之地的,与电话谈判、书面谈判等形式相比,它可以利用多媒体技术、数据通信技术等高科技手段把谈判人员的声音、表情"千里迢迢"送到对方面前。这使得它具有了面对面会谈的某些优点。它使得谈判人员可以通过观察对方的声音变化、表情变化及时捕捉信息,更好的作出判断。与面对面会谈相比,它又具有方便、可随时进行、成本低廉等特点。尤其是在新冠疫情暴发期,网上虚拟会议谈判已经取代传统面对面会谈而成为大型商务谈判的主要方式。

(一)网上虚拟谈判的优点

1. 节省经费、节省时间成本

这个优势是最明显的,可以看一组数据:据权威资料,各个企业或组织的工作人员每年参加会议的时间约占全部工作时间的30%以上,而每次开会或会面中约有80%的时间需花费在路途中,多人视频会议完美解决这一问题。

2. 可随意拓展,增加谈判人员

与传统的谈判需要固定会议室、不可拓展不同的是,网络虚拟谈判可随时增加谈判人员,主办方可发起会议邀请,参与谈判人员也可主动申请加入会议室。当然也不受会议室限制,大家在电脑前、手机、平板都可进入指定会议室,开放灵活性更强。

3. 提高谈判效率

现在的多人视频会议系统除了用于音视频开会外,它还能实现一些多媒体交互功能:电子白板、文档资料共享、举手发言、插话。

(二)网上虚拟谈判的缺点

1. 安全性、稳定性得不到保障

软件视频基于Windows操作平台和PC架构,比较容易受到病毒的攻击,且不适合长时间运行。特别是基于软件的会议室终端,采用了大量插卡和外围配套设备,集成度低,故障点比较多,故障排查也比较困难。

2. 视音频效果差

桌面软件终端采用的 USB 摄像头一般只能提供低于 CIF 品质的视频质量,帧率低、色彩还原度不好。会议室软件终端虽然可配置专用会议摄像头,但其经过视频采集和软件编码等处理后,视频延时比较大,视、音频信号无法同步。

(三)开展网上竞争性谈判的七个关键点

采用线上竞谈可以有效地避免应答人与采购人、中介机构、评审专家及其他应答人的近距离接触,可以有效控制感染风险。线上竞争性谈判是疫情期间多数企业开展竞争性谈判的主要方式,但若操作不当,会严重影响采购工作的效率和质量,存在安全隐患,甚至会给后续的项目合同签订及合同履约带来麻烦。为了高效规范地开展线上竞谈工作,需要从采购文件的编制、应答文件的要求、线上谈判的过程管控、谈判过程记录等方面进行全面深入的考虑。

1. 采购文件的要求

采购人发布采购公告时需要明确,所有的应答人均需要提供扫描版的应答文件,即应答文件除了要满足采购公告的要求外,还需要提供一份扫描版的电子文件。采购公告中还需要同时明确,应答人要对其提供的电子文件负责,严禁弄虚作假,否则将由应答人承担一切后果。其中可能存在的问题是应答人为了将其中的盖章版电子表格扫描清晰,往往会选择高参数的扫描设置,从而致使整个电子文件容量偏大,打开或上传时系统速度偏慢。因此,采购人可以要求应答人同时提供 WORD 版和 PDF 扫描版的应答文件,从而方便评审专家查看。

由于谈判过程由传统的面对面谈判变成了网络视频谈判,因此采购人应在采购文件中详细介绍开展视频谈判的模式及操作要求,确保谈判能及时高效开展。另外,谈判记录的编制也会发生重大的变化,与线下面对面谈判时的编制方式不同,需要采购人在采购文件中明确谈判记录的记录方式及双方确认的方式。

2. 应答文件的要求

一是应答文件要确保格式符合要求。提供的扫描件必须是规范的纸质文档的扫描件,严禁进行图片编辑,否则后果由应答人承担。二是应答文件必须确保清晰。尤其是涉及应答人审计中的相关数据,要确保通过放大能够看得清晰。三是应答文件要同时提供扫描版和可编辑版。除了要提供扫描版的应答文件外,还需要提供 WORD 或 WPS 可编辑版的文档,并且提供的此类文档必须有目录,且目录是自动生成的,能够方便查阅者查看。

3. 中介机构评审硬件、软件的要求

线上评审与线下评审存在极大的区别,线上评审时评审专家查看的是电子版的应答文件,谈判过程采用的是视频谈判交流的方式,因此中介机构需要提供开展上述谈判的必要硬件和软件。

首先,各评审专家的电脑硬件须满足查看应答文件软件的要求。采用线下评审时,各评审专家在电脑上进行的操作主要集中在填写相关的阅标记录及相关的文档处理方面,对电脑的配置没有太严格的要求。而采用线上评审时,各评审专家需要查看的是文件容量较大的扫描件格式的文档,因此需要满足快速打开、快速查找的硬件要求。

其次,中介机构需要准备满足多个供应商共同视频通话的房间及硬件设备,需要清晰地将评审室的信息及时准确地传达到每位应答人,同时需要将应答人的信息及时准确地传回评审室。视频通话的硬件还需要具备录制视频的功能,确保将每个应答人的细节全部记录在案,以备后查。视频通话需要具备加密功能,确保谈判的内容不被其他人窃取。由于谈判时评审专家组需要与每个应答人进行单独的谈判,各应答人谈判的内容、应答的信息要求保密,当出现技术安全问题导致某应答人的信息被其他应答人窃取时,将容易导致不公正现象。

再者,评审小组的小型内网服务器同样需要满足线上谈判的要求。传统的线下谈判时,小型内网服务器传输的文件多数为容量较小的文件,而线上竞谈时可能会产生大量的容量较大的线上文档,当小型内网服务器的传输容量不够、传输速度不快时,将会造成工作效率的降低,甚至影响线上竞谈地顺利进行。

4. 评审专家的选择

采用线上操作评审方式，评审专家需要评审的是应答人提供的电子版应答文件而非纸质版应答文件，如果应答人不熟悉电脑操作，不能熟练快捷地应用相关软件打开应答文件，将会大大地降低评审的工作效率。例如，在进行不同应用程序的切换时，可以采用"ALT+TAB"键进行连续快捷切换，若采用鼠标进行切换，将大大降低工作效率，浪费工作时间。又如，评审环节在PDF文档中查找目的信息时，可以通过目录查看页码，然后直接输入页码来进行目的信息的查找。如果评审专家不熟悉上述操作，将会极大地降低工作效率。还有一点也需要注意，由于评审时评审专家需要长时间在电脑前进行操作，如果评审专家年龄偏大，甚至眼睛已经老花，那么其在长时间的评审过程中将会产生极大不便，甚至可能会引起评审专家的身体不适。

因此进行线上竞谈评审时，需要优先选择年富力强、熟悉电脑软硬件的专家来评审。评审专家选择恰当后，将会极大地提高评审的工作效率，并进一步缩短评审工作时间，减少各应答人的等待时间。

5. 谈判过程记录的要求

竞谈采购方式与招标采购方式最大的不同之处在于竞谈采购可以允许采购人、评审专家与应答人进行充分的沟通交流，就采购文件中不明确的细节进行充分的讨论细化，此时需要将谈判讨论的内容落实到纸面上，并且双方签字。线下竞谈时，可以非常方便地进行双方签字的操作，但在线上进行竞谈时，则需要双方通过网络进行多个来回的确认。在进行谈判记录的确认时，可以先由应答人按照中介机构提供的应答格式、根据谈判的过程进行编制谈判记录，谈判记录由应答人完成初步编制，不建议采用线上过程进行传输。初稿编制完成后，可以由评审专家通过视频方式和途径进行审核，由于视频路径经过安全加密，整体来说相对安全。当评审专家对谈判记录审核完毕后，先由应答人进行签字，签字扫描并对文档进行安全加密后传输至中介机构，中介机构将文档打印成纸质版后，由评审专家在其上进行签字确认。待疫情结束后，可以再要求供应商在约定时间内对上述谈判记录进行再次盖章。

6. 中介机构项目小组的要求

线上竞谈方式对中介机构项目小组提出了更高的要求,传统的线下评审不需要进行过多的线上视频、线上文档传输、线上文档安全处理等操作,而线上评审所有的资料传送及谈判过程都需要全部采用网络进行。因此,项目小组必须在原先人员的基础上增加至少 1 名熟悉计算机、网络等相关专业的操作人员,确保在谈判过程中能及时有效应对和解决可能出现的相关计算机、网络等问题。

另外,为了提高整个项目谈判的工作效率,项目小组甚至需要对应答人、评审专家进行相关的培训。针对应答人,需要详细说明线上相关应答文件的处理、提供等具体的要求和操作方式,线上视频连接的具体操作模式;针对评审专家,需要重点培训如何高效地进行线上应答文件的评审,确保既节省时间,又能准确找到有用信息。

7. 建立应答沟通平台

为了方便应答人对项目相关信息的查看或视频通话,中介机构项目组可以建立平台,将所有应答人全部加入,一方面可以通过平台开展视频谈判,另一方面可以及时发布公告信息,方便所有人查看。例如,当需要对项目的某个细节信息进行澄清时,可以由中介机构发布盖章版的信息,所有应答人能够全部及时查看,有效避免不公平现象的发生。又如,当采购人决定采取几轮报价时,可以在平台发布每轮报价具体的截止时间及开始时间。但需要注意的是,项目组在建立沟通平台时最好以项目为单元来进行组建,其中应答人仅限于对此项目的应答人,其他无关应答人严禁加入。

若竞谈采购方式完全采用线上方式来进行,采购人和中介机构最需要关注的是应答文件的规范提交、谈判过程的安全开展以及谈判记录的规范记录等方面,而上述内容的规范高效开展需要中介机构投入必要的人力和物力方能实现。

总之,各采购人在采用线上竞谈这种方式时需要把握的一个根本原则就是,落实各种措施确保各应答人进行了充分、深入、公平的竞争,并对各类记录进行了规范的留痕。

二、电话谈判

电话谈判也可以用来获取某些信息,提高效率,且费用较少。但电话谈判私人接触较少,也不存在视觉交流,缺乏这些视觉感受可能会引起误会。电话谈判主要用于初次接触、探询信息或是谈判双方以前就曾经建立了良好的长期合作关系的谈判活动。

(一)电话谈判与面谈的区别

(1)若没有观察对方,可能会存在一些信息丢失。有专家和学者估计,在谈判中,75%的信息是通过非语言的形式传递的。如没有面对面谈判,观测不到对方,可能会存在一些信息的丢失。各方也不可能通过使用非语言的技巧建立和谐的关系。同理,他们也不能通过观察语言和非语言信息的不一致,作为识别对方不诚恳、回避或其他手段的依据。另外,谈判者也不能通过寻求非语言的反馈信息来判定对方是否已经接受并真正理解自己的观点。

(2)面对面谈判可以促进一方对另一方着重关注,面对面谈判往往更能抓住对方的注意力,而电话会使得谈判者容易受环境因素的影响,常常分心。

(3)在电话谈判中不能以共享方式使用论据支持资料,如分享电子表格、图表或样品等,除非在打电话前先向对方提供了这些资料。

(4)更强有力的案例或争论往往在更大程度上胜过面对面会议,面谈往往会顾虑双方的关系,更有利于使用人际关系施加影响并达成一致意见。

(5)往往打电话的一方存在势力优势,因为该方事先知道打电话的时间和目的,接电话的一方可能准备得不太好,除非电话是事先约定的,所以接电话的一方要格外小心,不要在未经仔细考虑的情况下承诺重要事项。

(6)电话会谈在挂电话前会产生达成交易的心理压力,这一点可以用来调节协议,但另一方可能不希望草率达成协议,往往会抵制。

(7)技术、环境或背景噪声问题会干扰有效谈判,如果通话质量不好,双方难以听见彼此谈判内容。

（二）电话谈判的优点

（1）使用电话进行谈判的主要优势是快速、方便、联系广泛。特别是在经济迅速发展的社会，时间就是金钱，效率就是效益，在经济洽谈、商务营销中，方便、快速更有决定意义。此外，电话谈判还有一个特殊的、独具的优势，这就好像电话铃声——它具有极大的、几乎是不可抗拒的吸引力。

（2）无论对方多么繁忙，在干着什么要紧的工作，只要听到电话铃响，都得停下一切其他事情来接听电话。在电话谈判中，电话的这些优势被谈判双方所利用，为各自的目的服务，并实现各自的谈判目标。

（三）电话谈判的缺点

由于电话谈判的双方相距较远，也由于电话自身功能的局限——比如目前还只能听到对方的声音，不能看到对方的表情、手势等，这些都给电话谈判带来不便，造成缺陷。

1. 误解较多

由于电话没有视觉反馈，不仅看不到对方的面部表情，更看不出对方的行为暗示；另外，对语音、声调的理解也往往有误，加之一些容易混淆不清的字、词，所以，听懂并非易事，听错也不罕见。这是电话谈判要比面对面谈判更容易产生误解的原因。

2. 易被拒绝

电话谈判，双方不直接接触，"不"字更容易出口。例如一方拨了另一方的电话号码，很有礼貌地说："如果你不介意的话，我想请你做这件事……"另一方可以很干脆地回答："不行，现在我忙得很，多谢你打电话来。"

3. 有风险

在电话中无法验证对方的各类文件、证据和许诺的真伪，有可能上当受骗，因此要冒一定的风险。

4. 时间紧

电话谈判较其他谈判方式而言，时间有限，谈判者缺乏深入思考的时间，尤其是受话者一方，往往是在毫无准备的状态下仓促面对某一话题，甚至进行某一项决策,因此容易出现失误。

欲与谈判对方快速沟通、尽早联系、尽快成交时,电话谈判是达到这一目标、取得谈判成功的捷径。想取得谈判的优势地位时,可以采用电话谈判方式,并且争取主动把电话打给对方。这样,从谈判双方的状态看,你是有备而来,而对方则很有可能是匆忙应战,相形之下,主动打电话这边自然而然地占了上风。

第五节 谈判资料的收集

在采购谈判中,全面准确及时的信息是谈判者的可靠助手,是选择和确定谈判对象的基础和前提,是谈判双方沟通的纽带,是制定谈判战略的依据,是控制谈判过程、掌握主动权和确定报价水准的保证。所以,谈判资料的收集对谈判的重要意义是不言而喻的,否则谈判是盲人骑瞎马,夜半临深渊。

谈判资料收集的主要内容包括与商务活动有关的资料、与谈判对手有关的资料和与谈判环境有关的资料。

一、与商务活动有关的资料的收集

与商务活动有关的资料是影响商务活动效果的直接因素,是制定谈判策略依据,甚至构成谈判议题。与商务活动有关的资料主要包括市场信息、技术信息、政策法规信息资料等。

(一) 市场信息

市场信息是反映市场经济活动特征及其发展变化的各种消息、资料、数据、情报的统称。市场信息内容很多,主要包括以下几个方面。

1. 市场细分信息

市场细分信息,主要是指市场的分布情况、地理位置、运输条件、政治经济条件、市场潜力和容量、某一市场与其他市场的经济联系等。掌握市场细分情况,有助于谈判目标的确立。

2. 市场需求信息

市场需求信息主要包括:消费者的数量及构成;消费者家庭收入及购买力;潜在需求量及其消费趋势;消费者对产品的态度;本企业产品的市场覆盖率以及市场竞争形势等。

3. 产品销售信息

产品销售信息主要包括市场销售量、产品销售价格、产品的发展趋势及市场周期、拥有该产品的家庭比率、消费者对该类产品的需求状况、购买该产品频率等。通过对产品销售方面的调查,可以使谈判者大体掌握市场容量、销售量,有助于确定未来的谈判对象及产品的销售或购买数量、价格等。

4. 市场竞争信息

这类信息主要包括:竞争对手的数量,竞争对手的经济实力,竞争对手的营销实力,竞争对手的产品数量、种类、质量、价格及其知名度、信誉度,消费者偏爱的品牌与价格水平,竞争产品的性能与设计,各主要竞争对手所能提供的售后服务方式等。通过对市场竞争情况的调查,使谈判者能够掌握己方同类产品竞争者情况,寻找他们的弱点,有利于在谈判中争取主动。

5. 分销渠道信息

主要包括:主要对手采用何种经销路线,各类型的经销商情况如何,各主要批发商与零售商的数量,各种促销、售后服务和仓储功能,哪些由制造商承担,哪些由批发商和零售商承担等。

(二)技术信息

在技术方面,主要收集的资料有:该产品生命周期的竞争能力以及该产品与其他产品相比在性能、质地、标准、规格等方面的优缺点等方面的资料;同类产品在专利转让或应用方面的资料;该产品生产单位的工人素质、技术力量及其设备状态方面的资料;该产品的配套设备和零部件的生产与供给状况及售后服务方面的资料;该产品开发前景和开发费用方面的资料;该产品的品质或性能鉴定的重要数据或指标及其各种鉴定方法的资料;导致该产品发生技术问题的各种潜在因素的资料。

（三）金融信息

国内采购谈判主要收集的金融信息有政府货币政策、银行利率、支付方式的规定及其费用等资料。

国际采购谈判主要收集的金融信息有各种主要货币的汇率及其浮动现状和发展趋势、进出口银行的运营情况、进出口地主要银行对开证、议付、承兑赎单或托收等方面的规定、进出口地外汇管制措施等方面的资料。

（四）政策法规信息

在谈判开始前，应当详细了解有关法律法规，以免在谈判时因不熟悉法律法规而出现失误。如果是国内采购谈判，要按照国家法律法规和政策办事。谈判人员不但要掌握有关现行税制，还要熟知经济法规，以便在进行各项经济交往时做到有法可依。

如果是国际采购谈判，除了要了解本国和对方所在的国家或地区的法律法规外，还要了解相关国际条约、国际惯例。

二、与谈判对手有关的资料的收集

在商务谈判前要准确地了解谈判对手，既不能高估对手也不能低估对手，要做到心中有数，方能成竹在胸，所以要对谈判对手的资料进行充分收集。对谈判对手资料的收集，除了收集直接相关信息外，还包括要在对所收集资料进行深入分析基础上得出有价值的信息。

（一）分析谈判对手的需要及其个性

谈判最终目的是满足双方的需要，而需要又与对手的个性紧密相关，因此，准确掌握谈判对手的实际需要及其个性成为对谈判对手资料收集的首要内容。

1. 谈判主体的需要和谈判者个人的需要

在采购谈判中，谈判的实际需要，往往是谈判主体的需要和谈判者个人需要的混合体。谈判主体的需要,指的是谈判人员所依托机构的实际需要。这种需要可能是基于企业经营目标、经营理念产生的,也可能是基于企业生产状况、财务状况产生的,甚至是基于竞争对手而产生的。谈判主体需要的固定性较大,改变的可能性不大,对谈判结果有着决定性作用。对谈判主体需要的分析,主要是分析谈判对手企业情况,如对方企业产品的生产、销售、财务、营销等情况。

谈判个人需要,指的是在商务谈判过程中,谈判者个人的需要。谈判者个人需要的灵活性较大,甚至有时候表现得可有可无,但它是谈判顺利进行的关键。对谈判者个人需要的分析,主要从谈判人员的一些基本情况入手,如对方的性格、年龄、兴趣爱好、文化背景等。

2. 谈判对手的个性

英国著名的哲学家弗朗西斯·培根在《谈判论》一文中说:与人谋事,则需知其习性,以引导之;明其目的,以劝诱之;谙其弱点,以威吓之;察其优势,以钳制之。当年,肯尼迪为了前往维也纳同赫鲁晓夫举行首次会谈做准备,曾研究了赫鲁晓夫的全部演说和声明,还研究了能获得的有关这位部长会议主席的其他全部资料,甚至包括他的早餐嗜好和音乐欣赏情趣。当然,绝大多数商务谈判用不着对对方做如此细致的研究。但是,了解得充分总比一无所知好。

一般来说,谈判主体在谈判目标的制定上,都会赋予谈判人员一定的灵活性。如何利用谈判者的个性特点,有效影响对方谈判人员,使其降低原来的目标,就显得非常重要。了解谈判者的个性特点,可以从其基本情况入手,包括其年龄、家庭情况、个人简历、知识层次、收入水平、业余爱好和兴趣等。通过这些基本情况的分析,可以大体上考察谈判人员的个性特点,然后制定相应的对策。

(二)分析谈判对手的资信状况

谈判对手资信主要包括对方资产和信誉的评估及分析。对资产分析是为了确认对方有足够的支付能力,对信誉的分析是为了确保对方能按时足量地履行合同协议。对谈判对手资信状况分析的全面性和准确性,会对商务谈判最终的实施情况产生重大影响。

1. 对谈判对手的资产状况分析

对谈判对手资产状况分析,主要是审查分析对方的财产规模和财务状况,识别其资产的真实性和资产的属性。

识别资产的真实性,即谈判对手是不是具有独立的法人资格。按照相关法律,只有本身具有独立的法人资格,才能以公司的名义进行各类法律活动。而现实生活中,常常出现那种虚构资产、虚构法人资格的现象。如不具有法人资格的分公司对外签约、无权代表母公司的子公司打着母公司的牌子虚报资产等现象。

资产的属性,主要是指资产的归属。与不同资产属性的主体谈判,碰到的问题会有很大差异。如国有企业由于其资产属于国家,领导作出决策时要征询相关部门的指示;私营企业由于其资产属于企业主,在做决策时,企业主有很大的自主权;合资企业的资产则涉及不同的主体,其决策更复杂。了解了资产的属性,才能在商务谈判中做到心知肚明,降低风险。

2. 对谈判对手的信誉状况分析

商业信誉是企业形象的重要组成部分。与知名度和美誉度不高的企业签约,其风险要比商誉好的企业高很多。所以,对对方的商业信誉要给予高度重视。

谈判者在对方信誉分析过程中,要尽量收集能够反映对方在以往商务活动中信誉状况的资料,包括对方的经营历史、经营作风、产品市场声誉、与金融机构财务状况、与其他公司或企业之间的交易关系等。

(三) 分析谈判对手的时限

谈判时限是指谈判者完成特定的谈判任务所拥有的时间。谈判时限与谈判任务量、谈判策略、谈判结果有重要关系。

谈判者需要在一定的时间内完成特定谈判任务,可供谈判时间的长短与谈判者的技能发挥状况成正比。时间越短,对谈判者而言,用于完成谈判任务的选择机会就越少;时间越长,则选择机会就越多。了解对方谈判时限,就可以了解对方在谈判中会采取何种态度、何种策略,己方就可以制定相应的策略。在大多数谈判中,绝大部分的进展和让步都会到接近最后期限的时候发生。因为只有到接近期限的时候,才有足够的压力逼迫谈判者作出让步。

因此,对谈判者而言,最好不要让对方知道自己的谈判期限,否则,他们就可以很轻易地操纵你的情绪,使你不安,使你渴求协议,甚至接受对方不合理的要求。

（四）分析谈判对手的权限

谈判权限,是指谈判主体和谈判者在谈判中拥有决策权的大小。谈判权限分谈判主体的谈判权限和谈判代表的谈判权限。

分析谈判对手的权限,最主要是看其是否具有谈判主体的资格。谈判主体的资格,是指能够进行谈判,享有谈判的权利和履行谈判义务的能力。如果谈判对手具有谈判主体的资格,其权限就可以承担谈判的后果,有完成谈判的能力;如果谈判主体不合格,将直接导致谈判无法进行,或者使已经完成的谈判归于无效。

第八章 拓展阅读

为避免因谈判主体不合格而导致谈判的失败,谈判之前应通过直接或间接的途径,审查对方的主体资格。要求对方提供谈判必须具备的证件和材料,包括自然人身份证件、法人资格方面的证件、资信方面的证件、代理权方面的证件等。

宁波电容器厂技术引进谈判

一、引进前的概况

宁波电容器总厂的前身是一个生产交流电容器的集体企业,主要为洗衣机、风扇、空调器等家用电器配套服务。随着家用电器的迅速发展,用户对该厂原生产的油浸纸介电容器的质量和使用寿命要求越来越高。该厂经过市场调查和分析,预测油浸纸介电容器必将被自愈性能好、体积小、成本低的金属化聚丙烯交流电容器所代替。但是,在该厂试制这种换代新产品的过程中发现,要达到 IEC 国际标准和向日本的 JIS 标准看齐,国内的设备条件还不具备。主要是铝蒸发设备效率低,缺乏专用的喷金设备,卷线机的质量和效率达不到要求等。根据这些情况,该厂决定进行技术改造,从国外引进 14 台关键设备。方向看准了,就全力以赴,前后经过两年多的时间,顺利地完成了这一改造项目。

二、谈判前的充分准备

1. 大量的调查研究

进行技术改造和引进关键设备,可以有多种不同方案,也可以与不同国家的不同厂商谈判引进。这里需要做好充分的可行性研究工作,包括了解引进对方的技术、设备、质量和服务状况,本厂能否消化吸收,而且要询价和分析引进后的经济效益,进行财务评价。在这些方面,该厂在厂长领导下做了大量的准备工作。

为了确定技术改造方向,该厂在国内调查了 41 家用户,访问了 3 家研究所和两所大专院校,着重了解用户的需求、发展前景和技改情况。在明确了生产金属化聚丙烯交流电容器后,为了确定引进哪家厂商的设备,又从上海和北京的科技情报所收集了大量关于意大利、日本、原西德三国的设备样本、说明书等资料,并与三国的厂商进行接触、询价和报价,然后按性能价格比等进行分析比较。并实地考察了国内引进的同类型设备,如参观太原电解铜厂引进并已投产的日产 WED-1050 型铝真空蒸发装置,详细了解他们引进中的经验教训和存在的问题。

为了做到心中有底,该厂广泛向国内外专家请教,专门邀请沈阳金属材料研究所韩耀文副教授为技术顾问,请他详细介绍参加阜新无线电元件二厂订购日本 EWC-060 型铝真空蒸发装置的成交情况,以及谈判中的技术关键和细节问题。

该厂在掌握了大量信息资料和具体情况的基础上,初步确定日本真空株式会社、原西德 LH 公司和日本后腾电容器制作所为进一步了解谈判的对象,分别制订了回收期等静态与动态经济指标。结论是这一项目在技术上先进可行,在经济上合理有效,对宁波电容器总厂的发展会起到极大的促进作用。

2. 技术交流和谈判准备

在项目建议书和可行性研究报告先后经上级批准的前提下,该厂采取多种方式进行了技术交流。例如,邀请日本后腾电容器制作所技术课长永山信彦来厂,就金属化聚丙烯交流电容器生产的关键设备、专用设备、仪器等的性能特点进行了两天的交流。后来,聘请他为该厂技术顾问,每年来厂一次,进行指导。永山信彦实际上就是后腾电容器厂的老板之一,他对中国比较友好,主动提出每年接受3名宁波电容器厂员工到日本他们的厂里免费培训3个月。又如,该厂在上海、北京与日本、原西德的专家多次交流关于真空锁膜机的有关事宜。通过交流搞清了该厂新产品试制过程中遇到问题的症结所在,也明确了原西德LH公司和日本真空株式会社生产的大型真空锻膜机的许多技术问题,以及报价中所含水分情况和可能让步的幅度,为以后与日本真空株式会社等进一步的正式谈判提供了依据。

除了以上准备以外,该厂对外商在正式谈判中可能提出的要求和条件也做了充分的估计和准备,包括从与日方谈判过的沈阳真空技术研究所所长那儿,详细了解了日本真空株式会社谈判负责人小西忠一的履历、性格和脾气,与其谈判中应注意的事项和采取的策略等;通过技术顾问韩耀文副教授了解到阜新无线电元件二厂EWC-060型设备成交价格为60万美元及其谈判中的关键技术问题。

然后,该厂组织了以中国电子技术进出口公司上海分公司进口部业务员为主谈人,该厂厂长为副主谈,有关技术方面负责人和翻译共5人组成的谈判班子。并且制定了几个可行的谈判方案。包括确定己方可以接受的谈判条件;在哪些情况下,可以作出适当的让步以及让步的幅度和界限;在哪些情况下,绝对不能让步等。

三、正式谈判

准备工作做得充分后,心中踏实,谈判中就容易做到有理、有利、有节。该厂与日方前后进行了5轮会谈,最后取得了谈判的成功。这里以EWC-060型设备的加工谈判为例,说明如下。

日方第一轮关于银真空蒸发设备报价是84万美元,比不久前给阜新无线电元件二厂的同样设备高出40%。中方认为价格太高,在进入第三轮谈判时,日方报价降至79万美元下降6%。在第四轮谈判中,中方就阜新元件二厂与日方的成交价格以及我方与原西德公司谈判的进展情况,阐明了己方的观点,而后日方提出要求66万美元。在第五轮谈判中,中方坚持按低于阜新元件二厂价格的1%的意见,即59.4万美元(下降29.3%),最后获得了日方的同意,比谈判前预期的下降幅度25%又下降了43%,取得了较大的利益。

对于其他引进设备,如大型真空锁膜机、自动卷绕机、切膜机、喷金机、环氧自动浇注机、自动平衡西林电桥等都经过类似的谈判,均取得了成功。不仅是价格合理,而且技术上要比国内同类型设备先进得多。如该厂引进的大型真空锁膜机达到了国际上20世纪90年代后期的水平,蒸发层厚度有横向和纵向自动控制,蒸发源采用高频感应式加热,蒸发层均匀性,功效比国产设备高23倍。而且这些引进设备的工艺过程均不存在环境污染问题,完全符合环境保护要求,安全卫生设施齐全。

谈判结束,双方签订合同后,该厂抓紧实施,使技术改造项目早日运行。该厂及时做好设备安装的前期工作,及时完成了国内配套设备、动力设备、管道系统的布局及埋设等。在引进设备到港前,他们就做好了准备,设备卸下就及时装运回厂。当时正值春节前夕,厂长亲自到上海港负责组织抢运,春节期间也不休息。

从设备到货、拆箱、安装、调试、试生产,直到正式投产,他们抓紧每一环节,制定措施方案,一环紧扣一环,保证质量和进度,这些都为以后的顺利投产创造了条件,而且赢得了时间。

最后经过验收,全部达到合同规定的要求,形成年产金属化聚丙烯交流电容器CBB60型和CBB61型各180万只的生产能力。

四、效益显著——谈判成功的重要标志

宁波电容器总厂引进设备后,投产不到一年,已经收到了显著的经济效益,达到当年引进,当年验收当年投产,当年见效,当年还贷的预期目标。

该厂技术改造项目固定资产总投资金额为404.4万元,其中引进部分为344.4万元,国内配套部分60万元。按各年利润计算,投资回收期仅18年,比原计划提前还清贷款,并由于产品质量提高,也为产品出口创造了条件。

问题：在上述案例中，中方为什么能够取得谈判的成功？

资料来源：刘园国际商务谈判—理论.实务.案例.北京：中国商务出版社，2005。

 思考与练习

一、名词解释

1. 个人谈判
2. 团队谈判
3. 谈判地点
4. 管理幅度

二、选择题

1. 以下哪种不是虚拟谈判的规则（　　）。

   A. 避免表达你的信息时过度情绪化

   B. 使要约与反要约同步化

   C. 抵制使用不道德战术的诱惑

   D. 访问实时的产品、价格、存货和交货信息

2. 支持谈判所需要的主要资源有（　　）。

   A. 人力　　　B. 财力　　　C. 时间　　　D. 信息

3. "在家"谈判的优势（　　）。

   A. 熟悉环境、设施、文化等　　　B. 能够利用更多资源

   C. 支持网络近在咫尺　　　D. 在议价中处于不利地位

4. 团队工作的优点（　　）。

   A. 改善工作和绩效　　　B. 促进沟通

   C. 促进协作　　　D. 激励个体

5. 适宜采用虚拟会议的情形（　　）。

   A. 存在无法解决"在家和离家"的问题

B. 各方地理上相距遥远

C. 可提供进行远程或"虚拟"会议的电信和ICT工具

D. 财务支持薄弱

三、简答题

1. 在谈判时,在房间布置和环境方面应考虑什么因素。

2. 请列出"虚拟会议"的优点。

四、论述题

为什么我们常用的谈判形式是团队谈判而不是个人进行谈判?

第九章

采购谈判的各个阶段

1. 了解谈判各阶段的步骤和内涵
2. 掌握谈判前计划和准备的原则和方法
3. 掌握谈判开场、试探、提议、议价的原则和方法
4. 认识协议的签订原理

和谐关系、试探、提议、议价

第一节 采购谈判的各个阶段

在采购谈判的过程中,我们通常以时间序列的线性方式来分析谈判,把谈判过程细分为一个由各个阶段组成的进程,即从谈判准备到谈判成功签署合同的发展历程。关于这些阶段是什么、怎么对它们进行细分等有许多不同的模型。

关于谈判的阶段,不同的学者采用了不同的模型进行了描述,有部分学者按照谈判各阶段的不同谈判内容以及谈判者在每个阶段进行的不同活动,对谈判进程进行了分类,分别是:谈判前的准备、谈判互动以及谈判后的跟进,图9-1的模型描述了这种分类方法下的谈判过程。

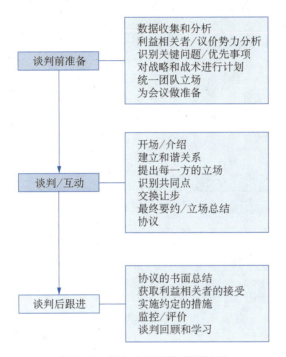

图9-1 以内容区分的谈判过程

也有专家对谈判的阶段有不同的划分,在图9-2的模型中,专家以会议的处理作为区别谈判进程的一个方法,同时,也考虑到了处理一个谈判的单线程和处理多个谈判的多线程,它们之间流程的区别。

还有一些专家学者以谈判的方法区分了谈判的各个阶段,该模型显示了整合性谈判的各个阶段与分配性谈判的各个阶段的区别,如图9-3所示。

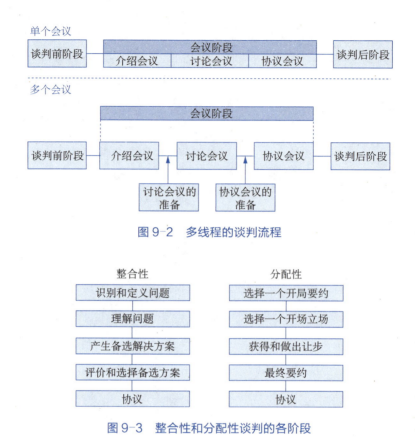

图 9-2　多线程的谈判流程

图 9-3　整合性和分配性谈判的各阶段

第二节　采购谈判前的计划

一、制订谈判计划

谈判计划是谈判过程的初始阶段,包括在对交易内容进行可行性调查研究的基础上进行的计划以确定谈判主题,明确谈判要点,挑选谈判人员,草拟谈判方案以及制定谈判措施等。通常,谈判的准备工作就是要制订一个简明、具体而又有弹性的谈判计划。谈判计划要尽量简洁,但也要根据实际情况。如果谈判内容复杂,条款繁多,则应当制订一个相对完备而又条理清晰的计划进行区别对待;如果谈判内容较少,则谈判计划应制订得简单明快。这些都是为了便于谈判者记住主要内容,使计划的主要内容和基本原则能够清晰地印在他们的大脑里,进而在谈判中做到得心应手地与对手周旋,并随时与计划进行对照。

制订一个全面、具体的谈判计划,能确保自己谈判总体思想的实现。例如:准备提交对方的文件,一般情况下,如果对方首先提出了谈判要点,谈判小组就应按照要求准备一份书面材料进行答复。如果事先没有计划安排或是一个很粗糙或不完整的计划,往往会使己方在谈判桌上漏洞百出,十分被动,将很难实现预期目标。谈判计划的制定时,需要做以下准备工作:需要收集充足的信息,以便建立谈判立场和预见对方立场;需要考虑利益相关者的需要和担忧,尤其是在追求双赢或整合性方法时更是如此;需要有谈判团队成员的互相协调,以便使个人的贡献彼此支持,而不是彼此抵触;需要准备可能出现的突发事件或意外情况,根据情报做好预案,其中包括最好和最坏的情况;需要确保团队对最低可接受条款、什么可谈或可让步、什么不可谈或不可让步等达成一致。

二、准备谈判的五个关键问题

采购谈判形势错综复杂,瞬息万变。要在复杂的形势下保证谈判顺利进行并实现既定目标,就需要谈判者审时度势,制定并运用相应的谈判策略。在长期的实践中,人们总结出许多有关谈判策略,这些策略至今仍广泛运用于许多谈判中。

采购谈判策略是根据形势发展而制订的行动方针和斗争方式,具体从谈判人员来说,采购谈判策略可以理解为根据谈判战略目标的要求和谈判情况的变化,灵活地贯彻实施谈判战略所采取的措施的总和。而谈判策略是在可以预见和可能发生的情况下采取相应行动和对策。制订商务谈判策略的步骤是制订策略所应遵循的逻辑顺序。其主要步骤如下。

(一) 了解影响谈判的因素

这是制订策略的关键性起点。影响谈判的因素包括谈判中的问题,分歧,事件或情况以及谈判的趋势等,这部分内容前面章节已经阐述。

(二)寻找关键问题

在进行现象分解和科学分析之后,就要求有目的地寻找关键问题并对该问题作出明确的界定和陈述,同时弄清该问题对整个谈判的成功有怎样的影响。

(三)确定目标

目标是根据现象分解和关键问题分析得出的结论。

(四)形成假设性的解决方法

这是制订策略的一个核心与关键步骤。对假设性的解决方法要求是既要能满足目标,又能解决问题。

(五)对解决方法进行深度分析

对各种假设方法根据"可能"与"有效"的原则进行排列和选择。

(六)成具体的谈判策略

在深度分析得出结果的基础上,对拟订的谈判策略进行评价,得出最终结论。

关于寻找关键问题,成功的谈判者往往要对这个阶段投入相当的时间和精力。在进行有效的商务谈判之前,谈判策略的制定者首先要问以下五个问题。

(1)我们想要什么?

这个问题是指谈判的具体事项或具体问题以及谈判目标,即对于每个具体事项或问题,我们想要什么样的结果。例如:有竞争性的或更低的价格,更大的折扣或缩短供应前置期,改进质量,改善与供应商的关系等。这些问题的组合称为议价组合。

(2)我们每个"想要的"的东西对我们有何价值?如何体现?

换言之,如果不是所有的问题都能解决,那么各问题和目标的优先排序是什么？例如，如果最近供应商供货出了严重的质量问题，那么最优先考虑的肯定是质量改进，同时，前置期也是需要考虑的，但不以质量为代价，更低的价格可能是最后要考虑的，当然，能实现最好，但是在当前背景下这个问题的解决不是必需的。这种优先排序等级必须在制定谈判议程和定义谈判目标时有所体现。

（3）为什么这是我们想要的东西？换一个东西可以替代吗？

最重要的是，要理解需要、业务需求、驱动因素、利益相关者的影响。在分配性谈判中，这方面的信息将有助于一方预见另一方的需要与欲望，可以用来获得议价的能力或做好克服困难的预案。在整合性谈判时，这方面的信息是透明的，目的是找到真正满足双方需要和利益的方案，从而获得双赢的结果。

（4）谈判时，我们的切入点是什么？

这个问题指谈判的起点，在分配性谈判中，这是指对自己立场、目标结果的公开陈述，一旦对此进行了陈述，这就成了你可能获得的最好结果，因此必须审慎的处理。分配性谈判一般都从极端切入点开始，以便为向中间移动留出空间，也就是我们通常所谓的"漫天要价"。在整合性谈判中，切入点可以是识别和定义需要谈判的事项或问题，通过讨论和协商，共同对此进行提炼、再定义或替换。

（5）我们的退出点是什么？

换言之，在该点上，谈判的结果还不如终止并选择另外一个选项。在退出点上，设定一个备选计划，这样可以保证谈判者将自己带入一个不利的，将来会后悔的，或关键利益相关者不接受的交易。

三、准备谈判议价组合

谈判双方在确定好谈判问题后，要制定谈判的议价组合，即描述有关一个给定谈判议程的所有问题：①议价组合中问题或事项的优先排序；②确定哪些问题相关联以及哪些问题是单独的问题。

议价组合至关重要，谈判双方要想达成谈判协议，最为关键的是，在谈判准备阶段的信息收集中和在谈判的进程中，想尽一切办法去明确或者创造己方和对方的利益、需求和兴趣,并找出这些利益、需求和兴趣的排序,还要让对方明白我方的利益、需求和兴趣,以及这些的排序,同时让对方知道我方明白他们的利益、需求和兴趣,以及这些排序。

  因为彼此的利益、需求和兴趣决定了谈判在各个议题上的议价空间,利益、需求和兴趣的排序决定了双方的共同利益和不等价交换利益。举例说明:甲乙双方就某批材料交易谈判,双方围绕价格和采购量这两个议题来谈判,甲方为卖方,乙方作为买方,双方都明白各自在价格和采购量上的目标和要求,买方乙方开价采购200吨,要求价格为76元/吨,甲方刚开始不接受这个价格,甲方首先明确价格当然很重要,但是在市场竞争下,如果买方能采购更多数量的话,价格可以降下来,所以甲在价格和采购数量这两个议题上,排序分别是先数量后价格,这个信息很关键,也必须传递给乙方,乙方排序为只要价格合适,采购数量可以增加,那么双方就找到了契合利益,这个例子非常简单朴素,无论在任何谈判中,双方都要想办法去获取和创造自己和对方在各议题上的利益排序,否则谈判不可能谈成一揽子方案,同时也要注意,谈判双方很可能并不知道自己在各议题上有让步的空间,如果一方不清楚自己在各议题上的价值排序,那么另一方要去引导它们。

  表9-1列出了一些常见的问题内容,是谈判双方都会关注的内容,在谈判之前,双方均需要确定议价组合的优先排序。

表9-1 谈判可供选择的议价组合

价格	交货	合同
定价协议	交货/完工时间	合同类型和定价
价格复核机制	减少前置期	使用分包商
价格调整	未达到里程碑目标的补救措施	付款
支付条款	服务水平	健康与安全问题
分期付款	未能按规定时间交货的损失赔偿	纠纷的解决
折扣	运输问题	知识产权和保密性
付款奖励		不可抗力
分担成本的依据		终止权利

第三节 开场阶段

开场阶段,是指双方谈判人员见面入座后开始洽谈,到话题进入实质性内容之前的阶段。这个阶段的主要工作是建立良好的洽谈气氛、交换各自的意见和做开场陈述。

一、建立良好的谈判气氛

任何谈判都是在一定的气氛下进行的。每一次商务谈判都有其独特的气氛,有的冷淡、对立;有的松弛、拘谨。不同的谈判气氛影响着谈判的发展变化。例如,热烈、积极而友好的谈判气氛,会把谈判朝着达成一致的协议方向推动;而冷淡、消极而对立的谈判气氛又影响谈判人员的心理、情绪和感觉,从而引起相应的反应,如果不加以调整和改变,就会强化那种气氛。因此,在谈判一开始,要建立一种合作的、诚挚的、轻松的、认真的和解决问题的谈判气氛,这对谈判可以起到积极和有力的推动作用。建立良好谈判气氛的作用:(1)有助于你与另一人之间在共同点上建立信任和信心;(2)可以创造一个理由让人们接受你,或做你想要他们做的,因为他们喜欢你;(3)可以克服因势力失衡和利益冲突所产生的一些障碍。

阅读案例 9-1

二、交换意见

在双方谈判人员相继入座后,谈判开始。双方要互相介绍每个谈判小组成员的情况,包括姓名、职衔以及在谈判中的地位和作用。

(一)讨论议程

在进行实质性谈判之前,双方最好就谈判计划里的目标和议程先取得一致意见。

1. 目标

目标即双方为什么坐在一起谈判,要解决什么问题。如:心探讨双方利益之所在;寻找共同获利的可能性;提出或解决一些过去悬而未决的问题;达成原则性的协议;检查合同及执行进度;解决有争议的问题等。因此,谈判的原因可能是其中一个或几个。

2. 议程

为了保证谈判的顺利进行,双方要共同制定一个切实可行的谈判日程表,确定每天讨论的内容,初步地确定谈判的进度,制定双方必须遵守的规则。在谈判的日程中,可适当列入参观、游览等项目,以活跃气氛,增加感情。在此期间需要注意以下六个问题。

(1) 在进入正式谈判之前,短暂的停顿是必要的。通常情况下,双方坐定并整理好自己的文件,这需要一段时间(也许 10 分钟),但不能有太长时间的停顿与犹豫。

(2) 如果双方已坐稳,在片刻停顿后,就需要有个人先讲,不要出现冷场的情况,要使会谈有一个轻松的开端。除非客人很快主动讲话,一般情况下都是作为东道主的谈判组人员首先开场。例如,"我们可否先就会谈的日程协商一下?"

(3) 在双方还没有就谈判的目标等问题达成一致前,不要过早涉及具体问题。例如,双方一开始就对价格问题加以讨论。这样双方容易产生分歧,不利于谈判的顺利进行。

(4) 为了保持良好的谈判气氛,使谈判顺利进行,尽力做到双方享有均等的发言机会,谈话时间与倾听时间基本相等,陈述要简短,切忌滔滔不绝。

(5) 谈判问题的确定,确定谈判议题首先要明确己方要提出哪些问题、要讨论哪些问题。要把所有问题全盘进行比较和分析:哪些问题是主要议题,列入重点讨论范围;哪些是非重点问题,作为次要讨论问题;哪些问题可以忽略,这些问题是什么关系,在逻辑上有什么联系。还要预测对方要提出哪些问题,哪些问题是需要己方必须认真对待、全力以赴去解决的,哪些问题是可以根据情况作出让步的,哪些问题是不予以讨论的。

(6) 谈判议题的顺序,谈判议题的顺序有先易后难、先难后易和混合型等几种安排方式，可以根据具体问题选择。先易后难，即先讨论容易解决的问题，以创造良好的洽谈气氛，为讨论困难的问题打好基础。先难后易，是指先集中精力和时间讨论重要的问题，后解决次要问题。混合型，即不分主次先后，把所要解决的问题都提出来进行讨论，经过一段时间以后，再把所有要讨论的问题归纳起来，将统一的意见予以明确，再对尚未解决的问题进行讨论，以求得一致意见。

有经验的谈判者，在谈判前就能估计到，哪些问题双方不会产生分歧意见，较容易达成协议，哪些问题可能有争议。有争议的问题最好不要放在开头，它会影响后面的谈判，因为它既有可能要占用较多的时间，也有可能影响双方的情绪。有争议的问题也不要放在最后，放在最后时间可能不够，而且谈判结束前还会给双方留下一个不好的印象。有争议的问题最好放在谈成几个问题之后或在谈最后一两个问题之前，也就是说在谈判中间阶段解决较难的问题。谈判结束之前最好谈一两个双方都满意的问题，以便在谈判结束时创造良好的气氛，给双方留下美好的回忆。在商谈谈判目标、制定谈判议程的过程中，双方要互相尊重，共同协商，并施展技巧迅速取得一致的意见。要多用商量的口气。例如，"我们是否先就谈判议程取得一致的意见"或"您是否同意？"等。

（二）开场陈述

1. 开场问题的界定

在开场阶段，首先需要界定整合性谈判的开场问题时所涉及的要素。

（1）以双方可互相接受的方式定义问题。为了使问题得到积极解决，双方必须致力于以中性词语陈述问题。

（2）问题的陈述应当应着眼于实用性和综合性，应侧重于核心问题并避免离题。

（3）将问题作为一个目标进行陈述，并指出实现这一目标的障碍。

（4）应消除问题的个性化，力争不带个人偏见的思考，并且不要假设己方的观点天生就高出对方一等。

（5）将问题界定与寻找解决方案分开。

（6）寻求理解问题。

2. 开场陈述的内容

开场陈述的内容主要包括谈判双方在开始阶段理应表明的观点、立场、计划和建议。具体来说它往往主要包括以下三个方面。

（1）己方的立场。

即己方希望通过谈判应取得的利益，其中哪些又是至关重要的；己方可以采取何种方式为双方共同获得利益作出贡献；今后双方合作中可能会出现的成效或障碍；己方希望当次谈判应遵循的方针等。

（2）己方对问题的理解。

即己方认为当次会谈应涉及的主要问题，以及对这些问题的看法或建议或想法等。

（3）对对方各项建议的反映。

如果对方开始陈述或者对方对己方的陈述提出了某些建议，那么己方就必须对其建议或陈述作出应有的反映。

总之，在开场陈述中，必须把己方所持有的对当次谈判所涉及的内容、观点、立场和建议向对方作一个基本的陈述。因此，谈判者所采用的陈述方法往往应是"横向铺开"而不是"纵向深入"地就某个问题深谈下去。

3. 开场陈述的原则

在开场陈述中要给对方充分搞清己方意图的机会，然后听取对方的全面陈述并搞清对方的意图。为此，在陈述中可遵循的原则如下。

（1）开场的陈述要双方分别进行，并且在此阶段各方只阐述自己的立场、观点而不必阐述双方的共同利益。

（2）双方的注意力应放在自己的利益上，不要试图猜测对方的立场。

（3）开场陈述是原则性的而不是具体的。一般来说，开始阶段的谈判任务是向着横向而不是纵向发展，也就是说，只洽谈当次谈判中的原则性问题和陈述己方的基本立场、观点和建议，而不是就某一个具体问题作深入谈判。

（4）开场陈述应简明扼要，通俗易懂。这样既可避免对方误会，又可使双方有机会立即交谈下去，还可避免被冗长繁琐的发言搅昏头脑而影响谈判气氛。

（5）对方陈述时不要插言，待其陈述完毕后，再进行提问，只有待到问清对方的意图后，方才陈述己方的建议和立场。

4. 开场陈述的顺序

开场陈述的先后，即谁先陈述，也要加以考虑，因为最初的发言是很重要的，它往往决定了谈判的整个基调。

（1）争取先陈述。谈判一方首先发言，这样该谈判方就可以充分利用机会说明己方的观点，对对方的目标进行影射，表明己方已摸清其情况。需要注意的是，在陈述时不要做冗长的详细的独白，更不要过早地亮出己方的底牌。继续制造令人信任的气氛以消除对方的疑虑，让对方感到己方是可信赖的，他们是同一些正直的人打交道，以便顺利转入会谈。

（2）保持沉默。谈判一方可先听取对方的陈述，借以了解对方的利益所在及期望。例如，许多同美国人打交道的人认为，对于沉默，美国人简直不知怎么对付，他们难以忍受沉默寡言，在死一般的寂静之中，他们会感到不安、忙乱、惊恐，就会不由自主地唠叨起来。他们可能言不由衷，也有可能泄露许多对方急于获得的信息。因此，如果与美国人打交道，就可以采用此方法，耐心等待，以微笑、文雅的态度守株待兔。

当然，究竟谁先陈述要根据具体情况而定，并取决于双方谈判人员的性格和自信心。

5. 开场陈述的方式

陈述的方式应当是诚挚的、轻松的，能够加强已经建立起来的协调的、友好的谈判气氛。正式的商业味十足的陈述最好以诚挚的和轻松的方式表达出来，结束语需特别斟酌，其要求是表明己方陈述只是为了使对方明白己方的意图，而不是向对方挑战或强迫对方接受。例如，"我是否说清楚了""这是我们的初步意见"就是比较好的结束语。

6. 对对方开场陈述的反应

对于对方的陈述，己方所要做的有三个层次的内容。

（1）倾听。听的时候思想要集中，不要把精力浪费在寻找对策上。

（2）要弄清对方陈述内容。如果有不清楚或不明白的地方要及时向对方提问。

(3) 善于归纳对方所讲的内容,即要善于思考理解对方开场陈述的关键问题。

在双方分别陈述后,谈判双方开始进行实质性谈判,一般依次经历试探与提议(报价)阶段、议价(磋商)阶段和协议(成交)阶段。

总之,在谈判开场阶段,可以通过以下有效行为,来促进双方的理解与沟通:①建立和谐关系;②果断沟通,清楚地陈述己方的开局立场,展现冷静和自信;③如果对对方问题存在疑问,用提问的方式诱使另一方提供信息和进行澄清;④积极和有效地倾听,以便从另一方获取更多信息;不仅仅要理解对方谈话内容,还要通过对方的肢体语言解读对方的暗示和意图;⑤可以采用促进沟通的行为,如检查是否理解对方的信息、澄清、要求提供信息、总结各个讨论部分;⑥使用语言和非语言"信号"来调节另一方,设定基调,发出己方的意图等信号;⑦创造一个有助于达成协议的氛围。

阅读案例 9-2

第四节 试探和提议

一、试探

试探是验证谈判团队假设的过程,而它们的谈判战略和战术是基于这些假设。假设在谈判中是一些最危险的东西,谈判双方一定是带着各种假设走到谈判桌旁的,所以,在开始正式谈判前,一定要对这些假设进行检验和验证。

(一) 试探的内容

(1) 对在准备和计划阶段提出的假设进行测试和确认。

(2) 试探另一方的立场、他们的合作意愿、他们拒绝或采取不灵活态度的意图。

（3）澄清所陈述的问题，以及另一方给予他们的重要性。

（4）设法确定接下来是否会出现任何意外，另一方是否会推出我们在计划时未考虑新信息。

（二）试探的技巧

在商务谈判中，对方的底价、时限、权限及最基本的交易条件等内容，均属机密。谁掌握了对方的这些底牌，谁就会赢得谈判的主动。因此，在谈判初期，双方都会围绕这些内容施展各自的试探技巧，下面就有关技巧做一些介绍。

1. 火力侦查法

先主动抛出一些带有挑衅性的话题，刺激对方表态，然后，再根据对方的反应，判断其虚实。比如，甲作为买方向乙提出了几种不同的交易品种，并询问这些品种各自的价格。乙一时搞不清楚对方的真实意图，甲这样问，既像是打听行情，又像是在谈交易条件；既像是个大买主，又不敢肯定。面对甲的期待，乙心里很矛盾，如果据实回答，万一对方果真是来摸自己底的，那自己岂不被动？但是自己如果敷衍应付，有可能会错过一笔好的买卖，说不定对方还可能是位可以长期合作的伙伴呢。

在情急之中，乙想：我何不探探对方的虚实呢？于是，他急中生智地说："我是货真价实，就怕你一味贪图便宜。"我们知道，商界中奉行着这样的准则："一分钱一分货""便宜无好货"。乙的回答，暗含着对甲的挑衅意味。除此而外，这个回答的妙处还在于，只要甲一接话，乙就会很容易地把握甲的实力情况，如果甲在乎货的质量，就不怕出高价，回答时的口气也就大；如果甲在乎货源的紧俏，就急于成交，口气也就显得较为迫切。在此基础上，乙就会很容易确定出自己的方案和策略了。

2. 迂回询问法

通过迂回，使对方松懈，然后乘其不备，巧妙探得对方的底牌。在主客场谈判中，东道主往往利用自己在主场的优势，实施这种技巧。东道方为了探得对方的时限，就极力表现出自己的热情好客，除了将对方的生活做周到的安排外,还盛情地邀请客人参观本地的山水风光,领略风土人情、民俗文化,往往会在客人感到十分惬意之时,就会有人提出帮你订购返程机票或车船票。这时客方往往会随口就将自己的返程日期告诉对方,在不知不觉中落入了对方的圈套里。至于对方的时限,他却一无所知,这样,在正式的谈判中,自己受制于他人也就不足为怪了。

3. 聚焦深入法

先是就某方面的问题做扫描的提问,在探知对方的隐情所在之后,然后再进行深入,从而把握问题的症结所在。例如,一笔交易双方谈得都比较满意,但乙还是迟迟不肯签约,甲感到不解,于是他就采用这种方法达到了目的。

首先,甲证实了乙的购买意图。在此基础上,甲分别就对方对自己的信誉、对甲本人、对甲的产品质量、包装装潢、交货期、适销期等逐项进行探问,乙的回答表明,上述方面都不存在问题。最后,甲又问到货款的支付方式,乙表示目前的贷款利率较高。甲得知对方这一症结所在之后,随即又进行深入,他从当前市场的销势分析,指出乙照目前的进价成本,在市场上免费工资管理系统,即使扣除贷款利率,也还有较大的利润。这一分析得到了乙的肯定,但是乙又担心,免费工资管理系统期太长,利息负担可能过重,这将会影响最终的利润。针对乙的这点隐忧,甲又从风险的大小方面进行分析,指出即使那样,风险依然很小,最终促成了签约。

4. 示错印证法

探测方有意通过犯一些错误,比如念错字、用错词语,或把价格报错等种种示错的方法,诱导对方表态,然后探测方再借题发挥,最后达到目的。

例如,在某时装区,当某一位顾客在摊前驻足,并对某件商品多看几眼时,早已将这一切看在眼里的摊主就会前来搭话说:看得出你是诚心来买的,这件衣服很合你的意,是不是?察觉到顾客无任何反对意见时,他又会继续说:这衣服标价150元,对你优惠,120元,要不要?如果对方没有表态,他可能又说:你今天身上带的钱可能不多,我也想开个张,打本卖给你,100元,怎么样?顾客此时会有些犹豫,摊主又会接着说:好啦,你不要对别人说,我就以120元卖给你。早已留心的顾客往往会迫不及待地说:你刚才不是说卖100元吗?怎么又涨了?此时,摊主通常会煞有介事地说:是吗?

我刚才说了这个价吗？啊,这个价我可没什么赚啦。稍做停顿,又说,好吧,就算是我错了,那我也讲个信用,除了你以外,不会再有这个价了,你也不要告诉别人,100元,你拿去好了！话说到此,绝大多数顾客都会成交。这里,摊主假装口误将价涨了上去,诱使顾客作出反应,巧妙地探测并验证了顾客的购买需求,收到引蛇出洞的效果。在此之后,摊主再将涨上来的价让出去,就会很容易地促成交易。

二、提议

（一）提议

1. 提议的形式

提议是提出克服争议的建议,即提出一种可以克服问题的解决方案。要在议价前对所设定的议题提出建议、要约或解决方案,以供后续讨论,可以采用不同的方式：在分配性谈判中,可以采用要约和反要约的形式,进行反复的讨价还价,将提议融入议价过程中；在整合性谈判中,可以将提议当作一个备选方案,给后续的议价提供参考,而议价过程则是不断产生和评价各种备选方案。

2. 备选方案的产生

备选选项或解决方案可以通过团组的方法加以实现,例如头脑风暴,抛出各种想法,在这个阶段不对它们进行审查、评价或批评等。谈判者还可以留意一些重新界定问题的可能,作为创造新解决方案的手段。

3. 方案的评价

选择方案的评价涉及以下任务。

（1）收窄可选解决方案的范围,侧重于那些某一方强力支持的那些解决方案选项。

（2）在评价选项前,就选项的选择标准达成一致。

（3）提供个人为其偏好进行辩解的机会。

（4）留心无心因素影响,如被认可感、赢家的胜利感。

（5）采用子团队来评价复杂的选项。

（6）暂停工作以便冷静下来。

（二）报价

在任何一笔交易或合作中，买卖或合作双方的报价以及随之而来的还价，是整个谈判过程的核心和最重要的环节，这是因为价格是决定这项交易或合作能否成功的重要方面，它直接关系到交易或合作的经济效益。

1. 报价的起点

在基本掌握了所交易对象的市场行情并对此进行了分析预测之后，谈判人员即可参照近期的市场成交价格，结合己方的经营意图及市场价格的变动情况，拟定出价格的谈判幅度，确定一个大致的报价范围。

谈判者在报价之前，应先为自己设定一个最低可接纳水平。所谓最低可接纳水平，又可称为保留价格，即为最差的但却可以勉强接受的谈判终极结果。例如，作为买方，可以将他购买某种商品的最低可接纳的水平定为300元，即如果售价不高于300元，则他愿意成交；如果售价高于300元，则他宁愿不买。相反，作为卖方，把他要出售商品的最低可接纳水平定为200元，即如果售价不低于200元，则他愿意成交；如果售价低于200元，则他宁愿不卖。

谈判双方在谈判前设立一个最低可接纳水平，有这样几点好处：①可以避免接受不利条件；②可以避免拒绝有利条件；③可以避免在有多个谈判人员参加谈判的场合，谈判者各行其是的行为。

2. 报价的方法

一般来说，报价有三项原则。

（1）报价时，态度要坚决果断，不应迟疑，也不应有所保留。只有这样才会给对方留下你是诚实而认真的交易伙伴的印象，同时显示出你的自信心。

（2）报价要非常明确，以便对方准确地了解己方的期望。如采用直观的方式进行报价，即在宣布报价时，可以使用多媒体等辅助手段，让对方看清楚，以免使对方产生误解。

（3）报价时，不必做任何解释和说明。因为报价者没有必要对那些合乎情理的事进行解释，对方肯定会就有关问题提问，只有这时报价者才有必要加以解释和说明。

3. 报价的顺序

报价的顺序,是指在谈判过程中谈判双方谁先报价。报价先后在某种程度上对谈判结果会产生实质性的影响,因此谈判人员一般对此都比较注意。

一般来说,先报价的有利之处在于,先报价比后报价(即还价)更具有影响力。因为先报价不仅为谈判结果确定了一个无法超越的上限(即卖方的报价)或下限(即买方的报价),而且在整个谈判过程中将或多或少地支配对方的期望水平。因此,先报价比后报价具有更大的影响力。

当然,先报价也有其不利之处,这主要表现在两个方面:一方面,对方听了报价后,因对报价方的价格起点有所了解,可以修改调整他们原先的想法(或报价),从而获得本来得不到的好处。另一方面,有可能对方听了报价后并不还价,却对报价方的报价发起进攻,百般挑剔,迫使其进一步降价,而不泄露他们究竟打算出多高的价。如果是己方人员报价,那么在没有弄清对方的意图之前不要盲目地让步。

那么,究竟是谁先报价呢?这个问题应根据具体情况而定:如果预计谈判将会出现激烈竞争的场合,或是冲突气氛较浓的场合,"先下手为强",即应当先报价以争取更大的影响,争取在谈判开始就占据主动;如果在合作气氛较浓的场合,先报价后报价就没有什么实质性的差别。因为双方都致力于寻找互惠互利的解决方案,不会过多地纠缠于枝节问题,以争取在较短的时间内达成交易。在一般的情况下,发起谈判的一方或卖方会先报价。若对方是行家,自己也是行家,则谁先报价都可以;但对方是行家,而自己不是行家,则后报价对己方较为有利;若对方不是行家,则不论自己是不是行家,先报价对己方较为有利。

4. 对对方报价的反应

在谈判过程中,当对方报价时,己方该如何对待呢?

(1) 不要打断对方报价过程。

如果在对方报价时,你不时地插话,这会使对方报价中断,同时你也听不到对方报价的后面部分。许多人在报价时通常先说出价格,而把让步条件或优惠条件留到最后再说,因此你的插话可能使对方省略了让步或优惠条件。再有,作为普通的社交原则,打断对方讲话是一种不礼貌、不道德的行为,这也会妨碍建立与保持和谐一致的谈判气氛。

(2) 及时明确对方报价内容。

在对方报价之后,最好应马上复述对方报价的主要内容,从而确信你已经真正了解了对方的报价。例如,卖方说:"我们希望以 500 元的价格出售商品。"买方可以说:"您刚才讲售价 500 元,是你的最高要价,对吗?"

(3) 不要马上否决对方报价。

即使对方的报价极不合理,也不要马上予以否决。在谈判中,不论己方有多么充分的理由,立即回绝对方的报价,都是鲁莽草率的行为。明智的做法是,向对方提问,或者告诉对方你需要时间考虑并建议暂时休会。如果己方胸有成竹,那么在对方对其报价加以说明和解释之后,不妨提出己方的看法。或者在仔细考虑对方的报价的基础上,向对方说明其报价中哪些是无法接受的,哪些需要对方重新报价,这样对方就可以知道哪些报价需要进一步斟酌,这种做法有利于谈判的顺利进行。

第五节 议 价

一、议价

(一) 议价

在一般的情况下,当一方报价之后,另一方决不会无条件地接受对方的报价,因此谈判双方会就各项交易条件进行磋商,彼此讨价还价,于是谈判就开始进入议价阶段。

议价阶段,即讨价还价阶段,是指谈判双方为了争取获得有利于己方的谈判结果而就各项交易条件进行相互协商的过程。

(二) 议价的作用

尽管议价会使谈判双方情绪对立,关系紧张,甚至使谈判陷入僵局,但是在谈判过程中一般还是不能缺少它,否则也会引起谈判者的不良情绪(想法、心态),严重的甚至导致身体出现疾病。这是因为讨价还价是谈判过程中的一个重要环节,人们的各种需要(特别是信任的需要)都是通过讨价还价的谈判过程来实现的。也就是说,利益的需要可借谈判结果来满足,而信任的需要和人格的需要则主要是借谈判过程(谈判者的态度和语言)来满足。

阅读案例
9-3、9-4

二、让步

让步是议价的基石,它可以使双方的立场从一个极端立场向中间立场转移。有谈判专家认为:让步是谈判的核心,没有让步就不存在谈判,如果一方不准备让步,另一方就必须屈从,否则谈判就会陷入僵局。

(一) 通过让步建立信任

一种分配性的谈判方法就是采用让步来建立信任。单方面或无条件的让步传递了这样一个信息,双方的持续合作是首要考虑的因素,并相信随着时间推移,双方可以互相满足和获益。但是,采用让步来建立信任,必须要做到以下几点。

(1) 必须公开地确认所有让步,向对方阐明己方付出的代价,以便让对方置于互惠互利的道德义务下。

(2) 为了避免被利用,单方面的让步,必须是成本和风险较低的让步,并且对方接受这些让步对其要有价值。

(3) 尽可能地解释己方作出这些让步的动机,以便减少怀疑。你的立场和预期越合理、正当,对方就越不可能怀疑你在耍阴谋、玩弄手段。

(二) 让步作为交易筹码

有时候,在分配性谈判中,采用让步可以作为交易筹码,来换取对方的让步,值得注意的是,如果采用这种方式,要注意以下要点。

(1) 避免第一个作出让步(示弱表现)。

(2) 根据从另一方获得等值或更大价值让步的情况来确定自己的让步,不要纯粹为了声誉作出让步。

(3) 作出成本对自己尽可能低的让步,获得对手尽可能高价值的让步。

(4) 给人以你作出的让步都是一个大的让步印象。

(5) 尽可能少地让步,以避免产生虚弱印象。

(6) 使对手在早期作出微小让步,以便建立一种可用于以后更重要事项的模式。

(三) 让步模式

在商务谈判过程中,己方作出让步给对方的影响无外乎有三种情况:一是对方很看重己方所作出的让步并感到心满意足,甚至在其他方面也作些松动和让步作为回报;二是对己方的让步不以为然,因而在态度上和其他方面没有任何改变或者松动;三是己方的让步反而使对方认为己方报价有很多水分,他们经过一番再努力己方还会作出新的更大让步。上述三种情况,当然第一种情况最理想,后两种都不可取。

1. 不同让步模式下采购方的反应

买方会分析供应商的让步模式,通常有这样的判断:如果供应商作出具有同等金额的一系列让步,表明供应商还有一定的可操作空间,买方会进一步施压以让其作出进一步的让步;让步幅度越来越小,表明供应商正在接近他的抵制点,如果这不是一种策略,说明不能指望在谈判中获取更多了。图9-4中,供应商采取了三种不同的让步模式,采购方会作出不同的推测(见图9-4)。

(1) 供应商 A 做了四步让步,每一次让步价格是 5 英镑,看来似乎还有很多可以通过寻求进一步让步获得的东西。

(2) 供应商 B 做了三次让步,每次让步的价值分别是 4 英镑、3 英镑和 2 英镑,可能这个供应商已达到他的抵制点了。

(3) 在两次小的让步后,供应商 C 突然作出了一次大的让步(价值 6 英

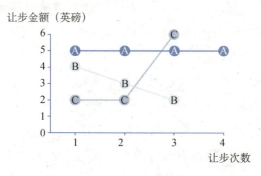

图 9-4　让步模式

镑)。这表明他要么采用了某种战术手法,要么他犯了一个严重错误,并在现在打算纠正错误。

2. 供应商的让步模式选择

假设有一位卖主,在讨价还价中准备降价 200 元,那么他应该如何去做呢?他可以采取以下不同的让步模式均能够达到削价的目的,表 9-2 以卖方的让步为例,说明了商务谈判中常见的八种不同的让步模式。

表 9-2　让步模式一览表

让步模式	最大让步值	一期让步	二期让步	三期让步	最后让步
1	200 元	0 元	0 元	0 元	200 元
2	200 元	200 元	0 元	0 元	0 元
3	200 元	50 元	50 元	50 元	50 元
4	200 元	60 元	20 元	40 元	80 元
5	200 元	80 元	50 元	30 元	40 元
6	200 元	80 元	60 元	40 元	20 元
7	200 元	140 元	10 元	0 元	50 元
8	200 元	160 元	40 元	40 元	40 元

第一种让步模式是一种在让步的最后阶段一步让出全部可让利益的让步方法。这种方法让步方态度果断,有大家风度。适用于对谈判的投资少,

依赖性差,因而在谈判中占优势的一方采用这种方法有可能在谈判中取得较大利益,但由于开始阶段的寸步不让,有可能失去谈判伙伴,具有较大的风险性。

第二种让步模式是一种一次性让步的策略,即一开始就拿出全部可让利益的策略。这种方法态度诚恳、务实、坚定,适用于己方处于谈判的劣势或谈判各方之间的关系较为友好的谈判。采用这种方法有可能打动对方采取回报行为,达成交易;但也有可能给对方传递一种尚有利可图的信息,导致其期望值大增,使谈判陷入僵局。

第三种让步模式是一种等额的让出可让利益的策略。这种方法态度谨慎,步子稳健,适用于缺乏谈判知识或经验的情况,以及在进行一些较为陌生的谈判时应用。这是一种在商务谈判中应用极为普遍的谈判策略。采用这种谈判方法买主不易占便宜,有利于双方充分讨价还价,但谈判效率极低。

第四种让步模式是一种先高后低,然后又拔高的让步模式。这种方法比较机智灵活,富于变化,适用于在竞争性较强的谈判中,由谈判高手来使用。采用这种方法使谈判富有活力且容易争取较大利益,但由于这种策略表现为由少到多且不稳定,容易鼓励对方得寸进尺,继续讨价还价。另外,这种让步模式还容易给对方造成我方不够诚实的印象。

第五种让步模式是一种从高到低,然后又微高的让步模式。这种方法以合作为主,竞争为辅,诚中见虚,柔中带刚,适用于以合作为主的谈判。采用这种方法对买主具有较强的诱惑力,谈判成功率较高。但同时也容易给强硬的买主造成己方软弱可欺的印象,加强对手的进攻性。

第六种让步模式是一种由大到小,逐次下降的让步模式。这种方法比较自然、坦率,符合商务谈判中讨价还价的一般规律,适用于商务谈判中的提议方。采用这种方法易为人们接受,一般不会产生让步上的失误。但由于买主争取到的利益越来越少,故其终局情绪不会太高。

第七种让步模式是一种开始时大幅递减,但又出现反弹的让步模式。这种方法给人以软弱、憨厚、老实之感,因此成功率较高。这种策略适用于在谈判竞争中处于不利境地,但又急于获得成功的谈判。采用这种方法是一种艺术的求和姿态,有可能会换得对方较大的回报。但如果遇到贪婪的对手时,会刺激对手变本加厉,得寸进尺,导致谈判僵局。

第八种让步模式是一种在开始阶段让出全部利益,前三期赔利相让,到第四期再讨回赔利相让部分的谈判策略。这种方法风格果断诡诈,又具有冒险性。适用于陷于僵局或危难性的谈判。采用这种方法技巧性极强,但风险也较大,有可能会损害己方的利益。

以上各种让步模式,各有其特点和利弊,分别适用于不同的特点、内容和形式的商务谈判。因此,谈判人员应根据具体情况进行选择。

(四)让步的策略与技巧

在讨价还价过程中,让步是使谈判得以继续进行并取得成功的常用方法。但由于牵涉到许多因素,例如用什么方式(让步的幅度与节奏),在什么时候(让步的时机),在什么方面(让步的来源或代价),因此在让步时需要进行周密的考虑,制定相应的让步策略,才能获得成功。

1. 让步的方式

(1)一次让步的幅度不宜过大,节奏也不宜太快。

因为让步的幅度太大以及节奏太快,会使对方感到己方这一举动是处于软弱地位的表现,会建立起对方的自信心,提高对方的期望,并使对方在以后的谈判中占据主动。在这种情况下,要让对方作出同等幅度的让步是很困难的。在一般情况下,买方处在比卖方稍为有利的地位,因此买方比卖方的让步幅度稍小一些。即从一开始只做小幅度的让步,并在以后始终坚持缓慢的让步。相反,卖方开始所做的让步可以稍大些,以后再缓慢地让步。经验证明:出价较低的买主,通常也能以较低的价格买入;愿意以较低的价格出售的卖主,通常就会以较低的价格卖出。一次只做少许让步的人,结果对他也较为有利;一次就做较大让步的人,通常都会失败。

(2)让步的幅度与节奏应具有不可预测性。

如果谈判者向对方所做的让步,在让步的幅度与节奏上具有可测性,那么谈判对方就会根据己方让步的幅度与节奏来判断你所做让步的类型,从而易使己方陷入被动的地位。

(3) 不要承诺做同等幅度的让步。

例如,对方在某一条件上向我方做了50%的让步,而己方在另一条件上做了40%的让步。如果对方说,"你方也应该对我方做50%的让步",己方则可以说:"我方无法承受50%的让步"来委婉拒绝对方。

2. 让步的时间

(1) 双方让步要同步进行,以让步换让步。

己方在每一次让步以后,也必须要对方做相应的让步,在对方作出相应的让步前,不能再让步。有来无往,非礼也。当谈判者在商务谈判中采取横向谈判的方式时,谈判双方可以在各个不同的议题上进行利益交换,从而实施互惠互利的让步策略。争取互惠互利的让步,除了与谈判中采取的商议方式有关外,还需要谈判者有开阔的思路和视野。谈判者要将谈判看成一盘棋来走,除了某些本方必须得到的利益外,不要太固执于某一个问题的让步,在一个问题上卡死。

(2) 不要做无谓的让步。

因为让步是为了换取对方在其他方面的相应让步或优惠。而且,让步要让在刀口上,让得恰到好处,使我方以较小的让步能给对方以较大的满足。绝不能以让步作为赢得对方好感的手段,也就是说不要做消极让步而是要做积极让步。

(3) 不要毫无异议地接受对方首次作出的让步要求。

要让对方感到从己方得到让步不是件轻而易举的事,每次作出的让步都是重大的让步,他才会珍惜所得到的让步。因此,做让步时,一定要表现出非常勉强的样子。切莫让对方毫不费力地获得己方的让步,因为从心理学角度来说,人们对不劳而获或轻易得到的东西通常都不加珍惜。

(4) 在实际作出让步之前,不向对方透露相关内容。

经验丰富的谈判人员在决定让步以前,是不会向对方透露让步的具体内容的。在需要做让步的时候并不清楚地说出来,而只为以后的让步露出风声,以期对方作出相应的承诺,这时惯用的说法是:"好吧,让我们暂时把这个问题放一放。我想这个问题过些时候若要解决是不会太困难的。"

（5）灵活选择让步的具体时间。

让步的具体时间可以提前也可以延后，只要能满足对方的要求就行。选择的关键在于让对方能够马上就接受，没有犹豫不决的余地。

3. 让步的来源

（1）设法使对方在重要的问题上先让步，而己方可以在较次要的问题上先做让步。

但应该注意的是，该问题对己方可能是次要的，但对对方却是重大的问题，此时己方对这类次要问题不要轻易作出让步。经验证明，在重要问题上先做让步的人，一般来说都会失败。

（2）尽量作出对己方毫无损失甚至是有益的让步。

这主要表现在谈判者在行为举止上迎合对方自尊的需要，使之产生满足感。例如，注意倾听对方的发言；对待对方的态度温和而有礼貌；尽量给对方以圆满的回答；向他表明他所受到的招待是最高级的；向对方保证未来交易的优待；尽量重复地向对方指出这次交易将会给他完美的售后服务；让自己组织中高级主管与之谈判以抬高其身价；不厌其烦地向对方指出为何根据我方的条件达成协议对他有利；让对方自由地求证我方所说的一切；经常说："我会考虑你方的意见"或"这件事我会考虑一下"之类的话。

这种无所谓让步会产生意想不到的效果，使对方作出实质性的让步。正如莎士比亚所说："人们满意时，会付高价钱。"这是因为许多谈判者并不计较许多非根本利益的得失，而更注意维护自己的自尊。因此，在国际商务谈判中，我们要尽量采取于己无损的让步，发挥其最大的效用。

第六节 协议和结束

谈判双方经过一番艰苦的讨价还价，对所谈判的每个问题都已经谈过并且由于双方的妥协让步而取得了一定的进展。尽管仍存在一定的障碍，但将要达成交易的趋势愈趋明显，这时谈判就进入了成交阶段。

一、达成协议的两种方法

当谈判双方经过一系列的讨价还价之后,双方均意识到可能就所谈交易达成协议。通常,达成协议可以采用横向方法和纵向方法。

(一) 横向方法

横向方法,是指同时提出所有的谈判议题,一起进行讨论。这个议题未能得到解决立即就要讨论下一个,直到所有议题得到圆满解决。然后对谈判的全部内容进行一次性的认可和签字。

这种方法在一定程度上可以避免双方的冲突,又比较审慎和全面,但是难度较大。此外,谈判是一个长期而又复杂的过程,谈判要反复进行多次。因此,在谈判期间要对每一个谈判议题的讨论及进展情况要进行准确的记录,如会谈所提出的问题,所解决的问题,双方达成一致的意见,存在的分歧等。可以将这种会谈记录公布于众。类似这种文件,大多数具有法律效果。一旦在以后的谈判和最终达成协议时,对某些讨论过的问题出现争议,则谈判记录可以作为双方的依据之一。由于人的记忆力毕竟有限,因此作为一名谈判人员一定要重视谈判记录这项工作。只有这样,谈判双方才能有效、友好地达成协议,同时又可避免不必要的争端。

(二) 纵向方法

纵向方法,是指每一次谈判只提出一个谈判议题,双方加以讨论。当该议题的解决方法为双方所接受时,立即用双方通用的语言打印出来,并且注明日期,双方签字。接着再讨论下一个议题。如此反复直到最后一个议题讨论完之后,最终的协议也就完成了。

这种方法比较简便,条理清楚,但是一旦每个议题议定了,就不允许对所确定的协议加以变动或更改,这样使双方不可能有反思和修正自己错误的机会。同时,纵向方法还易使谈判双方陷入对某一议题进行喋喋不休的争论之中,因为该达成协议方法要求谈判双方谈判时每次只能谈某一项议

阅读案例 9-5

题。相对于横向达成协议方法,纵向达成协议方法更容易降低谈判效率、伤害双方的感情和损害双方的关系。

二、签订合同

谈判双方达成协议,也就是要签订书面合同。合同的签订,不仅是衡量国际商务谈判成功与否、其结果合法可行与否的重要标志,而且也是保证和实现国际商务谈判成功的重要形式。因为合同一经签订,就意味着谈判真正取得了成果。谈判各方就要按照合同来履行在谈判中所确定的各自的义务,受到法律约束,从而有力地保证谈判成果的实现。因此,应对合同的签订加以重视。

三、谈判协议结束阶段总结的重要性

(1)可以确保按谈判会议的约定进行最终总结。
(2)基于对正式相互约定的条款和条件的承诺,为持续买方与供应商关系提供了一个基础。
(3)在各批准方的权力基础上,为获得利益相关者对协议的"认同"提供了一个工具。
(4)为行动、责任和义务的分配提供了一个议程,从而所有各方都知道他们需要做什么。
(5)如果跟进、控制和/或纠纷解决等需要的话,会议纪要或总结可起到协议的书面记录和确认书的作用。
(6)可以在不进行进一步讨论的情况下将正式相互约定的要点纳入合同制订。

四、谈判与帕累托效率边界

有时候需要将谈判后如何跟进和改进履约也加入到合同条款,方便双方在后续的履约过程中细化履约流程并不断改进。在一个整合性谈判的供应关系中,加上这些条款显得更加有益,管理这个选项的一个工具就是使用帕累托效率边界,如图9-5所示,图中显示了各个需要管理的要点。

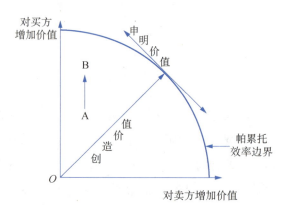

图9-5 创造和申明价值以及帕累托效率边界

(1)圆半径表示在谈判中我们创造了多少价值。在一个整合性谈判中,双方的目的是尽可能地扩大半径,即尽可能地创造更多的共同价值。

(2)沿圆周运动表示如何在谈判各方之间共享总价值,或者说,买方和卖方谁占用更大的价值份额。

(3)分布在圆周上的所有解决方案可以说成具有帕累托效率(或称帕累托最优),不可能在不损害一方地位的情况下作出改善另一方地位的重新安排。

(4)如果图上的点A代表一个谈判协议,这不是帕累托最优,因为圆半径还可以更大,也许是一些解决方案在谈判期间还没出现,或者尚不可行,或者最优协议的达成存在障碍,如双方缺乏灵活性导致。

(5)由于我们的原始协议不是帕累托最优,因此我们可以设想对其进行改进:提出一个将协议从A点移向到B点的改进建议。在B点,采购方在不损害供应商利益的前提下,增加了价值。

五、评价谈判

跟任何过程一样,为了吸取教训、总结经验,并用于改进未来的谈判实践,分析过程和回顾谈判结果都是十分有必要的。

（1）用原先设定的目标与实现的实际结果进行比较。

（2）回顾所达成的协议,并分析所实现的目标以及为了实现它们所给予的让步。

（3）作为一个整体评价个人和团队的绩效,识别需要改进和/或学习、培训和发展的领域。

（4）一个供将来谈判使用的学习要点检查清单。

此外,对于某些领域的采购与供应协议,需要回顾的重要成果之一是与另一方的谈判后关系,即是否通过谈判方式保持或加强了联系;或损害了关系,给将来双方的持续履约带来了潜在的风险。

第九章 拓展阅读

实践指导

一、背景资料

谈判 A 方:某绿茶公司;谈判 B 方:某塑料建材有限公司

A 方:

（1）品牌绿茶产自美丽而神秘的某省,它位于中国的西南部,海拔超过 2 200 米。在那里,优越的气候条件下生长出优质且纯正的绿茶,它的茶多酚含量超过 35%,高于其他(已被发现的)茶类产品。茶多酚具有降脂、降压、减少心脏病和癌症的发病概率。同时,它能提高人体免疫力,并对消化、防疫系统有益。

（2）已注册生产某一品牌绿茶,品牌和创意都十分不错,品牌效应在省内初步形成。

（3）已经拥有一套完备的策划、宣传战略。

（4）已经初步形成了一系列较为顺畅的销售渠道,在全省某一知名连锁药房及其他大型超市、茶叶连锁店都有设点,销售状况良好。

（5）品牌的知名度还不够,但相信此品牌在未来几年内将会有非常广阔的市场前景。

（6）缺乏足够的资金,需要吸引资金,用于扩大生产规模、扩大宣传力度。

(7) 现有的品牌、生产资料、宣传策划、营销渠道等一系列有形资产和无形资产,估算价值1 000万元人民币。

B方:

(1) 经营建材生意多年,积累了一定的资金。

(2) 准备用闲置资金进行投资,由于近几年来绿茶市场行情不错,故投资的初步意向为绿茶市场。

(3) 投资预算在150万人民币以内。

(4) 希望在一年内能够见到回报,并且年收益率在20%以上。

(5) 对绿茶市场的行情不甚了解,对绿茶的情况也知之甚少,但A方对其产品提供了相应资料。

(6) 据调查得知A方的绿茶产品已经初步形成了一系列较为畅通的销售渠道,在全省某一知名连锁药房销售状况良好,但知名度还有待提高。

二、谈判目标

(1) 解决双方合资(合作)前的疑难问题。

(2) 达到合资(合作)目的。

三、谈判内容

A方:

(1) 要求B方出资额度不低于50万元人民币。

(2) 确保控股。

(3) 对资产评估的1 000万元人民币进行合理的解释(包含品牌、现有的茶叶及制成品、生产资料、宣传策划、营销渠道等)。

(4) 由A方负责进行生产、宣传以及销售。

(5) B方要求年收益达到20%以上,并且希望A方能够用具体情况确保其能够实现。

(6) B方要求A方对获得资金后的使用情况进行解释。

(7) 风险分担问题(提示:例如可以购买保险,保险费用可计入成本)。

(8) 利润分配问题。

B方:

(1) 得知A方要求出资额度不低于50万元人民币。

（2）要求由A方负责进行生产、宣传以及销售。

（3）要求A方对资产评估的1 000万元人民币进行合理的解释。

（4）如何确保资金的安全,对资金的投入是否会得到回报的保障措施要求进行相应的解释。

（5）B方要求年收益达到20%以上,并且希望A方能够用具体情况确保其能够实现。

（6）B方要求A方对获得资金后的使用情况进行解释。

（7）风险分担问题(例如可以购买保险,保险费用可计入成本)。

（8）利润分配问题。

提示：

1. 制订谈判计划可以包括如下问题:①如何对你的谈判小组进行人员分工? ②你的谈判目标是什么? ③如何确定谈判进程? ④如何确定谈判策略? ⑤需要做好哪些方面的资料准备?

2. 谈判方案比较好能清楚地给出以下问题的答案:①我方真正的目标是什么? ②我方关心的问题或条款是什么? ③这些问题或条款是互相关联的吗? 也就是说,我方在某一问题上的取舍会不会使我方在其他问题上有一定的灵活性? ④针对某一问题或条款上的需要,我方在其他方面准备付出多少交换条件? ⑤是否有其他对于你价值相同的交易组合? ⑥谈判对手的真正目标是什么? ⑦谈判双方的共同基础和长远发展目标是什么?

3. 根据谈判进程,针对不同的谈判阶段制定完整的谈判策略,并且简明扼要地用文字表述出来,使谈判小组的所有成员牢记在心,可分为开局策略、报价策略、议价策略、让步策略、结束策略等。

四、谈判主题

解决双方合资(合作)前的疑难问题,达到合资(合作)目的,并建立长期良好稳定的关系。

五、建材公司商务谈判计划书正文部分

(一)谈判团队人员组成

主谈:×××,制定策略,维护我方利益,主持谈判进程;

辅谈:×××,辅助主谈,做好各项准备,解决专业问题,做好决策论证;

记录员:×××,收集处理谈判信息,谈判时记录,审核修改谈判协议;

法律顾问:×××,解决相关法律争议及资料处理。

(二)谈判双方公司背景(对方:某绿茶公司,我方:某建材公司)

我方背景

1. 经营建材生意多年,积累了一定的资金。

2. 准备用闲置资金进行投资,由于近几年来绿茶市场行情不错,故投资的初步意向为绿茶市场。

3. 投资预算在150万人民币以内。

4. 希望在一年内能够见到回报,并且年收益率在20%以上。

5. 对绿茶市场的行情不甚了解,对绿茶的情况也知之甚少,但A方对其产品提供了相应资料。

6. 据调查得知A方的绿茶产品已经初步形成了一系列较为畅通的销售渠道,在全省某一知名连锁药房销售状况良好,但知名度还有待提高。

对方背景

1. 品牌绿茶产自美丽而神秘的某省,它位于中国的西南部,海拔超过2 200米。在那里,优越的气候条件下生长出优质且纯正的绿茶,它的茶多酚含量超过35%,高于其他(已被发现的)茶类产品。茶多酚具有降脂、降压、减少心脏病和癌症的发病概率。同时,它能提高人体免疫力,并对消化、防疫系统有益。

2. 已注册生产某一品牌绿茶,品牌和创意都十分不错,品牌效应在省内初步形成。

3. 已经拥有一套完备的策划、宣传战略。

4. 已经初步形成了一系列较为顺畅的销售渠道,在全省某一知名连锁药房及其他大型超市、茶叶连锁店都有设点,销售状况良好。

5. 品牌的知名度还不够,但相信此品牌在未来几年内将会有非常广阔的市场前景。

6. 缺乏足够的资金,需要吸引资金,用于扩大生产规模、扩大宣传力度。

7. 现有的品牌、生产资料、宣传策划、营销渠道等一系列有形资产和无形资产,估算价值1 000万元人民币。

(三)双方利益及优劣势分析

我方核心利益:

1. 争取到大利润额;

2. 争取到大份额股东利益;

3. 建立长期友好关系。

对方利益:

争取到大限额的投资。

我方优势:

1. 拥有闲置资金;

2. 有多方投资可供选择。

我方劣势:

1. 对保健品市场的行情缺乏了解,没有专业知识作为支撑,对绿茶的情况也知之甚少。

2. 投资前景未明。

对方优势:

1. 已注册生产某一品牌绿茶,品牌和创意都十分不错,品牌效应在省内正初步形成。

2. 已经拥有一套完备的策划、宣传战略。

3. 初步形成了一系列较为顺畅的销售渠道,在全省某一知名连锁药房及其他大型超市、茶叶连锁店都有设点,销售状况良好。

对方劣势:

1. 品牌的知名度还不够。

2. 缺乏足够的资金,需要吸引资金,用于:(1)扩大生产规模。(2)扩大宣传力度。

(四)谈判目标

1. 战略目标

和平谈判,按我方的条件达成合资协议,取得我方希望的相应利润以及股份。

原因分析:对方是一家省级企业,虽然品牌和创意不错,但还未形成一定的品牌效益。

合作方式:我方以资金形式投资,分季度注入资金,先期投资为100万,具体情况谈判决定,保险费用计入成本。

我方要求:

(1) 对资产评估的300万元人民币进行合理的解释(包含:品牌,现有的茶叶及制成品,生产资料,宣传策划,营销渠道等)。

(2) 要求年收益达到20%以上,并且希望对方能够用具体情况确保其能够实现。

(3) 要求对方对获得资金后的使用情况进行解释。

(4) 要求占有60%的股份。

(5) 要求安排一定的监督人员对其整个环节进行参与监督尤其是参与财务方面的管理。

(6) 三年之内要求对方实现资金回笼,开始盈利。

我方底线:

(1) 先期投资120万元。

(2) 股份占有率为48%以上。

(3) 对方财务部门必须要有我方成员。

2. 感情目标

通过此次合作,希望不仅能够达成合资目的,更能够建立长期友好关系。

(五) 谈判程序及具体策略

1. 开局

方案一:感情交流式开局策略:通过谈及双方合作后情况形成感情上的共鸣,把对方引入较融洽的谈判气氛中,创造互利共赢的模式。

方案二:采取进攻式开局策略:营造低调谈判气氛,明确指出有多家投资选择,开出高份额股份,以制造心理优势,使我方处于主动地位。

2. 中期阶段

(1) 红脸白脸策略:由两名谈判成员其中一名充当红脸,一名充当白脸辅助协议的谈成,把握住谈判的节奏和进程,从而占据主动。

(2)层层推进,步步为营的策略:有技巧地提出我方预期利益,先易后难,步步为营地争取利益。

(3)把握让步原则:明确我方核心利益所在,实行以退为进策略,退一步进两步,做到迂回补偿,充分利用手中筹码,适当时可以退让赔款金额来换取其他更大利益。

(4)突出优势:以资料作支撑,以理服人,强调与我方协议成功给对方带来的利益,同时软硬兼施,暗示对方若与我方协议失败,我方将立即与其他的投资商谈判。

(5)打破僵局:合理利用暂停,首先冷静分析僵局原因,再可运用把握肯定对方形式,否定方实质的方法解除僵局,适时用声东击西策略,打破僵局。

3. 休局阶段

如有必要,根据实际情况对原有方案进行调整。

4. 后谈判阶段

(1)把握底线:适时运用折中调和策略,把握严格把握后让步的幅度,在适宜的时机提出终报价,使用后通牒策略。

(2)埋下契机:在谈判中形成一体化谈判,以期建立长期合作关系。

(3)达成协议:明确终谈判结果,出示会议记录和合同范本,请对方确认,并确定正式签订合同时间。

(六)准备谈判资料

相关法律资料:

《中华人民共和国合同法》《国际合同法》《国际货物买卖合同公约》

备注:

《合同法》违约责任。

合同范本、背景资料、对方信息资料、技术资料、财务资料。

(七)应急预案

1. 对方不同意我方占有60%的股份,而且不同意保险费计入成本

应对方案:"白脸"据理力争,适当运用制造僵局策略,"红脸"再以暗示的方式揭露对方的权限策略,并运用迂回补偿的技巧,来突破僵局;或用声

东击西策略,就对方所报股份进行谈判,运用妥协策略,可以适时放弃保险计入成本,并在适当时候甚至可以许诺对方我方可以提供厂房(以市场价的60%的价格),在48%的底线上谈判,或者要求对方给予20%以上的利润额。

2. 对方以我方不懂生产销售的理由拒绝我方人员参与到各个流程

应对方案:在要求参与对方财务管理的底线上要求,适当给予让步,并趁机要求增加2%—3%的股份占有率或者5%—10%的利润额。

3. 对方要求增加先期投资额

应对方案:说明我方先期投资的理由,并将投资形式再阐述一遍,使得对方了解我方,我方可适当增加投资,但必须要求对方增加1%—2%的股份占有率,或者要求对方增加5%—8%的利润额。

思考与练习

一、名词解释

1. 和谐关系

2. 试探

3. 提议

4. 议价

二、选择题

1. 以下哪种不属于说服的方法(　　)。

  A. 情感上打动　　　　　　B. 逻辑上证明

  C. 威胁与恐吓　　　　　　D. 摆事实讲道理

2. 谈判前计划的必要性(　　)。

  A. 需要收集充足的信息

  B. 需要考虑利益相关者的需要和担忧

  C. 需要有谈判团队互相协调

  D. 需要准备突发事件和意外情况

3. 谈判准备阶段的有效行为(　　)。

   A. 调节的机会　　　　　　　　B. 准备阶段保密的重要性

   C. 有效团队建设　　　　　　　D. 和谐关系的建立

4. 构建和谐关系的作用(　　)。

   A. 有助于你与另一人之间在共同点上建立信任和信心

   B. 可以创造一个理由让人们接受你

   C. 可以克服因势力失衡和利益冲突所产生的一些障碍

   D. 可以让对方喜欢你

5. 谈判开场阶段的有效行为(　　)。

   A. 和谐关系建设

   B. 果断沟通

   C. 用提问诱使另一方提供信息和进行澄清

   D. 积极和有效地倾听

三、简答题

1. 描述预先计划对谈判成功的重要性。

2. 计划阶段的主要目标是什么。

四、论述题

区分在分配性和整合性谈判中让步的使用。

第十章

采购谈判的影响战术与说服技巧

1. 认识影响和说服的内涵
2. 掌握说服的方法
3. 掌握影响的战术
4. 了解在谈判中采取的行为技术与道德影响

影响、说服方法、NPL方法

第一节 采购谈判者的需要

采购谈判者的需要是谈判的基础。需要是采购谈判的基础和动力,也正是存在着需要,才促使各方来参加谈判,借此达到满足各自需要的目标。

一、需要是谈判的基础

采购谈判是谈判各方为获取各自利益进行交锋的过程,也是一个寻求能满足双方的共同利益需要(甚至是潜在共同利益需要)所在的过程。因此可以说,商务谈判是谈判双方为了各自利益(也是为了共同利益)所进行的谋求合作的过程。商务谈判各方没有自己的利益需要,就不会去参加谈判寻求合作,而商务谈判又必须对各方需要都能有所满足,各方才会参加谈判。一方在得到需要满足的同时要给另一方以需要的满足。例如,中外企业合资的谈判,往往中方需要的是外方的技术、资金,而外方需要的是中国廉价的土地、劳动力资源和庞大的市场,通过合资可以使双方都受益。合资经营就是共同需要。这样一个共同的需要,是中外双方坐下来进行合资谈判的基础前提。

进一步讲,存在着某些尚未满足的需要以及需要利益的互补关系是人或组织进行谈判的动因。在企业中,总是会存在着各种需要尚未满足的问题,如资金短缺、原材料紧张、产品滞销、设备陈旧、人才匮乏等。由于社会资源的稀缺性,需要的满足具有一定的难度。这样,企业就得与资源的拥有者通过谈判来解决资源的调剂。作为资源的拥有者,愿意参与谈判提供资源,也是因为想通过谈判来满足本身存在的需要。因此,无论是个人、团体还是组织,只要是进行谈判,必定是建立在有一定的需要而又期望得以实现的基础上的。

在商务谈判中,谈判双方需要的满足和利益的实现是互为条件的。谈判双方受到各自利益的驱使从而坐到一起来进行谈判,各方都想从对方那里获取自己利益需要的满足。一方要谋求自己的利益就必须给对方以一定的利益补偿,这样,就需要设身处地地站在对方的角度,探求了解对方的需求和欲望,就需要作出让步,所谓"欲将取之,必先予之"。

二、以需要作为谈判的出发点

商务谈判要避免以某一立场作为出发点来进行谈判,纠缠于立场性的谈判是低效率的谈判。它损害双方各自的潜在利益,不易达成明智的协议,甚至损害双方的感情,使谈判走向失败。

以需要作为谈判的基础和出发点,围绕和针对双方需要的状况来寻求策略和办法，解决疑难问题，寻找突破口，可以避免不顾双方需要而强制、偏执地进行某种立场的正确、某种观点的对错与否的辩论，可以防止谈判的僵化、死板、缺乏合作气氛和强烈对抗的弊端，实事求是地处理谈判所遇到的问题，使谈判建立在扎实的基础之上，也使谈判能较好地解决双方存在的实质问题。

美国谈判学会会长尼尔伦伯格也提出了"谈判的需要理论"。他认为，任何谈判都是在人与人之间发生的，他们之所以要进行谈判，都是为了满足人的某一种或几种"需要"。这些"需要"决定了谈判的发生、进展和结局。他把谈判行为中的人的需要、人的动机和人的主观作用，作为理论的核心，指出"需要"和对"需要"的满足是谈判的共同基础，要是不存在尚未满足的需要，人们就不会进行谈判。谈判的前提是"谈判双方都要求得到某种东西，否则，他们就会彼此对另一方的要求充耳不闻，双方也就不会有什么讨价还价发生了。双方都为各自的需要所策动，才会进行一场谈判"。比如，两个人为买卖一宗地产讲价钱，工会和资方为签订一项新合同争得失等。这些都是为了满足"需要"而进行的谈判。

我们掌握了谈判的需要理论，就能引导我们重视驱动着双方的各种需求，找出与谈判双方相联系的"需要"，懂得如何选择不同的方法去顺应、抵制或改变对方的动机。了解每一种"需要"的相应动机和作用，我们就能对症下药，选择最佳的谈判方法。

在尼尔伦伯格的"谈判需要理论"中，有两种"需要"在同时起作用：一个是该组织（或国家）的需要，另一个是谈判者个人的需要。谈判者个人在特定情况下，将成为群体的一部分。一定程度上将失去他作为自然人的"人"的特征，使得群体的需要在表面上高于他个人的需要，这就是自居作用（自居作用是心理学术语，指个人以自认为理想的对象——个人、群体自居，以此掩饰自身弱点的一种自我防御机制）。但是，当这种自居作用出现时，并不意味个人的需要不会再起作用了，正因为如此，谈判者应千方百计地通过一定的方式方法，努力去发现个人的需要，善于诱导个人的需要，进而影响对方的看法、观点甚至立场，以使谈判向有利于己方的方向发展。同时，他还指出，要善于利用人类的需要来进行成功的谈判。他把谈判者的基本需要理论用于实际,归纳出六种类型的谈判策略或方法,这六种策略如下所述。

(一)谈判者顺从对方的需要

谈判者在谈判中站在对方的立场上,设身处地替对方着想,从而使谈判成功。这种方法最易导致谈判成功。由于需要有7个层次,因此,这个谈判策略又可划分为七种,需要的层次越高,谈判成功的难度就越大,谈判者对谈判能否成功的控制力也越小。如果谈判者只为谈判对方的重要需要着想,对方为使自己生存下去必然对谈判欣然许诺,一拍即合。如果谈判者为对方高层次的需要着想,那么由于谈判对方对高层次需要的迫切性小于生理需要的迫切性,谈判成功的难度就会增加。

(二)谈判者使对方服从其自身的需要

这种类型策略的谈判,双方都得到利益,每一方都是胜者。例如,商店营业员普遍对顾客使用这种策略,采取种种办法,满足顾客需要,从而更好地推销商品。

(三)谈判者同时服从对方和自己的需要

这是指谈判双方从彼此共同利益出发,为满足双方的共同需要进行谈判,采取符合双方需要与共同利益的策略。这种策略在商务谈判中被普遍用于建立各种联盟,共同控制生产或流通。例如,美国四家企业为了确保其电气设备的高额利益,他们缔结秘密协议,固定产品价格,操纵市场,控制竞争,即属于此类。又如,甲乙双方的贸易谈判,甲方要求将交货日期、品质、数量、规格、价值写入合同之中,而乙方则要求合同签订后交付20%的预订金等。尽管双方曾进行过多次贸易,但双方这样做都是出于安全和保障的需要。

(四)谈判者违背自己的需要

这是指谈判者为了争取长远利益的需要,抛弃某些眼前或无关紧要的利益和需要而采取的一种谈判策略。谈判者为了达到某种目的而不惜损害自己的需要,这并不是一种非理性行为,而是出于深思熟虑的实现预期目标的有效谈判手段。例如,某些商业企业有意识违背自身收入增长的需要,采取薄利多销的经营手段吸引顾客,扩大影响,从而为自己争取长期更大利益做准备。

(五)谈判者损害对方的需要

这是指谈判者只顾自己的需要和利益,不顾他人的需要和利益、尔虞我诈、你死我活的一种谈判策略。在谈判中采用这种策略的一方往往处于强者的主动的地位,但更多的情况是导致谈判破裂。

(六)谈判者同时损害对方和自己的需要

这是谈判者为了达到某种特殊的目的,抛弃谈判双方利益需要的办法,这也是一种双方"自杀"的办法。例如,商品交易中,竞争双方展开价格战,双方都甘冒破产的危险,竞相压低价格,以求打败对手,此类场合采取的就是这种策略。

上述六种策略,都显示了谈判者如何满足自己的需要。从第一种到第六种,谈判的控制力量逐渐减弱,谈判中的危机逐渐加重。尼尔伦伯格的"谈判需要理论"只是为我们研究和制定谈判策略提供了总体结构。即从总体上看,谈判者抓住的需要越是基本,成功的可能性就越大。但是,这种需要顺序绝非一成不变,在具体问题上更不是对所有的人都适用。同时,满足基本需要也并不意味着都是以生理需要、安全需要为起点。因为人的价值观念、受教育程度、理想抱负等因素会能动地调节人的需要层次。由此看来,制定谈判策略,一方面要通过满足对方的"基本需要"来获得对方相应的让步,另一方面要制定出尽可能多而彼此又可相互替代的谈判策略,要防止和克服凭经验办事,或反复使用某几种策略的弊病。在谈判策略中,我们应当特别注重灵活性、创造性,唯有如此才能取得成功。

阅读案例 10-1

三、谈判需要的发现

发现并满足谈判人员的需要是谈判者取得成功的基础,那么,怎样才能发现谈判的需要呢？由于谈判是人与人打交道，是人与人之间的信息交流，因此，要发现对方的谈判需要，就要运用各种策略和技巧，从对方的言谈举止中寻找。这就决定了发现对方需要的主要方式有以下几种。

(一) 提问

这是获得信息的最一般手段，通过对方的回答，便可以了解对方在想什么。例如，当你在适当的场合向对方提出这样一些问题："您希望通过这次谈判得到什么？""您想达到什么样的目的？"在对方的回答中便可知道对方在追求什么。为了保证所得信息的质和量，在提问时必须讲究策略和技巧，要从自己的需要和对方回答问题的可能出发，决定提什么问题、如何表达所要提的问题及在什么场合下提这一问题更合适。

(二) 陈述

恰当的陈述也是获得谈判对方需要的一个重要途径。比如，在谈判出现僵局的情况下，直截了当地说一句"在目前情况下，我们最多只能做到这一步了。"这时，你可以从对方的反应中获得有关信息。如果说上一句"我认为，如果我们能妥善解决那个问题，那么这个问题也不会有多大的麻烦。"这一陈述明确表示愿就第二个问题作出让步。这种陈述，心照不宣地传递了信息，既维护了自己的立场，又暗示了适当变通的可能。谈判者在陈述前应深思熟虑，审慎斟酌，千万不能信口开河，轻浮草率。

(三) 倾听

对方在陈述其观点和回答问题时，就会把自己的需要暴露出来，悉心聆听对方吐露的每一个字，注意他的措辞，他选择的表达方式，他的语气，他的声调，所有这些都能为你提供线索，去发现对方一言一语背后所隐含的需要。作为高水平的谈判者，不可能把自己的需要简单而又直接地告诉听者，而是用比较婉转含蓄的说法把自己的需要表示出来。因而，在听的时候一定要从四个层次上去理解其含义：第一层次是对方讲话所包含的直接含义；第二层次是讲话的延伸含义；第三层次是根据其表述问题的措辞来推断其隐蔽含义;第四层次是根据其探讨问题的方式来探明其真正含义。

(四) 观察

注意观察对方的举止,也是发现其需要的重要手段。一个人的举止有着种种心理上的暗示和含义,它传达着许多微妙的意思。因此,通过仔细观察对方在谈判活动中的举止,如手势,面部表情,身体动作,眨眼、过分专注、沉默、烦躁、微笑、冷笑、发怒等,就可以发现它们所代表的无言的信息。但值得注意的是,在观察对方举止时,要弄清各国风俗习惯和语言文化的差异。例如,日本人在听别人讲话时,常说"嗨!"有些人把这种表示等同于英语国家的人说话中的"Yes",即表示同意自己的观点,这就大错特错了,因为日本人的这种表示仅仅是出于礼貌,表示他在认真听你的讲话,而没有任何肯定与否定的含义。

第二节　采购谈判的影响战术

一、影响

(一) 影响

影响是运用某种形式的力量或施加压力的过程,目的是改变其他人的态度或行为,以确保他们遵守(要求)、符合(规范或预期)、(对需求)让步、同意(立场或主张)或(对共同愿景作出)承诺。

(二) 影响与谈判的区别

谈判是一个过程,通过该过程双方走到一起进行议价,目的是达成一个共同接受的协议。虽然在谈判过程中,利用己方优势向对方施加影响的过程司空见惯,但就影响本身而言,其与谈判是两个截然不同的概念,这主要体现在以下几个方面。

（1）影响不是一个单独的事件,或一系列的事件,它是一个持续的过程。

（2）对任何一方而言,影响不是一个有意识的过程,它是一个潜移默化的结果。你能够在不知不觉中影响他人,并且也在不知不觉地被他人影响。

（3）影响不需要涉及磋商或双向沟通,它只是简单地一方施加给另一方。

（4）影响不需要形成明确的协议。

（5）影响不需要涉及双方为达成一致而进行妥协或其他行动,影响的目的仅仅将被影响者拉向影响者的立场。

（三）推动影响和拉动影响

影响对方的方法有很多,这些方法可以归纳为两大类:

第一类方法称之为推动方法。这类方法的特点是,施加影响力的一方,利用己方的势力,采用主动行为迫使对方接受自己的影响。虽然这种方法能够保证得到实施,但是也有潜在的风险,因为这种方法反映了双方势力的不平衡,一方以牺牲另一方的利益为代价追求己方的目标,而这也往往导致了对方的愤怒、怨恨,从而阻碍双方合作关系的发展。

第二类方法称之为拉动方法。这类方法往往会促进双方积极合作、相互信任的关系,并具有合作的潜力。这种方法可以整合双方的利益和目标,被影响的一方会遵守影响者的规则,作出符合影响者期望的行为,因为这对双方来说是共赢的(见表10-1)。

表10-1 推动影响和拉动影响

推动方法	拉动方法
施加势力或权限	说服或人际影响
被影响者完全意识到该过程(过程是明显的)	如果有效使用,被影响者可能不会意识到该过程
旨在保证遵守,通常受到被影响者抵制	可以保证遵守,如果影响者的建议或观点与被影响者自己的目标和利益相符合时

（四）谈判者在分配性和整合性议价中的行动

在整合性谈判和分配性谈判中，谈判双方会采用不同的行为，如表12-2所示。整合性谈判的方法大致上可以归类为"拉动影响"，而分配性谈判的行为，基本上可以归为"推动影响"。

表10-2 谈判者在分配性和整合性议价中的行动

行为类别	整合性方法	分配性方法
场景设定行为	建立一个开放氛围，产生问题解决的信息； 形成对潜在利益的理解	建立或确认势力，分配性地产生以后使用的信息
规定行为	形成有关利益和立场的进一步细节；作为问题解决和信息交换的一部分来识别困难和问题	在向议价阶段移动前拖延时间（通过提问另一方谈话）
社会行为	在谈判中发展个人之间的关系	与整合性方法相同
发起行为	由于对谈判本身的过程更开放，程序性建议使得比其他议价行为多	在分配情形下，议价行为使用得更广泛，反建议表明你在提出自己的要约前未听取另一方的提议
反应行为	表现开放性；寻求对另一方响应的更好理解；用支持行为把另一方也拉进一步的披露行动之中	表达对一个人的意见或者要约的不满。战术性的支持可以用来生产后续使用的信息。防守/进攻是攻击性的对抗行为
澄清行为	试探讨论的理解；积极倾听	试探（不相信的、合理的）可以在战术上用来表示对另一方意见的怀疑

二、影响战术

（一）积极主动的影响

积极主动的影响，旨在建立各种条件，在该条件下，某人更有可能获得帮助、支持和所需要的资源，建立和谐关系，建立网络和信任，维护各方的关系。

管理学的研究显示一些积极主动地影响战术，如表10-3所示，虽然是基于管理影响的框架,但这些战术同样也适用于谈判过程中。

表 10-3 积极主动的影响战术

战术	方法	优点	缺点
理性说服	具有逻辑性的论据和证据旨在令人信服地证明你的立场或解决方案是可取并可行的	·促进协议和承诺,而不是仅仅遵守 ·用专家势力认为 ·用专家势力和认知客观性支持低的势力	·如果论据软弱或面临真正的利益或思想冲突,可能是困难或者无效的
令人鼓舞的诉求	诉诸被影响着的理想,价值观和愿望或是信念和鼓励的陈述,唤醒自信和热情	·涉及强有力和积极的鼓励因素 ·适合基于价值观的文化	·可能被认为肤浅和具有操作性,尤其是如果许诺的结果没有产生
协商	邀请被营销者参与指定解决方案,或显示考虑被影响者的想法和顾虑的意思	·输入可以增强决策,责任心,实施 ·促进沟通和协作	·费时间 ·会产生利益的分歧和冲突(注意,这可能是有用的反馈有助于达成真正一致见)
逢迎	使被影响者在提出一个请求或需求前对你有好感或处于一种合作的心态(有时叫"恭维")	·对新人、和谐关系和关系建立所做投资的回报 ·有助于调节响应	·可以是透明的,可能被认为是具有操作性并以怀疑的态度加以对待(他想要什么)
交换	提供收益的相互交换,或许诺共享从计划生产的利益或增值	·识别具有分期的利益或目标 ·被认为公平;不是基于势力的失衡 ·探讨"筹码"可产生双赢	在势力失衡的关系中不太有效(较弱方可提供什么什么有意义的东西作为回报?为什么较强方要给予所有的东西?)
个人感染力	诉诸影响者与被影响者之间的个人友谊和忠诚	·对和谐关系、信任和关系建设所做投资的回报	·可能被认为是(或导致)缺乏客观性,而显得不道德 ·在信任或谐关系不存在时无效
联合	寻求别人的帮助以说服被影响者,或用这些人的支持作为被影响者也同意的一个理由	·提升影响且不产生个人威胁 ·帮助传播影响和信息	·可能被视为具有政治性 ·可能产生忿恨

(续表)

战术	方法	优点	缺点
合法化	确立一个请求的客观合法性(例如在法律、政策、习惯合同条款基础上)	·通过诉诸共享的客观责任(必须履行的)使冲突不具有个性化	·可能该看作一个升级的威胁或为了躲避解决被影响者关注的事情
压力	威胁进行制裁,或采用接近武断的攻击要求遵守	·可以保证立刻遵守 ·可以消磨抵抗	·遵守,而不是承诺 ·可导致漠然、抵抗、冲突

(二) 采购谈判中施加影响的方法

在谈判中为了增加自己一方的谈判力,或者为了削弱对方的谈判力,人们可以使用各种方法来激发对方的愿望,其中最常用的方法有:诱导谈判对手或对手的支持者;向对方展示你所提供方案的诱人之处;获取第三方对所提供的具有诱惑力的方案的支持;限定获得所提供好处的时间。

1. 诱导谈判对手或对手的支持者

诱导对方或对方的支持者的目的是通过给对方一些诱人的条件或利益等好处来引起对方的注意和激发对方的兴趣,并借此来说服对方与你就感兴趣的内容进行谈判。例如在商品促销活动中,商家常用的诱导消费者的方式有降价、打折、买一送一等。精明的促销者总能想出各种各样的办法以吸引潜在消费者的注意并激发他们的兴趣。

2. 向对方展示你所提供方案的诱人之处

通过向对方展示你的方案的诱人之处或"卖点",使对方知道并相信你所提供的方案的确具有吸引力。这一步是第一步的继续,你可以借此说服对方接受你的方案并最终达到你的目的。

3. 获取第三方对所提供的具有诱惑力的方案的支持

当有第三方表示支持你的方案时,第三方的支持会提高你的信用度并可通过他的榜样带动其他人效仿。人们一般更信任他们的朋友、同事和他们所熟悉的人,或者即便是陌生人但如果他们属于同一群体也会产生信任感。广告中经常使用的说服术即用消费者现身说法,从消费者的角度说明某种产品的好处。一些制药商用患者本人的例子说明某种药物的疗效,患者服用该药后效果如何显著,以此来说服其他病人,这些都是第三方支持的例证。公众人物,如著名的歌星、演员、运动员等都扮演过第三方的角色。

4. 限定获得所提供好处的时间

最后还有最重要的一点是让人们知道你所提供的好处不是永远存在的,也就是说那些好处是有时间限制的,人们必须在规定的时间内与提供利益的一方谈判,否则将过期作废。时间限定或最后期限好似一个助推器,可以起到督促人们立刻采取行动的作用,因为如果没有时间限定,人们等待观望的态度最终会使他们的热情消失殆尽。精明的商家往往在促销价格的后面加上日期限定,因为消费者的热情一般是即时的和短期的,随着时间的推移,看到诱人条件时所产生的冲动也会逐渐消失。由于这一原因在确定时间限定时,相对较短的时间限定比较长的时间限定会产生更佳的效果。

第三节 采购谈判的说服技巧

一、说服的关键要领

说服是一种通过使用权力或势力以外的其他方法对人们施加影响的手段。在谈判中,利用说服来诱导或迫使对方接受己方观点的关键在于以下两点。

(1)说服的关键途径是具有逻辑性的争论,这种争论通常都有相关可验证的事实论据作为支持,还可以通过论证就双方争论的焦点或问题是否公平、客观,来增强说服方的公信力或可信性,这种方法往往考虑了双方的意见而不是单方面的强迫。

(2)说服本质是一种促进性方法,借助该方法,可以清楚地解释和关联争论的每个步骤。从这点意义上说,说服是一种具有"推动"属性的方法。为了使得某人相信某事,在说服者的眼中,无论某事对自己来说是多么的显而易见,也必须言之有理,从而让对方最终愿意提供帮助、同意某观点或在某方面进行合作。

二、说服的效果与沟通

说服的效果取决于沟通的有效性,在谈判中,说服往往需要利用到一些沟通技巧,这些技巧包括以下四种。

(1) 说服可以使用问答的形式,方便采购与供应双方的信息交流。

(2) 把复杂的事情和问题分成若干小问题,对每一部分分开进行讨论,加强对问题的理解。

(3) 针对己方的提问或总结,要求对方及时给出反馈信息,加深双方对彼此的理解。

(4) 及时观察另一方"发出"的语言和非语言信号,采取针对性的沟通策略。

三、说服技巧

说服是一种设法使对方改变初衷而心甘情愿地接纳你的意见的技巧,这是一种复杂的、较难掌握的技巧。因为当你试图说服对方时,你将处在同样的被对方说服的地位,因而会遇到各种阻碍,除非你能有效地化解这些阻碍,否则你将无法收到说服的效果。说服对方的技巧主要有以下几种。

(1) 谈判开始时,要先讨论容易解决的问题然后再讨论容易引起争论的问题。如果能把正在争论的问题和已经解决的问题组成一个一揽子协议,就较有希望达成协议。如果同时有两个信息要传给对方,其中一个是较让人愉快的,另一条则较不合人意,则该先讲第一个。

(2) 强调双方处境的相同要比强调彼此处境的差异,更能使对方了解和接受。

(3) 强调合同中有利于对方的条件,更能达成一致。

(4) 强调问题的两面性,比只说一部分更有效。

(5) 通常人们对听到的情况,比较容易记住头尾部分,忽视中间部分,所以应在开头和结尾下功夫。当对方不完全了解讨论的问题时,结尾比开头更能给听者以深刻印象。

(6)重复地说明一个信息,更能促使对方了解和接受。

此外,还有软硬兼施、旁敲侧击、先下手为强、后发制人、对症下药、随机应变等说服技巧。

在现实的采购谈判中,说服对方往往不是单凭一两种技巧就能实现的,而是多种技巧的组合。谈判者可根据在采购活动中积累起的经验,在准确判断形势后,灵活地选用上述说服技巧或者它们的组合。

为了更好地运用说服技巧,达到说服的目的,谈判者还要做到以下几点。

(1)创造良好的关系。当一个人考虑是否接受说服之前,往往会先衡量说服者与他的熟悉与亲善程度。因此,在企图说服他人之前,必须先与他们建立互相信赖的人际关系。为此,在谈判进行之前就要加强会外接触,创造良好的人际关系。

(2)分析你的提议可能导致的影响。为使己方的说服显得特别恳切,应充分考虑、分析己方的提议可能导致的影响:被劝说的人一旦采纳你的意见,将会有什么利弊得失?你为什么要以对方为劝说对象?假如你能说服他采纳你的意见,你将获得什么好处?

(3)寻找对方能接受的谈话起点。要说服对方,还必须寻找到对方能接受的谈话起点,即寻求与对方思想上的共鸣。先表示出自己对对方的理解,然后步步深入,把自己的观点渗透到对方的思想中。但要徐徐渐进,不能急于求成,否则,将会事与愿违。美国的人际关系专家戴尔·卡内基把寻求谈话共同点的方式称作"苏格拉底式"的谈话技巧。就是在谈话开始时,以得到"是"的简答为依据,通过不断的"是",使对方态度发生转变。

四、针对僵局的说服技巧

针对谈判中可能出现的僵局,美国谈判专家斯蒂尔提出的谈判中五个可能的说服方法,如表10-4所示。

表10-4 说服技巧

方法	解 释
威胁	对因未能行动上或同意所产生的消极后果、风险、惩罚或制裁进行隐含或明确的陈述;仅在分配性谈判中适合,因为它在方式上明显属于对抗性的
感情	诉诸供应商时间问题,或结果的诚意(好意)或感情,例如诉诸(对失败、损失或信誉损失的)担忧或骄傲(强调地位或信誉收获)
逻辑	基于逻辑的说服,是大多数谈判中的一个中心工具;细心整理支持一个案情的论据、事实、数学和赞同意见。如果能够使供应商同意一个逻辑争论的每一步骤,则很难让他们对最终结束步骤说"不"(没有显出不合逻辑的心理上不舒服)
妥协	通过向彼此立场靠拢,发现买方与供应商之间的中间立场;"使彼此在中途相遇"、"均摊差额"或作出相互让步。通常是推向结束的一个容易的选择(以及一个双树的结果);仅应在买方放弃了获得它想要的全部时才可以采纳该选择
议价	通过交换每一方珍视的各项(筹码),从交易中汲取价值

第四节 分配性谈判中的技巧

一、分配性谈判的报价技巧

(一) 先苦后甜

1. 基本做法

在首次报价和首次还价中,卖方报出最高可行价(市场上,相同商品以往达成交易的最高价),或是超出最高可行价报价,买方报出最低可行价(市场上,相同商品以往达成交易的最低价),或是低出最低可行价报价,两者均离己方的成交价格目标下限有相当大的距离。即先报高价(或低价),以后再步步为营地让价,或是通过给予各种优惠待遇,如数量折扣、价格折扣、佣金和支付条件上的优惠来逐步软化和接近对方的立场与条件,最终达到成交的目的。目的树立强硬的价格形象,对于不胜了解行情的对手,也许在获得己方的一两次让步后,就不会再进取,从而使己方获得较丰厚的利益;在价格议题的多次让步,可为己方在其他议题的索取取得筹码;留出让步的足够空间,可保证己方价格目标利益不至于过损;己方的适度让步和给予一定的优惠待遇,可使对方获得成就感、获胜感或是双赢感,从而软化其在别项议题(尤其是己方的原则议题)上的立场。

2. 操作要点

报价和还价的价位不能太偏离实际;报价和还价要有说辞和一些证明材料;报价和还价的表达要自信、明确与坚定;让价要步步为营,一次让价的幅度不可过大,退让的速度不宜过快,次数不宜过频,一般情况下需要在对方作出一定的让步后,己方才可作出新一轮的让步。此外,给予对方的优惠待遇要适度。

3. 利弊与适用范围

可为己方留出回旋的空间,赢得换取他项议题利益的筹码,并营造出合作与双赢的氛围,有时可能会获得意想不到的利益。但谈判的进程慢,效率低。此技巧一般是在对方对市场行情不太了解,或交易价格不易把握,或谈判时间充裕的情形下使用。

4. 买方应对方法

要求对方出示报价或还价的依据,或者己方出示报价或还价的依据;不为对方的让价和优惠待遇所打动,坚持合理的要价。

(二) 先甜后苦

1. 基本做法

作为卖方,对交易基本内容报出低价,或是成套设备中的主要设备报出低价或平价,或是报出系列产品中的低档次产品的价格(低价)首先引起对方的兴趣,给予对方一定的甜头,从而使对方内心欣喜地专注于与己方交易。然而,这种低价格的交易内容一般很难全部满足对方的需要,因此对方必然会主动提出增加交易内容,或提高交易产品档次的要求。这时,己方再根据增加的交易内容逐项加价(往往是高价),或是对提高档次的产品提出高价,从而使最终的整个要价高出正常交易情况下的价格。

2. 目的

吸引住买方,使其坐下来并坐稳与己方交易,再用障眼法去从中获取高的卖价和利益。

3. 操作要点

与对方的交际要热情,态度要显得诚恳;对低价位交易内容需给出己方的坚定承诺,以使对方尝到甜头,而不轻易地退出谈判;报高价时,立场要坚定,态度要自信,当然所要的高价也需保持一定的弹性,可做适度的让步。

4. 利弊与适用范围

可吸引住买方,并可能会为己方争取到较大的利益。但若被对方识破,就将给人留下虚伪、狡诈的不良形象,而使其处处谨慎行事,从而给己方后面谈判中的技巧施展带来困难。此技巧一般是在交易内容较多,或是成套设备交易,或是对方谈判水平不高,对市场行情不大了解的情形下使用。

5. 买方应对方法

把对方的报价内容与其他客商(卖主)的报价内容一一进行比较和计算,并直截了当地 提出异议;不为对方的小利所迷惑,自己报出一个一揽子交易的价格。

(三) 数字陷阱

1. 基本做法

谈判者在谈判中涉及的数据上做文章,真真假假,虚虚实实,诱使对方陷入圈套。如卖方抛出由他制作的商品成本构成分类计算表给买方,用以支持己方总要价的合理性。而买方在紧张的谈判中,往往难以对复杂的数据做详细的计算和论证,也难以马上对其真实含义作出正确的判断,因此错误在所难免。目的在分类成本中"掺水分",以加大总成本,为己方的要高价提供证明与依据。

2. 操作要点

成本计算方法要有利于己方;成本分类要细化,数据要多,计算公式要尽可能繁杂,水分要掺在计算复杂的成本项中,水分要掺得适度。一句话,就是要使对方难以核算总成本,难于发现"水分"所在,从而落入己方设计好的"陷阱",接受己方的要价。

3. 利弊与适用范围

有可能为己方谋取到较大利益,击退或是迟滞对方的强大攻势。但是,若成本分类计算表被对方找出明显错误,则己方就将处于被动局面;易使谈判复杂化,进程缓慢。此技巧一般是在商品交易内容多,成本构成复杂,成本计算方法少有统一标准,或是对方攻势太盛的情形下使用。

4. 买方应对方法

尽可能弄清与所交易的商品有关的成本计算统一标准、规则与惯例;选择几项分类成本进行核算,寻找突破口,一旦发现问题,就借机大举发动攻势;寻找有力的理由,拒绝接受对方抛出的成本计算表,坚持己方原有的立场与要价。

（四）巧设参照系

1. 基本做法

向对方抛出有利于己方的多个商家同类商品交易的报价单,设立一个价格参照系,然后将所交易的商品与这些商家的同类商品在性能、质量、服务与其他交易条件等方面作出有利于己方的比较,并以此作为己方要价的依据。

2. 目的

通过设立有利于己方的价格参照系和相关的优势或劣势比较,为己方要价提供有力的证据,同时也是为抵御对方的价格进攻树立一道屏障;为己方争取较大的利益。

3. 操作要点

要精选其他商家的报价单,以确保己方具有比价优势;要尽可能为己方所抛出的报价单准备证明其真实性的材料;需仔细分析本交易内容、条件和报价与同类交易及其报价的可比性,事先拟定好应对对方挑漏洞的方案;在比较中,作为卖方应突出己方提供的商品在性能、质量、服务与其他交易条件等某一或几个方面的优势,同时淡化劣势;而作为买方,则要尽可能多地挑出卖方提供的商品在性能、质量、服务与其他交易条件等与别的商家相比所存在的劣势,同时淡化其优势。

4. 利弊与适用范围

可使己方的要价具有充分的理由,可以先制止对方的价格进攻,有可能为己方谋取到较大利益。但实施耗时间与精力,若操作不当,则容易被对方抓住漏洞,反而使己方处于不利地位。此技巧一般是在存在众多同类商品交易,己方谈判实力与地位处于弱势,或己方的商品或交易条件有某一(些)明显优势的情形下使用。

5. 应对方法

要求对方提供有关证据,证实其所提供的其他商家的报价单的真实性;仔细查找报价单及其证据的漏洞,如性能、规格型号、质量档次、报价时间和其他交易条件的差异与不可比性,并以此作为突破对方设立的价格参照系屏障的切入点;己方也抛出有利于自己的另外一些商家的报价单,并做相应的比较,以其人之道还治其人之身;找出对方价格参照系的一个漏洞,并予以全盘否定,坚持己方的要价。

二、买卖双方的攻防技巧

(一)先发制人

1. 基本做法

在交锋开始时先说一番"居高临下"的话,如:"你们的价格好像总比别人高出一筹?""上回你方交的货质量太糟糕,交货也太迟""你方与某公司的交易听说因质量问题而吃了官司,作了赔偿,并且被媒体曝光,这是怎么回事?"等,触及对方的短处,给对方造成心理压力。

2. 目的

通过揭短,抑制对方的气势,使其在行动上不敢造次,从而使谈判的格局发生有利于己方的变化。

3. 操作要点

要揭到对方痛处,但也要有事实根据;表达要比较艺术,有时需要直截了当,有时需要以关心的姿态入题。此技巧一般是在对方要价太高,讨价还价来势凶猛,态度强硬,但又存在明显短处的情形下使用。

4. 利弊与适用范围

有利于交锋初始(甚至全过程)掌握谈判的主动权,但也可能会破坏合作的氛围,使谈判气氛平添紧张。

5. 应对方法

装疯卖傻,若无其事,不予理会;或对对方的做法表示不满与抗议;或仿效对方,反揭短。

阅读案例 10-2

（二）后发制人

1. 基本做法

在交锋中的前大部分时间里,任凭对方施展各种先声夺人、先发制人（先制战术）的占先技巧,己方仅是专注地听和敷衍应对,集中精力去从中寻找对方的破绽与弱点。然后在交锋的后期,集中力量对对方的破绽与弱点展开大举反攻,用防守反击的战术去获取决定性的胜利。

2. 目的

迟滞对方的强大攻势;在防守中找出对方的软肋,然后予以沉重打击,以此去获得胜利。

3. 操作要点

在前期需要沉得住气,任凭甚至鼓励对方尽兴"表演",而不必打断或反驳,对方越是尽兴"表演",就越有可能露出破绽与弱点,而其破绽与弱点越多就越有利于己方找到反击的突破口和组织强有力的反攻;在反击中应做到攻其要害、攻其必应与攻其必救。

4. 利弊与适用范围

可以取得后发优势,但同时会失去先发优势。若不能找到对方的明显破绽与弱点,或是反击不得力,己方就将处于完全的被动局面。此技巧一般是在对方攻势强盛,或己方处于弱势的情形下使用。

5. 应对方法

占先策略的表演需适度,不让对方轻易发现己方的弱点,想方设法调动对方出击,如挑战的口吻,让对方坐不住,早早地拿出真功夫与己方交锋。

（三）避实就虚

1. 基本做法

在双方僵持不下的某项原则议题或核心议题（如价格议题）的激烈交锋中，己方主动作出退让，并以此作为筹码，在其他的相关议题（如与价格议题相关的支付条款、交货方式、保险条款、品质条款和包装条款）上进行索取；或是在日程上作出安排，先谈相关议题，后谈核心议题，己方在相关议题的谈判中作出较大的让步，并以此作为筹码，在后面核心议题的谈判中强硬坚持高的要价，以此作为索取。

2. 目的

以退为进、明舍暗取，迂回进取，以求获得整体利益的最大化，并使谈判具有弹性。

3. 操作要点

要退就要退够（但也要退得适度，避免过损），但要退得缓慢，要使对方感到获得了重大利益，且来之不易，而不至于在后面的议题谈判中过分坚持立场（因担心谈判破裂而失去来之不易的前面利益）；对涉及的各项议题的利益的计算要精细，必须使索取到的利益之和大于舍弃的利益；若对方在后面议题的谈判中仍坚持强硬立场，不肯做大的让步，己方就以推翻对前面议题的承诺或是退出谈判相要挟，直至采取行动。

4. 利弊与适用范围

可避免过早出现僵局，使谈判具有灵活性，可巧妙地为己方争取较大利益，还有可能加快谈判进程。但若对方对核心议题始终坚持强硬立场，或是对相关议题不肯做大的让步，则谈判就要进入实实在在的僵局，或是要使前面谈妥的议题重谈，反而会使谈判复杂化，日程延长，而且还要冒谈判破裂的风险。此技巧具有广泛的适用性。

5. 应对方法

采用横式洽谈结构进行谈判，要求对方对所有议题做一揽子报盘；索取有度，适可而止，不给对方获得较多的在别的议题索取的筹码。

(四) 围魏救赵

1. 基本做法

若双方的原则议题有所不同(包括项目与原则性程度),当对方在围攻己方的原则议题时,己方则采取也围攻对方原则议题的行动,并向对方表明,若要我方放弃其围攻,首先他得放弃对我方原则议题的围攻,从而使对方放弃对己方原则议题的围攻或是减弱其攻势。

2. 目的

保证己方原则议题利益的实现。

3. 操作要点

以攻为守,攻多为虚,守则为实;攻要攻得像、攻得紧,且要攻其必救。

4. 利弊与适用范围

可能会保住己方原则议题利益的实现,但会使谈判趋于复杂化。此技巧具有广泛的适用性。

5. 应对方法

不为对方的佯攻所调动,坚持己方原有的目标、计划、行动与步调。

(五) 不开先例

1. 基本做法

己方从未与他人按如此的交易条件(即对方的要价)达成交易,若开此先例,己方将蒙受重大损失,且无法向上级和以往的交易伙伴交代为由,拒绝对方的要价。

2. 目的

为阻止对方的进攻树立起一道坚实的屏障。

3. 操作要点

需要向对方充分解释不开先例的理由,并拿出一定的证据,表述时态度要诚恳,并相应的使用苦肉计。

4. 利弊与适用范围

有可能阻止住对方的强劲攻势,但极容易由此形成谈判僵局。此技巧一般是在己方的多数措施与技巧已失效,或不足以阻止对方的攻势的情形下使用。

5. 应对方法

明确表示不相信对方的说辞与证据,讲明事物在不断发展变化,绝无不开先例之说的道理;或采用最后通牒技巧对待之。

（六）最后通牒

1. 基本做法

给出己方的最后出价,并声明若对方不接受,己方将退出谈判;或单方宣布谈判结束的最后期限(往往时日临近)。

2. 目的

给对方造成巨大的心理压力,逼迫对方接受己方的交易条件,或是为了获得重新调整谈判利益的机会。

3. 操作要点

在己方作出最后的让步后,立即予以表述,表面上态度要坚决,立场要坚定,不容商量。若对方希望己方改变立场,己方需在姿态上予以坚持,在对峙一段时间后,再根据需要采取对策,或只做微小的退让,或提出修改前面的谈判结果,或重申最后出价或最后期限,即需要保持一定的回旋余地。

4. 利弊与适用范围

可以阻止对方无休止的还价或过分的要价,终结马拉松式的谈判,可以作为推翻此前议题谈判中,已达成的不利于己方的结果的一种手段,有可能打破谈判僵局。但要冒谈判破裂的风险。此技巧一般是在对方还价或要价过分,或是在搞泡蘑菇策略,或是己方为避免减价升级,或是己方为了重新调整谈判利益的情形下使用。

阅读案例 10-3

5. 应对方法

强调己方要价的合理性和双方的共同利益;在能够大致满足己方的要价和实现较大的整体利益的前提下,同意修改个别议题的谈判结果;指责对方缺乏合作诚意,表示决不屈服的决心,跟对方比决心和毅力,等待对方变动。

（七）出其不意

1. 基本做法

突然提出惊奇的问题与建议,如怀疑对方产品质量、交货或付款能力、改变品种规格、改变包装、参照新的技术标准、调整谈判日程安排、变换谈判地点;突然采取惊人的行动,如中途请来高层领导或著名的专家顾问、更换主谈人、频繁地打岔干扰谈判、抛出权威性资料、否定前面的谈判结果、拿出证据证明对方强有力竞争者正在插足本交易;突然作出令人惊奇的表现,如立场由软突然变得十分强硬、原本不大关注的利益变得十分重要、态度由温和变得粗鲁、突然大肆演出"红白脸"双簧戏。

2. 目的

扰乱对方思维,干扰对方的视线,打乱对方的行动计划和步调,给对方造成困惑或是心理压力,使对方在忙于应对中出错,最后达到攻其不备、出奇制胜、乱中取胜的目的。

3. 操作要点

所给出的行为表现要惊奇,足以震撼和调动对方;各种"奇招"须搭配使用,且要合时宜,表现要自然。

4. 利弊与适用范围

有可能获得出奇制胜的效果,扭转被动局面。但会导致谈判的复杂化,降低谈判效率,使谈判气氛趋于紧张与不和谐。此技巧一般是在己方处于被动局面,或是为了实施泡蘑菇方针,或是为了测试对方的谈判能力,以便调整下一步行动方案的情形下使用。

5. 应对方法

保持冷静,注意观察、分析对方的动机与意图;提出休会,集体商量对策;坚持既定方针、方案;对对方的过分行为与表现予以指责和反击。

（八）浑水摸鱼

1. 基本做法

将所有需要计算费用的议题捆在一起磋商,并抛给对方一大堆难于考证与计算复杂的资料作为证明己方要价合理的依据；或在重大议题已经谈妥，还剩一些无关紧要的议题时，趁对方体力与精力不支，或被胜利冲昏头脑，提出继续谈判要求，并在后面的谈判中，立场坚定地提出己方高的要价；或为了掩饰自己的真实目的，谈判者有时故意施放一些烟幕，制造假象，其目的就是趁乱之际达到自己的目的。

2. 目的

转移对方的视线，困扰对方思维，消耗对方的体力与精力，最终实现乱中取胜、蚕食对方利益、积小胜为大胜和顺手牵羊的目的，从而增大己方的整体利益。

3. 操作要点

用一大堆难于考证与计算复杂的资料去消耗对方的体力与精力，或使对方不知所措，只得姑且跟随己方的步调行事；时间安排上需紧凑，要使对方忙乱中出错；要赞扬对方的谈判能力，强调对方已获得重大成果与己方所作出的牺牲；己方后期的要价要立场坚定。

4. 利弊与适用范围

能使己方每一次的让步都显得非常大，从而减弱对方的要价攻势，有可能使对方思路不清或精力集中不到要点，或因思想麻痹大意而缩小整体利益。但会使问题复杂化。此技巧一般是在己方谈判实力处于弱势的情形下使用。

5. 应对方法

坚持将各议题分开磋商；忽视对方抛出的资料，反而向对方给出己方要价的证据资料；不听信对方说词，保持警惕，放慢谈判节奏，对余下的大多数利益仍需针锋相对，寸土必争。

三、应对谈判中出现困难的技巧

在对抗性、分配性和"基于立场"的谈判中，尤其是出现冲突的情形下，一个谈判者可能面对：消极性、破坏性或操纵性的谈判战术；各种消极的情绪表现，如攻击对方；坚持根深蒂固的立场；抵制；势力的不平衡。这些都给双方的合作带来巨大的障碍，要使得谈判更具合作性，双方应寻求变化，探求潜在的共赢选择和解决方案。有学者提出了应对这些"困难"的方法,可以称之为"突破困难和障碍"的方法,如表10-5所示。

表10-5 应付困难谈判的策略

合作障碍	挑战	策略
你对另一方的竞争性行为的自然反应	不作出反应	"到阳台去"(在心理上把自己与他们的战术隔离开)
另一方的消极情绪	解除他们的武装	"走到一边"(对他们的消极方法积极地作出响应)
另一方的立场行为	改变游戏	不要拒绝:重构问题以寻找新的解决方案
另一方怀疑协议的益处	让说"是"成为一件容易的事	"给他们架一座金桥"(提出一个他们可以接受的要约)
另一方眼中的势力	让说"不"成为一件难事	实情检查:确保他们理解我们的备选方案

第五节　整合性谈判中的技巧

一、整合性谈判的技巧

在整合性谈判中,双方强调通过问题界定、再界定和探讨更多的选择方案,来追求对双方都有益的选择方案,因此,整合性谈判的战术更侧重于战略层面的考虑,而技术层面的技巧相对比较简单,不太具有操纵性和竞争性。表10-6给出了一些"双赢"谈判的常见方法和技巧。

表10-6 重新聚焦问题以揭示各种双赢选择

扩大馅饼	各方的目的是找出增加可用资源的途径,而不是对有限的资源进行议价
滚原木(互助合作)	各方应识别他们具有不同优先级的问题,以便他们用那些对给予者而言低优先级的项目换取对接收者而言较高优先级的项目
非特定补偿	一方通过提供非特定的或不直接相关的利益以寻求获得让步

(续表)

削减遵守成本	一方寻求使遵守或同意另一方提出的成本和风险最小化,从而使它更容易说"是"
搭桥	各方重构或重新制定问题,以便能够形成各种全新的"双赢"解决方案

二、整合性谈判的战略

整合性谈判战略的核心是解决问题。解决问题是一种旨在订立一项程序性协议的战略,其目的在于解决已被确认的共同问题。从概念上看,它与那些以让步为基础的战略有很大区别,后者总是把视野集中在某些价值的放弃与否之上。

(一)解决问题的四个步骤

与让步战略不同,解决问题侧重于促成一项程序性协议。双方谈判者可以按该协议进行合作,以便发现、鉴别各种有碍于达成协议的问题,并确定用于解决这些问题的共同利益在哪些方面。共同利益是指双方排除了个别需要后留下的东西。各方的不同需要经常是在确立共同利益范围的过程中显露出来的。

在同意合作并找出有碍达成协议的症结后,各方谈判者开始进一步讨论这些问题以明确共同利益。然后,双方着眼于实施解决问题过程的最后、也是最重要的一步——寻求公正、互利的解决方法。只有成功地解决问题,双方才会有获胜的感觉。具体的步骤如下:一项用于解决问题的程序性协议;找出有碍达成协议的症结所在;明确共同利益和限定各自需求的范围;为寻求公平互利的解决方法而进行讨论。

阅读案例 10-4

(二)为解决问题战略打下必要的基础

要使解决问题成为一种有用的战略,必须具备以下条件。

(1)双方及其谈判人员必须同意合作,共同寻找阻碍达成协议的症结,并制定一个有利于双方的解决办法。

（2）确保相互信任，双方应该对使用同一方式解决问题有共同的兴趣。

（3）双方谈判者必须找出相同的问题，并就如何解释这些问题取得一致意见。

（4）双方及其谈判者应该意识到，双方都赢的结局是可能的，并不是非要一方向另一方屈服才算解决问题。双方谈判参加者只要努力，就能够找到互利的解决方法。

前三个条件也许存在某次具体谈判的开场阶段，也可能经由说服、劝导、协商和了解对方的真实要求等阶段发展而成。了解对方也许是解决问题战略最为重要的方面，因为该战略只有在满足了对方的真正要求时才会成功。当然，本方的需要也应在同一个协议中得到满足。

（三）明确界定问题，划分目标与需要之间的界线

需要，或者称为利益，它为一方在谈判中寻求某些东西提供了动机。目标则是当事人在谈判中表明希望达到的目的，用以实现其需要和利益。既然目标不同于需要和利益，解决问题的双方必须超越目标来讨论真正的需要和利益。这样，谈判者就应设法找出他们的共同利益和不相冲突的各自利益，同时也不忽视提出相互冲突的利益的必要性。所以，解决问题的焦点应更集中于利益和需要，而非谈判地位。

谈判者必须认识到，双方的决策人也许对能够作出让步的东西有不同的价值需要，因而达成协议的可能性会随着谈判中出现交换性让步而增加。通过明确这种不同的价值需要，解决问题战略有利于找出双方的需要。从这个意义上说，解决问题始于确定各方实际需要的共同尝试。

（四）保持同情与合作的态度

在采用解决问题战略时，谈判者应该表现出合作与同情，以利于建立不可缺少的信用，使问题在相互信任中解决。合作与同情还可以有助于缓和对方及其谈判者一开始就持有的竞争、感情用事或情绪对立等态度。谈判者的态度问题绝不能与争议中的实质性问题混为一谈，必须分别处理。当

对方心理上的需要影响着谈判进行的方式时,合作与同情的态度也可以起积极作用。让对方更努力地解决问题的方法是,以一种问题的形式质疑或向对方征求建议。提问与征求建议可以是直接的,也可以暗示。下列的典型表述提供了一种促使对方谈判者解决问题的方法:"我发现在我们的提议中有个漏洞,问题涉及如何把你方购买人未来的支付能力也概括在内,尤其在她的支付能力可能发生变化时。我真不知道如何概括这一点。我们可以设立一份由第三者保存、待条件完成后即交受让人的契约,但这不一定是个好主意。你有什么建议吗?"

(五)创造性的再界定问题

解决问题在两个方面需要一定程度的创造性:其一是看待问题的方式,其二是找到对双方都有利的解决办法。谈判常需要重新审查,以找出形成僵局的症结所在,否则就无法继续按原计划讨论问题。由于解决问题的过程可能很缓慢,因此需要忍耐与坚持。

1. 给问题下个恰当的定义

给问题下定义非常重要。定义应该尽可能简洁,这样可以把注意力集中在寻找答案的具体方向上。在可能的范围内,定义还应排除个人对问题的影响,以减少因双方及其谈判者过分主观或过于自私地处理问题所带来的危险。问题一旦有了明确的解释,解决的办法便会随着障碍的查明而产生(除非讨论刚开始,就有人提出了一个可接受的办法)。

2. 将目光放在共同利益上

别老盯着对立的或可能是不受欢迎的外部压力。而要将注意力集中于共同利益方面。

把馅饼做得更大和以不同的议题交换让步。解决问题战略可以包含设计一些把馅饼做得更大的方法,使之在双方进行分配时不再是总数固定不变的价值数额。使用这种方法时,零和博弈、胜负博弈会转变为双胜博弈与正和博弈。与侧重单向让步的战略不同,解决问题战略还允许采用交换让步的处理办法。但是在典型的解决问题战略中,让步交换的筹码是各种议题。由于这些议题对各方的价值并不相同,所以双方交换后都会感到有所收获。这种类型的交换极易做到,因为一方或双方无论何时作出让步都不会因此而受损失。

(六)产生多种选择方案

在决定行动的步骤之前,解决问题的愿望也许有利于产生许多其他可能的选择。为了解决问题,谈判者被鼓励提出各种建议,而不仅仅是决定解决方案。由于各方都积极支持提出各种不同的建议,这就使得一个较好的建议有可能从中产生并被采纳。

当然,根据解决问题战略的精神,各种可供选择的建议都是为双方共同获益而设想的。这样,无论是来自对方的灵感,还是来自其他专家和来源的不同观点,都可能会对谈判有所帮助。在各方为解决问题而群策群力时,往往需要敢于坦率直言、愿意倾听意见并提出修改性建议的参与者。

三、推动谈判结束

谈判者用各种影响和说服方法,其目的是达成协议,所以推动谈判结束并获得交易的最终承诺非常重要。关于分配性谈判,可以有如下一些方法来推动谈判的结束。

(一)提供备选方案

供应商喜欢有多种选择方案,如买方能给供应商提供两个或更多的备选方案,在供应商眼里,这些方案的不同有一些或多或少的价值变化,供应商会选择最适合他的方案。

(二)假定成交

假定成交是供应商用得比较多的一种技巧。很多供应商在买方同意前,就开始完成文案工作,仿佛已经达成了交易,造成一个既成事实的假象,让对方从几种交易的方式选择,类似的行为包括谈论"您选择 A 款还是 B 款?"或询问下一阶段计划的问题,如询问"我们什么时候发货?"

（三）均摊差额

均摊差额是一个明智的妥协，并且是一种诉诸公平竞争意识的协议达成方式。然而实际上，一方可能比另一方获利更多，从而导致另一方的不满；或代表一个双方"双输"的结果。

（四）爆炸式报价

将一个报价（经常被夸大为可能是最好的报价了）规定仅在非常有限的时间内有效。其目的是迫使另外在寻找备选方案前，害怕错失机会而仓促接受报价。

（五）甜味剂

一方从一开始就"留一手"，在几乎达成交易时作出了足以扭转局势的让步，这种让步对另外一方有足够的吸引力，以至于让另一方感到它终于获得了迟来的"赢"。当然，选择这种方式的前提是，己方基本上所有的要求都已经通过谈判得到了满足。

四、列维奇指出的四个道德标准来源

很多专家都认为，影响技能（尤其是行为技术）具有潜在的"危险性"，因为它们的作用是操纵或控制他人，强迫或诱骗他们做自己不想做的事。列维奇等人指出了四个道德标准的来源，这些来源可以指导谈判者对谈判结果进行思考，并考虑如何通过影响他人来实现这些结果。

（1）最终结果道德基于我们行动的结果：如果结果总体是好的，那么行动的出发点也是好的。

（2）规则道德基于遵守法律和标准：如果一个行动处在规定的规则范围内，那么它也是无害的。

（3）社会契约道德：基于遵守国家文化和商业背景下的通行习惯和规范。

(4) 个人道德基于自己对正确和错误的感觉。

 实践指导

本地冰球队和花样滑冰协会正就使用本社区的溜冰场进行谈判。双方都感到各自现有的冰场使用时间不足，他们开始对资源分配问题进行如下分析。

分配什么：冰场使用时间。分配时间：一整年。

分配者：冰场经理。

分配方法：除非双方同意采用其他方法，否则现有的时间对半均分。具体时数：每天17小时，每周50小时。

双方发现，冰球队很少在春、夏季使用冰场。而花样滑冰运动员所需的总时数不能减少。冰球队老板以减少总时数作为增加冬季使用时数的交换条件，因为冬季不能满足需要的矛盾最突出。花样滑冰运动员则乐于增加总时数，因为这可以使他们添加表演节目。

资料来源：[美]马克·凯·斯科恩菲尔德、瑞克·艾姆·斯科恩菲尔德.36小时谈判课程.上海：上海人民出版社，1995：56。

 思考与练习

一、名词解释

1. 影响

2. 说服方法

二、选择题

1. 以下不属于推动影响特征的是(　　)。

　　A. 施加势力或权限

B. 被影响者完全意识到该过程

C. 说服或人际影响

D. 旨在保证遵守,通常受到被影响者抵制

2. 以下不属于拉动影响特征的是(　　)。

　A. 说服或人际影响

　B. 被影响者完全意识到该过程

　C. 如果有效使用,被影响者可能不会意识到该过程

　D. 可以保证遵守

3. 说服的关键(　　)。

　A. 说服的关键途径是具有逻辑性的争论

　B. 其本质是一种促进性方法

　C. 说服的效果取决于沟通的有效性

　D. 使用权力或势力以外的其他方法

4. 谈判中可能的说服方法有(　　)。

　A. 威胁　　　　B. 感情　　　　C. 逻辑　　　　D. 妥协

5. 基本影响类型有(　　)。

　A. 印象管理　　　　　　　　B. 政治影响

　C. 积极主动的影响　　　　　D. 被动的影响

6. 推动谈判结束的方法有(　　)。

　A. 提供备选方案　　　　　　B. 假定成交

　C. 均摊差额　　　　　　　　D. 爆炸式报价

三、简答题

1. 列维奇指出的四个道德标准来源。

2. 描述尤里关于管理困难谈判的策略。

四、论述题

影响在哪些方面有别于谈判。

第十一章

采购谈判中的沟通

学习目标

1. 了解人际沟通技巧的范畴和内涵
2. 掌握谈判中有效倾听的技巧
3. 掌握谈判中提问和回答技巧
4. 掌握谈判中非语言沟通的技巧
5. 认识文化因素对谈判的影响

基本概念

人格、人格特质、人格类型、选择性倾听、适应性倾听

第一节 人格与情商

成功谈判者的行为,往往是基于他本人的人格、情商等个人品质因素,这些个人品质成为他成功的关键。

一、人格

人格是以一种独特而一贯的方式、对于不同情形、跨越不同时间,影响

个体特征行为模式的心理素质。人格是人性的现实化或人性得到实现的程度,每个人的人性都必然会转化为人格,但人格存在着好坏的差别。

人格特质,是个人人格的相对稳定的属性或素质,这些属性或素质将导致他们按一定方式为人处世。

人格类型,是一种用于区分不同人格的描述性的标识。好的人格是人性得到充分实现的人格,是能使人的生存发展需要不断得到好的满足的人格,而坏的人格则是人性实现得不好或有问题的人格,是不能使人的生存发展需要得到满足的人格。

(一)人格实质上是人性的现实化

人性是人的本然本质,它是人的多层次、多维度的共享本质和独特本质的有机统一。就人类种类而言,其共享本质是人类与动物个体、生物个体、无生命事物个体共享的本质,这即是人与宇宙万物相通的方面,而其独特本质是人类所有个体共享的不同于宇宙万物的特有本质。人类的本然本质就是事物性、生物性、动物性和人类性的有机统一。就人类个体而言,人性就是人禀赋的各种潜质,即人性所具有的那些可以变成现实可能性的潜在可能性。人性的各种潜质是人类在漫长的进化过程中积淀下来的,可以说是人的基因。人性包括潜在的需要、潜在的能量、潜在的能力以及形成知识、意识观念、品质的潜在可能性。人格就是把人性潜在的需要、能量、能力及其积累的成果,和形成的定势的潜在可能性变成现实可能性。

(二)好的人格是以人格道德为前提的、具有个性化特征的完善人格

好的人格是人性得到充分实现所形成的完善人格,这种人格是道德的、完善的,并且具有个性化的特征。

人格内涵十分丰富,涉及不同的要素、层次和结构问题。从人类社会生活现实看,其中最重要的是人格性质是否道德、人格要素是否健康、人格结构是否完整、人格层次是否高尚和人格是否具有鲜明的个性特色这五个方面的问题。

好人格是以人格道德为前提、以人格完善为主要内涵、具有个性化特征

的人格。人格完善就是道德、健康、完整、高尚、个性化的人格,可以概括地划分为人格健全(包括人格要素健康、结构完整)、人格高尚两个基本层次。

人格道德主要是指人格在性质上是道德的,具有正确的价值取向,能服务于个人更好地生活,能妥善处理个人与他人、群体和环境的关系,实现两者的利益共进。人格道德首先体现为其中的品质是德性的。一个人只有品质是德性的,他的人格才会是道德的,相反一个人的品质是恶性的,他的人格就是不道德的。人格道德还体现为具有良心这种基本的道德情感以及其他道德情感,对人的所有活动道德情感都能发挥自我调控作用。人格的道德也体现为具有以社会道德要求为取向的意志控制机制,能在不同情境中作出正确的行为选择,能确保行为在任何情况下都是正当的。

人格健全主要指人格的各种构成要素及其结构是健康、完整、协调一致和前后一贯的,人格的各个要素没有缺损和障碍,不存在变形、扭曲、冲突、异化的情况。这样的人是全面完整的人,具有统一稳定的自我。

（三）好的人格能够使人的生存发展需要不断获得好的满足

人格是通过开发人性形成的,但其好坏的主要标志在于人格是否能够使人的生存发展需要获得好的满足。

人类在进化的过程中之所以会逐渐形成人格这种人类特有的总体性心理特征,是因为它能够更好地开发出人的需要,能够更好地满足开发出来的需要,并能够使人在满足中得到享受。但是,这种心理特征不是自然而然形成的,而是人通过开发人性形成的,人的作为起着主导作用。但人的这种作为可能是成功的、到位的,甚至是超常的,也有可能由于种种因素的影响而会发生不到位或偏差的情况。因此,通过人的作为开发出来的人格,就存在着能不能更好地开发出人的需要并更好地满足开发出来的需要的问题,因而对于人类而言也就存在着好坏的问题。好的人格就是能够开发出人类生存发展需要并能使之得到好的满足的人格。

好的人格其首要标志是有正确观念。人是观念动物,观念作为人的一切活动的定势发挥作用。认识活动有思维定式,情感活动有态度倾向,意志活动有意志力,行为活动有行为习惯(品质)。有正确观念不仅能够保证人不会误入歧途(如犯罪),而且可以给人提供正确规范,从而使人能够顺利地实现自己的意图。属于好的人格的能力指的是人各方面的能力都强,包括认识能力、情感能力、意志能力、行为能力以及人的体力,尤其是指人职业方面的能力(通常称为专业能力)卓越。一个人能力强不仅能够更好地满足生理和安全需要,能够满足人的情感方面的需要,也能够开发并满足自我实现的需要。

对于人格具有决定性意义的是品质。好品质主要是指德性品质,一个人的品质是德性的,他就具有道德人格,就是道德之人。德性不仅能够给人的生存发展需要的开发、追求和满足提供强大的动力,而且可以为之营造良好家庭环境、学校环境、职场环境、社会环境,从而为自己需要的满足提供可靠的保障。一个人具备健全、高尚的人格还会产生人格魅力。具有人格魅力的人对他人会产生重要的影响力和感召力,自己也会因而更加自信和自豪。

二、气质

(一) 气质与气质类型

气质是表现在心理活动的速度、强度、灵活性方面的动力特征。如有的人性情急躁、易发脾气;有的人沉着冷静、三思而行;有的人动作伶俐,言语迅速;有的人动作迟缓,语言乏力。这些都是人们气质特征的表现。

气质从生理机制上说是由神经系统的兴奋和抑制的强度、平衡性和灵活性决定的,同时也受到内分泌系统的影响。所以气质具有明显的"天赋性"。既然是天赋的,一般说它也是稳定的,不大容易改变。这就是我们平常所说的"江山易改,秉性难移"。当然这种稳定性也是相对的,在生活环境和教育的影响下,可以在一定程度上改变,这就是所谓气质的可塑性。

在心理学上,一般将人的气质划分为四种典型的类型:即多血质、胆汁质、黏液质、抑郁质,这四种类型具有不同的行为表现。

多血质的人活泼好动、思维敏捷、反映迅速,喜欢与人交往,注意力易转移,兴趣易变换,具有外倾性。

胆汁质的人直率、热情,精力旺盛,反映迅速,行为刻板,情绪易冲动,心境变化剧烈,具有外倾性。

黏液质的人安静、稳重、反应缓慢,沉默寡言,情绪不易外露,注意力稳定但难于转移,善于忍耐,具有内倾性。

抑郁质的人孤僻迟缓,情绪体验深刻,善于察觉别人不易觉察的细节,具有内倾性。

心理学研究表明,不同的活动或工作对人的心理及其特点有不同的要求。一般说来,胆汁质的人,适合从事反应迅速,动作有力,应急性强,冒险性大,难度高而费力的工作;多血质的人,适宜从事要求反应迅速、灵活的工作,如社交工作和变化多样的工作;黏液质适合从事有条不紊、按部就班、平静、耐受性高的工作;抑郁质适合从事持久而细致的工作。但心理学上有一条公理是气质没有好坏优劣之分,不能说那种气质好,那种气质不好,它们只是人神经活动的动力特点不同而已,气质的类型一般不能决定人们成就的高低和事业的成败,每一种气质都有自己的优点,也都有自己的不足。

(二)气质在谈判中的运用

1. 谈判人员应充分了解自己的气质特点,发挥优势,克服不足

作为一个采购谈判人员首先应当充分了解自己的气质特点。比如自己属于胆汁质的谈判者,就要充分运用精力充沛、反应迅速的特点,尽可能给对方造成直率热情的谈判气氛,但又要自觉地防止在谈判遇到阻力或出现僵局时沉不住气,感情冲动。如果自己是多血质的谈判者就应该充分发挥自己思维敏捷、反应迅速、善于交际的特点,同时尽量克服自己注意不稳定、兴趣容易转移的缺点。如果自己属于黏液质或抑郁质的谈判者,就应当充分发挥自己沉着镇静、认真细心的特点,自觉克服语言迟钝、反应缓慢的缺点,扬长避短。不仅如此,如果谈判是以团组的形式进行的,那么了解我方谈判团组的构成人员气质特点,以便使我方谈判人员达到气质上的互补,从而获得1+1>2的效应。

2. 根据对手不同气质特征,采用不同的谈判策略

作为一个采购谈判者,不仅要对自己的气质特点了如指掌,而且也应当

准确把握谈判对手的气质特点,以便根据谈判对手不同的气质类型采用不同的谈判策略。一个高明的谈判者应当在谈判一开始就能根据对方的语速、行为动作的快慢以及眼神和面部表情对对方的气质特点作出比较准确的判断,从而使我方谈判策略或谈判战术的使用更具有针对性。如果说一个谈判者对自身气质特点的了解是为了充分发挥优势、克服不足,那么对谈判对手气质特点的把握则是为了有效地利用其缺点,从而使谈判朝着有利于我方的方向发展。一般说来,如果对手是一个胆汁质的谈判者,在谈判中容易性情急躁、刚愎自用,甚至不计后果,针对这些弱点,我方可适时适当地采用休会策略和疲劳战术,逐渐消磨其锐气,使我方谈判目标顺利实现。当然有时也可根据情况采用"激将法",使其失去意志控制,从而达到我方的目的。如果对手是多血质的谈判者,在谈判中往往容易转移注意力,兴趣也容易发生变化,针对这些弱点,我方可以采用后发制人和声东击西的策略,即把重要问题放在稍后一点时间进行谈判,要是在讨价还价阶段,可以将对方的注意力引导或转移到我方的次要问题上去,从而提高议题在对方心目中的价值。如果对手是黏液质或抑郁质的谈判者,他们往往思维缓慢,语言行为迟钝,并常常优柔寡断,但非常细心、注意稳定,针对这些特点,我方可以适当采用速战速决或"最后通牒"战术,即根据我方需要向对方规定谈判截止的最后时限。

必须指出的是,在现实生活中真正属于四种典型气质类型的人是不多的,绝大多数人属于混合型气质。一位谈判者可能具备胆汁质的某个特点,还具备多血质或黏液质的某些特点,所以分辨起来有一定困难。

三、性格

(一) 性格

性格是一个人表现在对现实的态度和行为方式上比较稳定的心理特征。比如一个人是积极还是消极,是认真负责还是粗心大意,是满腔热情还是尖酸刻薄,是谦虚谨慎还是高傲自负等。性格主要是后天习得的。与气质相比较,性格确有好坏优劣之分。性格既具有稳定性也具有可塑性。

性格的结构是非常复杂的,是由诸多特征构成的。有表现在对待现实态度的特征,包括对社会、集体、他人的态度,也包括对劳动、工作、学习的态度,还包括对自己的态度。有表现在意志方面的特征,包括有无明确的行为目标,还包括对行为的自觉控制能力,乃至在紧急或困难条件下处理问题的特点。有表现在情绪方面的特征,包括情绪活动的强度、情绪活动的稳定性、情绪的持久性和主导心境。有表现在理智方面的特征,即在感知、记忆、想象、思维等认识过程中的态度和活动方式上的差异。

(二)成功的谈判者应当努力获得和培养的性格品质

1. 热情主动

作为一个谈判人员必须具备热情主动的性格品质,这对于创造良好的谈判气氛,把握和驾驭谈判过程是必不可少的。无论谈判出现什么局面,具有热情主动性都是有益无害的。反之,一个冷若冰霜的谈判者是很难获得良好的谈判效果的。所以,谈判人员应当努力培养锻炼自己热情主动的性格,这种培养和锻炼不仅在谈判实践中,而且在日常生活中进行。

2. 沉着冷静

沉着冷静也是谈判人员必备的性格。在谈判中会遇到各种复杂的谈判局面,有些局面对谈判者来说是不愉快的,如遭遇谈判对手的讽刺、挖苦,在讨价还价过程中对方依仗某种优势盛气凌人、不可一世,越是在这样的时候越需要谈判人员沉着冷静,做到宠辱不惊、泰山崩于前而色不变。一个谈判人员如果缺乏沉着冷静的性格,遇事慌张冲动、手足无措那就难于获得应当得到的谈判成果。心理学研究表明,一个人的思维、智力只有在"清风徐来,水波不兴"的心理状态下才能有效地发挥作用。如果遇事紧张冲动,人的认识活动的范围就会缩小,意志的监督作用就会失调,在这种心境下,作出的事情和说出的话往往缺乏理智,容易给谈判目标的实现带来不良后果。

3. 勇敢果断

谈判过程中,会遇到各种各样棘手的问题,但有些事之前完全无法预料的,这时候,针对没有预料的新情况,能否当机立断作出决策十分关键。

值得指出的是,勇敢果断与盲目武断和优柔寡断是截然不同的,勇敢果断是一种自觉的、理智的决断,而武断是一种盲目的、缺乏自制的不得已的行为。

4. 不卑不亢

谈判人员无论在什么情况下都应保持不卑不亢的品格。所谓不卑不亢就是在谈判活动中既不高傲自负,盛气凌人,拒人于千里之外,也不卑躬屈膝,奴颜媚骨,仰人鼻息。做到谦虚而不失自尊,自信而不高傲,落落大方又不失礼节。特别是在国际采购谈判中这一点尤为重要。

5. 独立自强

独立型的人遇事有主见,善于独立思考,不容易受他人意见的暗示和干扰;顺从型的人遇事缺乏主见,不善于独立思考,容易受他人意见的暗示和干扰。如采用个体对个体谈判的形式,必须要求谈判人员具备独立性,有个人主见,通过自己的独立思考作出决断,不被环境因素左右。如采用团队谈判的形式,其成员中可以有顺从型的人提供专业和技术方面的知识,但其主要领导必须具有独立型气格,能够统一全体成员的意志作出决断。在一个谈判集体中,作为一个具体成员可以是顺从型性格,但整个谈判集体必须具有独立性,不受谈判对手的暗示和干扰,从而保证谈判按照己方既定的目标进行。

四、情商

(一)情商

情商(emotional quotient)通常是指情绪商数,简称 EQ,它是近年来心理学家们提出的与智商相对应的概念。从简单的层次上下定义,提高情商的基础是培养自我意识,从而增强理解自己及表达自己的能力。

(二)情商的五个基本要素

情商(情绪商数)(EQ),由两位美国心理学家约翰·梅耶(新罕布什尔大学)和彼得·萨洛维(耶鲁大学)于1990年首先提出,但并没有引起全球范围内的关注,直至1995年,由时任《纽约时报》的科学记者丹尼尔·戈尔曼出版了《情商:为什么情商比智商更重要》一书,才引起全球性的EQ研究与讨论,因此,丹尼尔·戈尔曼被誉为"情商之父"。

丹尼尔·戈尔曼接受了萨洛维的观点,认为情绪智商包含自我意识、自我控制、自我激励、认知他人情绪和处理相互关系这五个主要方面。

1. 自知

自知(self-awareness)就是能准确地识别、评价自己和他人的情绪,能及时察觉自己的情绪变化,能归结情绪产生的原因。

自知的特点是如下。

(1) 准确识别情绪,包括情绪对象特征、情绪强度特征、情绪时间特征和情绪变化特征。

(2) 准确识别情绪原因,准确归因,包括能准确识别自己的需要特征、动机特征和自己的角色特征。

(3) 准确识别环境关系,包括自己与他人的关系,自己所处的任务目标特征和环境的结构特征。

2. 自控

自控(managing emotions)就是适应性地调节、引导、控制、改善自己和他人的情绪,能够使自己摆脱强烈的焦虑忧郁,能积极应对危机,并能增进实现目标的情绪力量。自控包括自我监督、自我管理、自我疏导、自我约束和尊重现实。尊重现实包括尊重自己的现实、他人的现实和周围环境的现实。

3. 自励

自励(motivating emotions)就是利用情绪信息,整顿情绪,增强注意力,调动自己的精力和活力,适应性地确立目标,创造性地实现目标。自励就是上进心、进取心,上进心、进取心就是确立奋斗目标,并为之而积极努力。

自励意味"求实坚毅",对一个情商高的人来说,面对困难能够一点一滴地从事自己的工作,坚强自己的信念,而不是抱着"干得了就干,干不了就算了"的心态。

4. 共情

共情（empathy）就是能设身处地考虑他人的情绪感受和行为原因,具备换位思考的能力和习惯,理解和认可情绪差别,能与自己的观念不一致的人和平相处,理解别人的感受,察觉别人的真正需要,具有同情心。

"共情"的基本特征是"准确理解他人"和"准确表达他人的思想"。准确理解他人就需要换位思考和换位思考。只有换位思考,才能达到"己所不欲,勿施于人"的效果;只有换位思考,才能达到"欲穷千里目,更上一层楼"的佳境。

5. 和谐相处

和谐相处（handing relationships）就是能妥善处理人际问题,与他人和谐相处。在专业分工越来越细的前提下,相互协作变得越来越重要,时代呼唤团队合作精神,时代需要人人相互信赖、相互尊重和相互协作。协作的作用在于提高组织的绩效,使团队的工作业绩超过成员个体业绩的简单之和,从而形成强大的团队凝聚力和整体战斗力,最终实现团队目标。只有真正融入了团队,才能保证工作的效率和质量。

如何与人相处呢?心理咨询学提出了两个很重要的技术,一个是"无条件积极关注",另一个是"真诚"。

"无条件积极关注"就是无条件地关注他人的言语、行为和需要,不能视而不见,也不能过分厌恶他人。

"真诚"就是接纳他人,真诚与他人合作,表里不一会影响合作的基础。

（三）高情商和低情商的区别

科学家发现,大脑控制情绪的部分（边缘系统）受损的人,可以很清晰和符合逻辑地推理和思维,但所作出的决定都非常低级。科学家因此断定,当大脑的思维部分与情绪部分相分离时,大脑不能正常工作。人类在作出正常举动时,是综合运用了大脑的两个部分,即情绪部分和逻辑部分。一个高情商的人是会综合利用大脑中的各个部位的,并在大多数情况下运用其大脑皮层部分,其典型表现如下:

（1）拥有自我意识。

（2）心理承受能力强，能够进行自我调节。

（3）能够积极乐观地看待世界。

（4）能够揣测他人动机心理。

（5）拥有较好的人际关系。

（6）能够对事情问题作出判断。

一般情商高的人，都尊重所有人的人权和人格尊严，不将自己的价值观强加于他人；肯于帮助别人，能够放下手头的事情，时不时停下来关注别人，向有困难的人伸出援助之手，而不是完全沉浸在自己的小世界里；知道什么时候该拒绝，情商高的人懂得何时以及如何拒绝别人，并有强大的心理承受能力来有礼有节地拒绝；善于读懂别人的面部表情，面部表情是一种通用的情绪语言。能领悟别人感受的人情商高；失败后能重新崛起，情商高的人无论遇到何等逆境，都会坚持下去，迅速调整情绪，恢复活力，具有很强的心理韧性；自信而不自满，很乐观，很幽默，能站在别人的角度想问题，有较好的人际关系，做事不怕难，心理承受能力强，能应对大多数的问题。

相反，较低情商的人主要表现出以下情况。

（1）易受他人影响，自己的目标不明确。

（2）低情商者善于原谅，能控制大脑。

（3）能应对较轻的焦虑情绪。

（4）把自尊建立在他人认同的基础上。

（5）缺乏坚定的自我意识。

（6）人际关系较差。

一般情商低的人，自我意识差，没有自信，无确定的目标，也不打算付诸实践，严重依赖他人，说话和做事时从不考虑别人的感受，经常大发脾气，处理人际关系能力差，应对焦虑能力差，生活无序，爱抱怨。总喜欢为自己的失败找借口，推卸责任，做事怕困难，胆量小。心理承受能力差，受不了一点打击，经常流泪，对生活感到悲观绝望。

（四）情商对谈判的意义

情商对谈判的意义，如表 11-1 所示。

表 11-1　谈判过程中的情商

阶段	EQ 要素	活动
探讨和探查 ·获得信息 ·检验假设 ·调节供应商预期	自我意识	有一个积极的观点和态度
	情感弹性	在这个谈判阶段,始终使你的表现保持一致
	动机	始终关注于实现你的目标
	人际交往敏感性	积极倾听并承认另一方的观点和解释
	影响	设计和指导调查,以便使你能够为以后的讨论设定调节战略
	直觉性	如果你在什么时候有足够的信息实现你的目标,以便将这一过程向前推进
	诚实性	在提取信息时要有道德
谈判	自我意识	意识到、影响并利用双方在谈判中产生的感受
	情感弹性	能够将"挫折"放在一边并将注意力集中于向前推进上
	动机	具有成功和"赢得"谈判的干劲和热情
	人际交往敏感性	理解另一方的个人状态(感情),在谈判中建立一个对各种想法的共同愿景和共同义务
	影响	在谈判中争取他人改变观点
	直接性	在谈判中面对不完整或模糊信息时仔细考虑你的直觉
	诚实性	确保有道德地并以组织授权的个人承诺应对谈判
结束谈判 ·反思 ·实施的动力 ·利用承诺	自我意识	掩饰由谈判产生的积极和消极情绪
	情感弹性	面对消极响应时能够维持谈判
	动机	分析你的个人表现,并反思各种积极方面和学习的机会
	人际交往敏感性	理解另一方想要如何向前推进
	影响	确保捕捉、总结协议要点,并完成协议要点直至交付
	直觉性	考虑进一步的信息是否有会影响所做的决定
	诚实性	为优先事项建立一个透明和彻底的方法,并为向前推进项目创造一个支持环境。

第二节　采购谈判中的沟通

采购谈判中的沟通,就是在采购谈判中,为实现谈判目标,配合谈判方针、策略的展开所使用的技术窍门。其属于心理学与行为科学的应用范畴。

善于应用谈判技巧的一方,在谈判中将获得交易的最大利益,而不善于应用谈判技巧的一方,得到的仅仅是他本来应有的利益的一个部分,这就是谈判技巧的效用所在。善于灵活运用谈判技巧进行谈判,将会有助于控制局势,使谈判朝着有利于己方目标的方向发展,有助于促进交流与沟通,减少对峙,增大成功的可能性,加速谈判进程,使己方实现利益最大化。此外,精于谈判技巧还将有助于识破和化解对方的计谋,规避商业风险,促使合约顺利履行。

一、沟通

沟通是发送者凭借一定的渠道(亦称媒体或通道),将信息发送给既定对象(接收者),并寻求反馈以达到相互理解的过程。

(一)沟通是信息的传递

沟通包含着信息的传递,如果信息没有传递到既定对象,则意味着沟通没有发生。也就是说,如果演讲者没有听众或者写作者没有读者,就无法形成沟通。

沟通中的信息包罗万象。在沟通过程中,我们不仅传递信息,而且还表达着赞赏、不快之情,或者提出自己的意见和观点。这样沟通的信息就可分为:语言信息,这包括口头信息和书面信息,两者所表达的都是一种事实或个人态度;非语言信息,它是沟通者所表达的情感,包括副语言和身体语言等。沟通过程中,发送者首先要把传递的信息"编码"成符号(文字、数字、图像、声音等),接收者则进行"解码"的过程(信息理解过程)。如果信息接收者对信息类型的理解与发送者不一致,则可能导致沟通障碍和信息失真。在许多信息误解的问题中,接收者常会对信息到底是意见、观点的叙述,还是事实的叙述混淆不清。比如:"小民把腿架在桌子上"和"小民在偷懒"是两人对同一现象作出的描述,没有迹象表明第二句是一个判断。但是,一个良好的沟通者会谨慎区别基于推论的信息和基于事实的信息。也许小民真的是在"偷懒",也有可能这是他思考问题的习惯。另外,沟通双方也要完整地理解传递来的信息,既要获取事实,又要分析发送者的价值观和个人态度。只有这样才能达到有效沟通。

(二)信息不仅要被传递到,还要被充分理解

要使沟通成功,信息不仅需要被传递,还需要被理解。如果一个不懂中文的人阅读本书,那么他(她)所从事的活动就无法称之为沟通。有效的沟通,应该是信息经过传递后,接收者所感知到的信息应与发送者发出的信息完全一致。值得注意的是,信息是一种无形的东西,在沟通过程中,沟通者之间传送的只是一些符号,而不是信息本身。传送者要把信息翻译成符号,接收者则要进行相反的翻译过程。由于每个人的"信息——符号储存系统"各不相同,常常会对同一符号(如语言词汇)存在不同的理解。

阅读案例 11-1

(三)有效的沟通并不是沟通双方达成一致意见,而是准确地理解信息的含义

许多人认为,有效沟通就是使别人接受自己的观点。实际上,你可以明确地理解对方的意思,但不一定同意对方的看法。沟通双方能否达成一致意见,对方是否接受你的观点,往往并不是沟通有效与否这个因素决定的,它还关系到双方利益是否一致、价值观念是否相似等其他关键因素。例如在谈判过程中,如果双方存在着根本利益的冲突,即使沟通过程中不存在任何噪声(干扰),谈判双方的沟通技巧也十分纯熟,往往也不能达成一致的协议,而在这个过程中,虽然双方都已充分了解了对方的要求和观点。

（四）沟通是一个双向、互动的反馈和理解过程

有人认为，既然我们每天都与别人沟通，那么沟通并不是一件难事。是的，我们每天都在进行沟通，但这并不表明我们是成功的沟通者，正如我们每天都在工作并不表明我们每天都能获得工作上的成就一样。沟通不是一个纯粹的单向活动，或许你已经告诉对方你所要表达的信息，但这并不意味着对方已经与你沟通了。沟通的目的不是行为本身，而在于结果。如果预期的结果并未产生，接收者并未对你发出的信息作出反馈或者没能理解信息发送者的意思，那么也就没有形成沟通。

阅读案例 11-2

二、谈判沟通的现实意义

谈判沟通，是把广泛意义的沟通界定在采购谈判上，是指买卖双方为了达成某项协议，与有关方面磋商及会谈过程中彼此加深理解，增进交流所使用的手段和方法。随着商务活动日益社会化，各经济单位的联系和往来都要通过谈判达成协议来实现，那么在谈判中怎样谈判，怎样使双方都受益，这是谈判双方所关心的焦点，沟通是在其中起着"穿针、引线、架桥、铺路"的作用。

（一）谈判成功，沟通先行

大凡谈判成功的典范，主要取胜于谈判的诚意。而诚意又来自彼此的了解和信赖，其中又以了解为源。彼此"鸡犬之声相闻，老死不相往来"，当然就无信赖可言。这样，不管产品多么吸引人，对方都会产生怀疑，如果出现这种情况，要使对方信赖你，首先让对方了解你，这就需要沟通。

（二）排除障碍，赢得胜利

谈判中的障碍是客观存在的，语言障碍、心理障碍、双方利益满足的障碍等都会直接或间接地影响谈判效果。沟通是排除这些障碍的有效手段之一。如谈判双方在利益上彼此互不相让时，或是双方意向差距很大，潜伏着

出现僵局的可能性时,通过沟通活动就可缓解谈判中的紧张气氛,增进彼此的理解。

(三) 长期合作,沟通伴行

一个企业,如果打算与某些客户进行长期合作,就要与这些客户保持长期的、持久的友好关系。沟通,就起着加深这种关系的作用。

三、有效沟诵的特征

有效沟通主要是指信息沟通地及时、完整和准确。有效沟通主要有以下几个方面特征。

(一) 及时性

及时性是指信息从发送者传递到接收者那里的及时程度。及时性意味着沟通双方要在尽可能短的时间内进行沟通,并使信息发生作用。这就要求信息:①传送及时,即在信息传递的过程中,尽量减少中间环节,避免信息的过滤,使信息最快地到达接收者处;②反馈及时,即接收者在接到信息后,及时反馈,以利于发送者进行信息修正;③利用及时,即发送者和接收者双方及时利用信息,增强信息的时效性,避免信息过期无效。

(二) 完整性

完整性是指信息的发送者必须发送完整的信息,要全面、适量,避免根据自己的意愿进行取舍,以偏概全,而应该适量充分,信息的接收者也不能断章取义。

(三) 准确性

信息的准确性是指信息从发送者到接收者那里,保持信息的完整而不被歪曲、失真的程度。信息的准确性是有效沟通的最基本要求。有效沟通必须保证信息在传递的过程中准确,既能够准确地反映发送者的意图,同时,也要保证接收者准确地理解信息,只有按照准确的、不失真的信息采取行动才能取得预期效果。失真的信息,往往会对接收者产生误导。

四、有效的倾听

通过倾听,我们不仅听到对方所说的话语,而且感受不同的声音、声调、音量、停顿、语速等,这些也是倾听过程中不可忽视的元素。例如,说话人适当的停顿,会给听话人一种谨慎、仔细的印象;而过多的停顿,则给人一种急躁不安、缺乏自信或不可靠的感觉。人们也能从说话的音量中区别出愤怒、吃惊、轻视和怀疑等讲话人要表达的态度。

倾听人应表现出对讲话人尊重,承认其潜在价值的态度来接收讲话人的信息;注意讲话人的话语和行动;注意并投入地倾听;跟随讲话者思路;反馈给讲话人必要的信息,给其必要的鼓励、尊重。

(一)保持良好的精神状态

在许多情况下,之所以不能认真倾听对方的讲话往往是由于身体和精神准备得不够,因为倾听是包含身体、感情、智力等综合性的活动。在情绪低落和烦躁时,倾听效果绝不会太好。

(二)创造良好的倾听环境

在与别人交谈时要排除有碍倾听的环境因素,如尽量防止别人的无谓打扰及噪声干扰等。良好的倾听环境应包括:安全的环境、适当的地点、合适的时间等。

(三)建立信任关系

信任是沟通的前提,在双方关系紧张的情况下,双方不会真诚地传递宝贵的信息。

（四）明确倾听目的

倾听的目的越明确,,就越能够有效利用它。事先的充分准备能促使我们积极参与沟通,并能取得显著效果。

（五）使用开放性动作

人的身体姿势会暗示出他对谈话所持的态度。自然开放性的姿态,代表着接收、容纳、尊重与信任。根据达尔文的观察,交叉双臂是日常生活中人们普遍采用的姿势之一,其姿势优雅,富于感染力,使人信心十足。但这常常转变为防卫姿势,当倾听意见的人采取此姿势时,大多是持保留的态度。

（六）给予必要的响应

用各种对方能理解的动作与表情,表示自己的理解,如微笑、皱眉、迷惑不解等表情,可给讲话人提供准确的反馈信息以利于其及时调整;还应通过动作与表情,表示自己的感情,以及对谈话和谈话者的兴趣。

（七）适时适度地提问

适时适度地提问有利于搞清楚自己没有倾听到的事情,同时也利于讲话人更加有重点地陈述、表达。

在倾听中灵活运用开放式问题和封闭式问题。其作用各有千秋,开放式提问气氛缓和,可自由应答,可以作为谈话中的调节手段,松弛一下神经。另外,开放式问题可作为正式谈话的准备,如"最近怎样?"然后很快开始实质问题的交谈。比较而言,封闭式提问使用机会更多,其优点是可以控制谈话及辩论的方向。有时,当讲话人讲些泛泛的话题时,倾听者可以用一些提问来控制其谈话内容,但应注意,尽量少用封闭性提问,以防止自己显得过分锋芒毕露。可以两种方式综合运用,以求最佳效果。

阅读案例 11-3

第三节 采购谈判中的语言沟通

一、语言沟通

在沟通时,首先要搞清我们想说些什么?如果你自己都不知所云,那么听者就更不会明白了。因此,在沟通时首先要考虑语言表达问题。

(一) 语言表达要清楚

话要说得清楚是沟通的首要环节。说话模棱两可,就会造成对方的误解。句子结构错误,会使我们要表达的意思不清楚而影响沟通,特别是在一些正式场合。例如演讲时,必须要清楚,因为你没有第二次机会去澄清自己的观点。

(二) 语言表达要有力

有力的说话方式能直接表明观点。说话有力,可以表示演说者更可信、更有吸引力和更有说服力,容易感染听众。为了使说话有力,应注意以下几点。

(1) 避免讲模棱两可的话和用比较含糊的修饰词语。少用诸如"我猜想"等容易削弱说话威力的表达方式。

(2) 消除含糊的表达形式。像"啊"或"你知道",这些词语也使说话者的语言听起来不确定。

(3) 避开附加提问,即以陈述开始,以问题结束的表述。如"搞一次聚会非常重要,是吗?"会使说话者显得不果断。

(4) 不要使用否认自己的表述。否认自己的表述是指那些辩解或请求听者原谅自己的词语或表达方式。例如,我知道你或许不同意我的观点,但是——以及"我今天确实没有做什么准备"等。

除了使用有力的语言外,在说话中用一些行动性的词语来沟通,会形成一种紧迫的感觉。有些句子使用主动语态时,语言色彩就更加鲜明。"这个男孩击中了球"就比"球被这个男孩击中"更有力。

(三)语言表达要生动

人们在讲故事时如果用"我当时在场""发生在我身上"等第一人称形式来描述就显得特别生动,能够使听者有身临其境之感。

(四)语言表达要文明

在谈判或是交谈中要避免使用一些侮辱性词语。如把人贬低成"三只手",或形容"你是猪、鸡",或用绰号"乡下人""乡巴佬"等。尽量不使用不尊重他人的语言,如:"你所有的话我都知道,这并没有什么神秘感。"

(五)语言表达要恰当

在商务谈判中,双方一般都运用各自的语言来表达自己的愿望和要求。当用语言表达的这种愿望和要求,与双方的实际努力、需要和动机相一致时,就可以使双方维持并发展良好的关系;如果双方的愿望或要求用不恰当的语言来表达,就会导致不和谐的结果。

二、提问技巧

(一)问题的类型

1. 开放式问题

开放性问题是范围广阔、不要求有固定结构的问题。回答问题的人可以作出多种回答。

开放性问题常作为鼓励交谈对象暴露个人思想和情感的主要方法。这种类型的问题有助于交谈对象开启心房、发泄情绪,并支持他们表达被抑制的情感。如:请谈谈你认为将会发生什么事情?你认为这种饮食怎么样?

这类问题都是鼓励交谈对象谈论和描述他或她对某一问题的看法的,问题的答案完全开放,鼓励另一方进行沟通。再如"我们怎样才能改进那个问题?"

2. 封闭性问题

封闭性问题提供的答案是限制性的,有时问题本身就已隐含着答案。当然,问题的封闭程度有很大差异。最常见的封闭性问题只要求交谈对象回答是或不。在商务活动中,封闭性问题常用于收集统计资料、采集或获取信息。封闭性问题在互通信息的交谈中较常使用,如:"看了这些对你的决定有参考价值的实验报告,你是否作出了决定?"或"一会儿你回公司吗?"对方必须从"是"或"否"非此即彼等选项中作出一个特定选择。再如:"你能在4月18日前交货吗?"

封闭性问题的主要优点是交谈对象可以很快地、坦率地作出特定反应,说话者则可以很快地得到回答,效率很高。此外,这类问题不需要交谈对象进行深入反省,为说话者提供了有价值的信息。但在某些情况下,封闭性的问题远不能令人满意。封闭性问题不能保证使你获得最大限度的信息,因此,在进行说服性谈话中,这种问题不利于达到目的,因为你不容易了解对方的动机。封闭性问题迫使答复者必须在较少的可能性中选择"最好"的回答。因此,这个回答不能准确地反映出他们的态度,不允许交谈对象解释自己的情感、思想或提供额外的信息,这种问题往往掩盖了完整的信息。

3. 探究性问题

探究性问题是提问者要求更多细节、分类或解释。例如:"你采用什么具体实验确保质量一致?"

4. 多重问题

多重问题是涉及一个以上问题,也许要给回答者施加压力。例如:"你如何确保固定价格,以及这些如何影响质量和交货?"

5. 引导性问题

引导性问题是提问者施加影响的一种方式和手段,通常暗示什么是正确的答案。例如:"这个价格一年不变是吗?"

6. 反思性问题

对一个议题评论,引导另一方作出响应。例如:"你似乎对我们的建议有点不高兴"。

7. 假设性问题

提出"如果——怎么样?",可以展开各种选择、刺激思考各种情形直至得出结论。例如:"如果将合同延期到两年会怎么样?"

(二)易把握与不易把握的问题

熟练提问时谈判者有一个关键技巧,很多学者都对问题进行了分类,其中有一种分类方法是把问题区分为"容易把握"和"不易把握"两类,"容易把握"的问题具备建设性,而"不易把握"的问题可能会改变谈判走向或使得谈判脱离轨道,表11-2、表11-3显示了这两种类型的问题。

表 11-2 易把握的问题

易把握的问题	例子
开放式问题:不能简单地用是或否回答的问题,即谁、什么、何时、何地以及为什么的问题。	为什么你在这些考虑中采取那样的立场?
开放的问题:请求他人思考。	你认为我们的建议如何?
引导性问题:指向一个答案	你不认为我们的建议是一个公平合理的提议?
冷静的问题:感情性低。	如果你们在该房产上改进,我们需要支持多少额外的价款
计划好的问题:事先形成、具有逻辑性的系列问题的一部分。	在你们对该房产进行改进后,我们何时可望占用?
款待式的问题:在你请求信息的同时恭维对手。	你能向我们提供一些你对这个问题的高见吗?
窗口问题:辅助洞察他人的内心。	你能告诉我们你是如何得出那个结论的吗?
指导性问题:侧重于一个特定要点。	在作出这些改进后,每平方米租金是多少?
测量问题:确定他人感受如何。	你对我们的建议感觉如何?

表 11-3 不易把握的问题

不易把握的问题	例子
收尾问题:强迫另一方以你的方式看待事情。	你不会再次设法利用我们,是吗?
既定观点的问题:使另一方尴尬,不论答案如何。	你打算告诉我你只能接受这些条款吗?
激励的问题:强烈的感情性,可引发情绪响应。	你不认为我们已花费了足够时间讨论你们这个荒唐的建议吗?
冲动性问题:无计划地"一时冲动"提出的,往往使谈话脱离轨道。	既然我们讨论这个问题,你认为我们应告诉那些向我们提出类似要求的团队些什么?
捉弄人的问题:似乎需要你坦诚的回答,但实际上答案"装载"在它们的含义里。	你打算做什么——屈服于我们的要求,还是将这个问题提交给仲裁?
捉弄人的反问式问题:通过反问使另一方同意你的观点。	这就是我如何看待这种情况的,你不同意?

(三) 在严峻形势下可提出的问题

如果谈判陷入僵局,怎样通过有效的沟通和提问来顺利推进谈判流程,也是需要关注的一个问题。表 11-4 给出了在谈判陷入僵局时可提出的问题。

表 11-4 在严峻形势下可提出的问题

"要么接受要么放弃"的最后通牒	·如果我们能提出一个比那个方案更有吸引力的方案,你仍想让我们"要么接受要么放弃"你的要约吗? ·我需要现在决定,还是可以用一些时间想一下? ·你感觉到使谈判结束的压力了吗?
承担着对一个不合理截止时间作出响应的压力	·我们为什么不能就这个截止时间进行谈判? ·如果你承担着满足这个截止日期要求的压力,我能做什么帮你消除一些压力? ·今天下午有什么不可思议的事发生? 早晨要办的第一件事又如何?
虚报高价或虚报低价战斗	·你持此立场的理由是什么? ·如果我把它看成是一个公平要约你怎么想? ·你认为最终解决应满足什么标准?

采购合同谈判

(续表)

僵局	·为弥补我们立场之间的差距,我们任一方还能做些什么? ·你需要我特别地作出什么让步才能马上将这个问题敲定? ·如果现在是六周以后,并且我们回头看这次谈判,我们希望把什么带到谈判桌上?
在接受和拒绝一个提议之间犹豫不决	·除了立刻接受我的要约,你的最好备选方案是什么? ·如果你拒绝这个要约,你知道有什么能更好地替代你从我这里所取得的? ·你怎么能肯定在别处会得到更好的交易呢?
加压、控制或者操纵的企图	·我们难道不应该都满意地离开这次谈判吗? ·如果讲我们的角色颠倒过来,让你感到我现在感受到的压力,你会觉得怎样? ·你是否在经历着达成这些谈判的外部压力?

(四)提问的方式

提问的方式可以划分为以下几种。

1. 明确性提问

它只有明确的方向,要求讲话人给予明确的解释,如"请你把贵方的要求再解释一下。"

2. 相关性提问

即对两件事物间的联系性进行提问。如"今天发生的几件事情对您的身心有何影响?"

3. 激励性提问

提问是为了激励对方或给予对方勇气。如:"其他三个科室都已表示能按时完成任务,你们认为怎样?"

4. 征求意见性提问

询问对方对自己观点的意见、建议等。如:"你认为我们的方案有无需要修改的地方?"

5. 证实性提问

用来对讲话人的一些讲话内容进行有目的的提问,以证实其准确性、可靠性。如:"这件事真的如你所述吗?"

比如,在一场货物买卖谈判中,双方就价格问题难以达成一致时,买方经过精心策划,作出了下列提问:"尊敬的先生,当一件成品所需的原材料开始降价,那么随着成本的下降,其价格是否应降低呢?""是的,毫无疑问。""当一件产品的包装改用简易包装,那么它的价格是否应降低呢?""是的。""那么你方在国家原材料价格大幅度降价,产品又改用简易包装的情况下,为什么还坚持原来的价格呢?"直到这时卖方才发现落入了陷阱,无言以对,只能应对方的要求降低产品的价格。

(五)提问的技巧

提问应掌握以下技巧。

1. 善于理解

设身处地地理解别人,以理解的态度同他人交谈,就能认真倾听,就能诚恳而准确地提出一些双方都能接受的问题解决方式,从而更有利于双方的沟通。

2. 把握时机

倾听中提问的时机十分重要,交谈中如遇到某种问题未能理解,应在双方充分交换意见的基础上再提出问题。过早提问会打断对方思路,而且显得十分不礼貌;过晚提问会被认为精神不集中或未能理解,也会产生误解。

3. 注意提问内容

提问就是为了获得某种信息,即在倾听者总目标的控制掌握下,把讲话人的讲话引入自己需要的信息范围。提问时要注意:一是要紧紧围绕谈话内容,不应漫无边际地提一些不相关的问题;二是不要让所提的问题变为多个问题,不要让几个问题貌似一个问题,例如:"住房是否很拥挤?这是否阻碍了你?它是否使你失调了?"这种问题会使讲话者无所适从,不知该回答问题的哪部分;三是数量要少而精,太多的问题会打断讲话的思路和情绪,恰当的提问往往有助于双方的沟通;四是要适合于对方的理解水平。当有疑问时,就要核实一下你是否正确理解了;或者重述对方刚讲过的话(我懂了,你说的是……);或者要求澄清(哦,但你的意思是——);或者要求例证(你能告诉我它的最后一次情形吗?)。

注意提问的速度、语气、语调、句式。提问时话说得太急、语言生硬、语调过高、句式不协调,容易使对方感到咄咄逼人,引起负效应;说得太慢,会使对方心里着急,不耐烦。

三、回答

一般情况下,在商务谈判中要正面回答问题,对于询问,要实事求是地相告。但是,谈判桌上的提问往往五花八门,有些甚至居心叵测,如对所有的问题都正面提供答案并不一定是最好的回答,所以回答问题也要讲究技巧。

通常,回答问题包括正面回答和非正面回答两种,而"不回答"可划分到后一类中。无论是哪一种类型的回答,按照回答问题的方法来划分,可以将回答分为以下五种类型。

(一)依发问人的心理假设回答

一般地说,提问总是有一定的目的。但是,提问者有时可能有意使问题含糊其词,让回答者在揣摩提问者心理中判断失误,回答有漏洞。因此,回答者应在探知对方心理的情况下,依据对方的心理回答,切不可自作聪明,按自己的心理假设回答。

例如,买方在谈判时向卖方提出,"请您谈谈产品价格问题"此时卖方应弄清买方要了解价格哪一方面的问题后再酌情回答。如果卖方确信买方提这个问题是因为价格太高,那么卖方可以依据买方的心理重点,回答价格为什么并不算高。可是如果卖方在摸不清买方心理的情况下,想当然地介绍价格的计算、成本的高低,就可能落入对方陷阱,给对方压低价格提供了依据。

(二)不彻底回答

不彻底回答包括两种情况:缩小范围回答和不正面回答。

1. 将问话的范围缩小后回答

例如,买方询问产品质量如何?对此卖方并不详细介绍产品所有的质量指标,只回答其中有特色的某几个指标,从而给买方以产品质量好的印象。

2. 不正面回答

不正面回答通常是闪烁其词,似答又不答。例如,甲乙双方进行某种设备买卖的谈判,买方问价格多少,卖方明知这种设备价格不便宜,直接回答可能导致交易失败,此时可以说:"请让我先把这种设备的几种特殊功能说明一下好吗?您一定会对这种设备感兴趣,我相信你们对价格是会很满意的。"

(三)不确切回答

有些回答要模棱两可,富有弹性,并不把话说死。例如,"对于这个问题,我们过去是这样考虑的,您必须要了解症结之所在,许多事情共同导致这个结果,比如……"

(四)利用反问回答

利用反问转移重点问题,例如"是的,我猜想您会这样问,我会给您满意的答复,不过,请先准许我问一个问题""也许您的想法是对的,不过您的理由有一点我不太理解,能否请您再解释一下?"

第四节　采购谈判中的非语言沟通

据研究,高达93%的沟通是行为的即非语言的,其中55%是通过面部表情、形体姿态和手势传递的,38%通过音调传递的。我们把借助于行为进行沟通的非语言称为人体语,又称身势语,是利用身体动作来传递信息的一种非语言沟通手段。

行为沟通包括那些不特别用于代表某种"信号"的所有身体运动,不但显示身体的移动或完成某种动作状态,而且泄露与此动作有关的其他信息,如吃喝、挥手、接吻、跺脚等，都具有功能上和沟通上的双重意义。

在商务谈判活动中，人体语是人们进行沟通的最常见的一种形式，因此，学会观察人体语是顺利沟通的保证。

一、行为沟通的语言

（一）面部表情

1957年，美国心理学家爱斯曼做了一个实验，他在美国、巴西、智利、阿根廷、日本五个国家选择被试者，他拿一些分别表现喜悦、厌恶、惊异、悲惨、愤怒和惧怕六种情绪的照片让这五国被试者辨认。结果，绝大多数被试者"认同"趋于一致。实验证明，人的面部表情是内在的，有较一致的表达方式。因此，面部表情多被人们视为是一种"世界语"。在面部表情中，应该特别注意眼、脸部肌肉、眉的变化。

1. 目光语

目光语主要由视线接触的长度、方向以及瞳孔的变化三方面组成。

（1）视线接触的长度是指说话时视线接触的停留时间。视线接触的长度，除关系十分亲密者外，一般连续注视对方的时间为1—2秒钟。与人交谈时，对方视线接触你脸部的时间应占全部时间的30%—60%，超过这一平均值的人，可认为对谈话者本人比对谈话内容更感兴趣；而低于这一平均值的人，则表示对谈话内容和谈话者本人都不太感兴趣。不同的文化对视线接触的长度是有差别的。在中东一些地区，相互凝视为正常的交往方式。在澳大利亚的土著文化中，避免眼睛接触是尊重的表示。当然，在大多数国家里，特别是在英语国家里，沟通中长时间地凝视和注视及上下打量，被认为是失礼行为，是对私人占有空间或个人势力圈的侵犯，往往会造成对方心理上的不舒服。但并不是说在跟他们谈话时，要避免目光的交流，事实上，英语国家的人比中国人目光交流的时间长而且更为频繁。他们认为，缺乏目光交流就是缺乏诚意、为人不实或者逃避责任，但也可能表示羞怯。

（2）视线接触的方向很有讲究。说话人的视线往下（即俯视），一般表示"爱护、宽容";视线平行接触(即正视),一般多为"理性、平等"之意;视线朝上接触(即仰视),一般体现"尊敬、期待"的语义。

(3)瞳孔的变化是指接触时瞳孔的放大与缩小。瞳孔的变化是非意志所能控制的。在高兴、肯定和喜欢时,瞳孔必然放大,眼睛会很有神;而当痛苦、厌恶和否定时,瞳孔会缩小,眼睛会无光。眼睛是心灵的窗户,目光的接触也是灵魂的接触。读懂对方的眼神,也就是读懂了他的内心。

2. 眉与嘴

(1)眉毛也可以反映许多情绪。当人们表示感兴趣或疑问的时候,眉毛会上挑;当人们赞同、兴奋、激动时,眉毛会迅速地上下跳动;处于惊恐或惊喜的人,他的眉毛会上扬;而处于愤怒、不满或气恼时,眉毛会倒竖;当窘迫、讨厌和思索的时候,往往会皱眉。

(2)嘴巴的动作也能从各个方面反映人的内心。嘴巴紧闭而且不敢与他人目光相接触,可能心中藏有秘密,此时不愿透露;嘴巴不自觉地张着,并呈倦怠状,说明他可能对自己和对自己所处的环境感到厌倦;咬嘴唇,表示内疚;当对对方的谈话感兴趣时,嘴角会稍稍往后拉或向上拉。值得注意的是,在英语国家,用手遮住嘴,有说谎之嫌。中国人在对人讲话时,为了防止唾沫外溅或口气袭人,爱用手捂住嘴,很容易使英语国家的人认为他们在说谎话。

(二)肢体语言

肢体语言主要指四肢语言,它是人体语言的核心。通过对肢体动作的分析,可以判断对方的心理活动或心理状态。

1. 手臂语

站立或走路时,双臂背在背后并用一只手握住另一只手掌,表示有优越感和自信心。如果握住的是手腕,表示受到挫折或感情的自我控制;如果握住的地方上升到手臂,就表明愤怒的情绪更为严重。

(1)手臂交叉放在胸前,同时两腿交叠,常常表示不愿与人接触;而微微抬头,手臂放在椅子上或腿上,两腿交于前,双目不时观看对方,表示有兴趣来往。

（2）双手放在胸前，表示自己诚实、恳切或无辜。如果双手手指并拢放置于胸前的前上方呈尖塔状，则通常表明充满信心。

2. 手势语

手势是身体动作中核心的部分。手势可以是各民族通用的，如摇手表示"不"。手势也会因文化而异，如在马路上要求搭便车时，英、美、加等国人是面对开来的车辆，右手握拳，拇指翘起向右肩后晃动。但在澳大利亚和新西兰，这一动作往往会被看成是淫荡之举。在人们的日常生活中，有两种最基本的手势，手掌朝上，表示真诚或顺从，不带任何威胁性；手掌朝下，表明压抑、控制，带有强制性和支配性。在日常沟通中其他常见的手势还有以下五种。

（1）不断地搓手或转动手上的戒指，表示情绪紧张或不安。

（2）伸出食指，其余的指头紧握并指着对方，表示不满对方的所作所为而教训对方，带有很大的威胁性。

（3）两手手指相互交叉，两个拇指相互搓动，往往表示闲极无聊、紧张不安或烦躁不安等情绪。

（4）将两手手指架成耸立的塔形，一般用于发号施令和发表意见，而倒立的尖塔形通常用于听取别人的意见。

（5）在英语国家，人们喜欢将两手的食指和小指向下比画，意思是所谓的、自称的或是假冒的。在表示讥讽某人时，也常用这个动作。

手势语不仅丰富多彩，甚至也没有非常固定的模式。由于沟通双方的情绪不同，手势动作各不相同，采用何种手势，都要因人、因物、因事而异。

3. 腿部语言

也站立时两腿交叉，往往给人一种自我保护或封闭防御的感觉；相反，说话时双腿和双臂张开，脚尖指向谈话对方，则是友好交谈的开放姿势。

（1）架腿而坐，表示拒绝对方并保护自己的势力范围；而不断地变换架脚的姿势，是情绪不稳定或焦躁、不耐烦的表现；在讨论中，将小腿下半截放在另一条腿的上膝部，往往会被人理解为辩论或竞争性姿势；女性交叉上臂并架脚而坐，有时会给人以心情不愉快甚至是生气的感觉。

（2）笔直站立，上身微前倾，头微低，目视对方，表示谦恭有礼，愿意听取对方的意见。

（3）坐着的时候无意识地抖动小腿或脚后跟，或用脚尖拍打地板，表示焦躁、不安、不耐烦或为了摆脱某种紧张感。

4. 体触语言

体触是借身体间接触来传达或交流信息的行为，如勾肩搭背等。体触是人类的一种重要的行为沟通方式，它使用的形式多样，富有强烈的感情色彩及文化特色。体触语能产生正、负两种效应，其影响因素有性别、社会文化背景、触摸的形式及双方的关系等。由于体触行为进入了最敏感的近体交际的亲密距离，容易产生敏感的反应，特别在不同的文化背景中，体触行为有其不同的含义，因此，在沟通中要谨慎地对待。

5. 物体语言

物体语言是指通过摆弄、佩戴、选用某种物体来传达某种信息，呈现不同的姿势，反映不同的内容与含义。物体语言实际上也是通过人的姿势来表示信息。

二、恰当地把握时空距离

任何沟通总是在一定的时间和空间内进行的，因此，时间和空间也就成为沟通过程不可分割的组成部分，而且人们也总是自觉地利用时空因素来沟通有关信息。

（一）时间控制

沟通时间的选择，交往间隔的长短，沟通次数的多少，以及赴约的迟早，往往显露出行为主体的品性与态度。一个学生上课经常迟到或早退，老师会认为他学习不认真；一位女性和异性约会时，可以让男方稍微等上一段时间，会使对方感到她更加吸引人，更有价值；上司可以故意推迟会见下属的时间，表示对下属的不满和惩罚；一般人可以运用及时答复朋友来信的方式，表示对于友谊的重视。

(二)空间控制

如果说时间的利用主要是传达行为主体自身方面的信息,那么,空间的利用则主要显示双方彼此间的关系。

美国心理学家罗伯特对个人空间问题做过细致的研究,其研究结果表明,人都有一个把自己圈住的、心理上的个体空间,它就像一个无形而可变的"气泡",不仅包括了个人占有物(如写字的桌椅等),还包括了身体周围的空间。一旦有人靠得太近,突破了这个自卫的"气泡",人们就会感到不舒服或不安全,甚至使人想马上离开。

此外,在与人进行个别交谈中,座位的选择也很讲究。座位不同,表明关系不同,交谈的效果也会不一样。以办公室桌两边的座位为例,两人分坐桌子一角的两侧,关系友好,交谈气氛亲切,同时有利于观察对方的体态变化,可随时调整话题。当一个人感觉到有威胁时,桌角可以起到屏障的作用。一般与客户谈生意、找领导汇报时会用到这种模式。如果两人同坐在桌子一边时,表明两人的关系亲密,或两人目标一致,地位相等,交谈气氛融洽,容易达成合作协议。在与员工谈心、征求消费者意见时,这一模式有利于沟通。因此,在沟通中,我们要根据不同的谈判对象,使用不同的媒体。谨慎地对待空间语言,能够消除大量的紧张、不适和误解。

阅读案例 11-4

第五节 文化对谈判的影响

一、文化差异

(一)霍夫施泰德(Hofstede)的文化差异模型

文化作者霍夫施泰德将文化归结为"对精神的集体设计,它将一类人与其他人区别开来"。

不同的国家（或地区）具有不同的文化准则、价值观和假设。这些文化准则、价值观和假设影响着人们做生意和管理员工的方式。由于经理人越来越有可能在多国、多种族或者另一个文化的组织中工作，理解不同国家在文化准备、价值观和假设方面的差异，就显得越来越重要。同样，跨文化的谈判或国际谈判也由于文化差异而变得更加复杂，因为：①谈判的方式不同；②冲突处理方式不同；③语言不同；④非语言的提示不同。

1. 模型维度

霍夫施泰德在 IBM 进行了一项跨文化研究，以识别为同一跨国公司工作但分布于 40 个不同国家的员工的相似性和差异性，他识别了各种文化差异的五个维度。

（1）权力距离。

权力距离是一个社会中成员对不平等权力分配的接受程度。权力距离大的文化注重高层决策；所有的决定都由领导人最终确定，这往往导致谈判进程缓慢。

（2）规避不确定性。

一个社会的成员受到多少不确定的和模糊的情形威胁。如果一个谈判者来自不确定性规避程度高的国家，他有可能寻求稳定的谈判规则和规程。

（3）个人主义与集体主义。

个人主义与集体主义指的是关心自己和自己家庭的倾向与为集体利益而共同工作的倾向。在一个集体主义的社会中，与同一方进行谈判可以持续多年，并且更换谈判者往往意味着关系发生改变。在个人主义的社会中，谈判者被认为是可以互换的。

（4）男性主义与女性主义。

男性主义高度坚持男性价值观为主，例如以他人利益为代价获取己方的利益，与此相对的是对他人福利的敏感和关注。来自"男性主义"社会的谈判者更有可能赞成分配性谈判而不是整合性谈判。

（5）长期导向。

与尊重传统、履行固定义务和保护某人的"脸面"（短期导向）相比，对节俭和坚持不懈的珍视程度（长期导向）。

2. 影响谈判的方面

(1) 谈判者的选择。

例如,在强烈"男性主义"文化背景下的谈判,团队需要准备应付硬式谈判或分配性谈判。

(2) 谈判议程。

在高度规避不确定性的文化背景下谈判,团队需要事先制定详细的规程和议程。

(3) 谈判时间表。

在权力距离大的文化背景下谈判,团队也许需要对一个频繁向上级请示汇报的冗长流程做好准备。

(4) 谈判战术和风格。

在权力距离大的文化背景下谈判,团队应记住的是:一些在权力距离小的文化中很自然的行为,如直接对抗、承认错误、公开批评和非正式地称呼上级,都会使对方谈判者远离。

(二) 豪(Hall)的沟通模型

爱德华豪(Hall)提出文化差异的另一个维度:沟通的内容及其理解所处背景影响的程度,这里的背景指的是非语言内容、潜在的暗示、人际关系等因素。

1. 弱背景文化

德国、斯堪的纳维亚地区、北美等文化背景的人倾向于沟通表面内容,词语指表其意。他们喜欢清楚的、书面的、明确的沟通。

2. 强背景文化

日本、亚洲、非洲、拉丁美洲、中东、南欧等文化背景的人解释和交换更复杂的消息。他们喜欢面对面的口头交流,擅长发展人际网络,使用非语言的提示和非口述的暗示。他们往往在官方或书面方式下泄露更少的信息。

显然,这些差异对谈判的沟通风格和内容解读有影响。

(三) 在决策中的文化差异

阿库夫还指出不同文化在谈判决策中的差异,如表11-5所示。

表 11-5 在决策中的文化差异

决策步骤	文化差异	
	A	B
1. 问题识别	解决问题,应改变形式	接受形式,应接受而不是改变一些形式
2. 信息搜索	收集事实	收集想法和可能性
3. 备选方案建设	新的、面向未来的备选方案	侧重点包括过去、现在和将来的备选方案
4. 选择	·个人做决策 ·迅速作出决策 ·决策规划;它是真还是假?	·团队做决策 ·缓慢作出决策 ·决策规则;它是好还是坏?
5. 实施	·慢 ·从顶层管理 ·一人负责	·快 ·各级参与 ·团队负责

（四）非语言提示差异

阿库夫在《如何在世界任何地方与任何人就任何事情进行谈判》一书中,强调身体语言在跨文化谈判中的重要性。面部行为、手势、目光接触、触摸以及其他非语言沟通模式都是受文化驱动的。

（1）美国人期望紧紧握手,无力地握手表示缺乏自信。

（2）在拉丁美洲和中东的许多地区,商业伙伴彼此拥抱甚至亲吻脸颊是很常见的。美国和英国谈判者习惯于使自己与他人保持更大的身体距离。

阅读案例 11-5

（3）各个国家手势意思不一致。美国和英国谈判者用"竖大拇指"表示一切正常,而在地中海国家,这种手势表示非常粗鲁。

二、影响国际商务谈判风格的文化因素

（一）影响谈判风格的文化因素

谈判人员所表现出的言行举止、处事方式以及习惯爱好等特点。

影响谈判风格的文化因素包括:语言及非语言行为、风俗习惯、思维差异、价值观和人际关系等。

1. 语言及非语言行为

在商务谈判中,谈判人员的语言差异通常通过翻译化解,而非语言的更含蓄的方式往往都是在谈判者无意识的情况下发出的,信号的误解经常发生(日本商人谨慎风格,巴西、法国商人的否定和随意风格)。

阅读案例 11-6

2. 沟通障碍

沟通障碍指的是一方虽已知悉却未正确理解另一方所提供的信息内容。

3. 风俗习惯

国际商务谈判中常常会穿插一些社交活动(喝茶、喝咖啡、宴请等)这些活动受文化因素的影响很大,并制约着谈判的进行。这些风俗习惯如下。

(1)德国人的西服革履和礼貌守时。

(2)法国人对艺术、历史和美食的鉴赏力。

(3)芬兰人盛情邀请蒸汽浴。

(4)澳大利亚人在小酒馆里的随意亲切。

(5)南美洲人对深色西装和小礼品的偏好。

(6)中东商人的交情至上和对时间的淡漠。

(7)北欧人和美国人的距离感,即让客人在门外稍候的情形是非常正常的。

4. 思维差异

基于客观存在的思维差异,不同文化的谈判者呈现出决策上的差异,形成顺序决策方法和通盘方法间的冲突。

(1)东方人偏好形象思维,英美文化偏好抽象思维。

(2)东方文化偏好综合思维,英美文化偏好分析思维。

(3)东方文化注重统一,英美文化注重对立。

5. 价值观

西方人特别是美国人具有较强的客观性,对事不对人,公事公办,人和事要分开而在东方文化和拉美文化中,"把人和事分开"简直是不可思议的,因为事情是由人做的,做事的人不同,作出的事情就不同,因此怎么能把人和事分开呢?

（二）各国商人的谈判风格与禁忌

1. 美国商人谈判风格

（1）美国商人的谈判风格：自我感觉良好，不轻易让步；干脆利落，不兜圈子；时间观念强；讲究实际，注重利益；法律观念强；谈判风格幽默。

（2）美国商人谈判礼仪及禁忌：不必要过多地握手与讲客套，称呼比较随意亲切；时间观念强，约会要事先约定，赴会要准时；喜欢谈判政治和与商业有关的旅行、时尚方面的话题，不要涉及个人问题；美国商人在接受对方名片时往往并不回赠，通常是在认为有必要进行联系时才回赠；一般性的款待在饭店里举行，小费通常不包括在账单里；习惯保持一定的身体间距；不宜在周六日和公定假日找美国商人；忌讳数字13，星期五及私人性质的问题。

2. 加拿大商人谈判风格

（1）加拿大商人的谈判风格：加拿大是个移民国家，民族众多，各民族相互影响，文化彼此渗透；英国裔商人谨慎、保守、守信用，谈判过程中喜欢设置关卡，不轻易答应提出的条件，一旦签订契约很少违约；法国裔商人和蔼可亲，平易近人，涉及谈判实质性内容往往节奏缓慢、难以捉摸，对于签约要求比较随意，但具体执行时问题较多，因此合同条款必须订得详细、明了、准确方可签约。

（2）加拿大商人谈判礼仪及禁忌：见面或分别时要行握手礼，对法语是母语的谈判者，要使用印有英法两种文字的名片；约会要事先预约并准时，就餐时要穿正装，一般进餐时双手要放在桌子上，私人约会要带鲜花或小礼品；谈判要严格遵守时间，注重礼节，耐心温和，不可施加压力或操之过急；对法裔谈判者，在未弄清对方意图与要求之前不要贸然承诺，不要在谈判时被对方牵着鼻子走。要准备法文的谈判合同和材料；加拿大企业的高层管理者对谈判影响较大，应将注意力集中在他们身上；忌讳白色的百合花，酷爱枫叶

3. 拉美商人的谈判风格、礼仪及禁忌

拉美商人固执、个人人格至上，富于男子气概，性格开朗、直率，很少主

动让步;是享乐至上主义者;不很注重物质利益,比较注重感情;工作时间普遍较短而且松懈。

4. 英国商人谈判风格

(1) 英国商人的谈判风格:注重礼仪,崇尚绅士风度;不轻易与对方建立个人关系;不能保证合同的按期履行;忌谈政治,宜谈天气;较少在圣诞和元旦期间谈生意。

(2) 英国商人谈判礼仪及禁忌:只有对方请你称呼其名时,才能直呼其名;和英国人约会不能提前太久;喜谈文化遗产、动物、体育、天气等;一下班就不谈公事,更厌烦在餐桌上谈公事;坐着谈话,二膝不可张得太宽,忌跷"二郎腿";不能用手拍对方的肩背来表示亲切;视马为勇敢的象征,但视孔雀为恶鸟,忌讳"13";忌用大象图案,忌讳菊花和白色的百合花。

5. 德国商人谈判风格

(1) 德国商人的谈判风格:准备周密,对资信情况审查极严;自信、谨慎、谈判果断;重合同,守信用,权利与义务的意识很强;讲究效率;讨价还价余地小;守时。

(2) 德国商人谈判礼仪及禁忌:会见与告别时,行握手礼应有力;约会要预约,务必准时到场,穿着要正式和保守;谈论天气、业余爱好、旅游、度假是很好的话题;对有头衔的人,一定称呼其头衔;喜欢送礼,但是直接送给个人而不是给公司;当主人不再给你的杯子添水时,这是暗示你该走了;个人隐私十分重要,不要询问有关个人的问题;喜食牛肉、猪肉、鸡、鸭及野味,少吃鱼虾等海味;主食为大米、面包,爱喝啤酒;认为核桃是不祥之物;忌用锤头镰刀图案和宗教性标志,不送锥形物品;忌讳四人交叉握手;忌讳蔷薇、百合。

6. 法国人谈判风格

(1) 法国商人的谈判风格:对自己悠久和灿烂的文化遗产十分自豪,是双方寒暄的最好话题;对自己的语言十分骄傲,习惯于用法语为谈判语言;富有人情味,重视人际关系,宴会中不得掺杂交易成分;性格开朗,幽默诙谐,讲究穿戴;偏爱横向式谈判,即先达成原则协议,然后再确认具体细节;在谈判不同阶段,都要求有文字记录,如"备忘录""纪要""议定书""协定书"等。

（2）法国商人谈判礼仪及禁忌：见面时要握手，且迅速而稍有力，告辞时握手道别；就餐时保持双手在桌上；喝生水（自来水）的习惯，从来不喝开水；视鲜艳色彩为高贵，视马为勇敢象征，视孔雀为恶鸟，忌核桃；多数法国人信奉天主教；喜食猪肉、牛、羊肉、各种香肠、鱼、虾、禽、蛋、牡蛎及各种蔬菜；面包为主食，喜用丁香、香草、大蒜、番茄等调味；喜欢喝浓咖啡，不喜欢饮茶；不要送葡萄酒或烈性酒；忌用仙鹤图案；菊花在法国一般作祭祀之用。

7. 日本商人谈判风格

（1）日本商人的谈判风格：等级观念根深蒂固；团队意识强烈；注重礼仪，讲究面子；忍耐坚毅，不轻易妥协；避免诉诸法律；态度暧昧，婉转圆滑，模棱两可。刻苦耐劳，连续作战，废寝忘食。

（2）日本商人谈判礼仪及禁忌：鞠躬是很重要的礼节；重视交换名片，强调非语言交际；忌讳在谈判过程中随意增加人数；忌讳代表团中用律师、会计师和其他职业顾问；讲面子，不愿对任何事情说不；不喜欢有狐狸（贪的象征）图案的礼品，忌送带根的植物，与久卧同音；忌讳"4"与"9"两个数字，4像死，9像苦发音，忌绿色；在生活中忌擅自登门造访；拜访的礼仪，守时，脱鞋，鞋头向外摆整齐，在客厅脱外衣，换上主人准备的拖鞋或赤脚，请求引路入室，应带上礼物，不可太贵重，不可窥看卧室和厨房。

第十一章 拓展阅读

实践指导

案 例 一

一、案例介绍

我国某冶金公司要向美国购买一套先进的组合炉，派一位高级工程师与美商谈判，为了不负使命，这位高工作了充分的准备工作，他查找了大量有关冶炼组合炉的资料，花了很大的精力对国际市场上组合炉的行情及美国这家公司的历史和现状、经营情况等了解得一清二楚。谈判开始，美商一开口要价150万美元。中方工程师列举各国成交价格,使美商目瞪口呆,终于以80万美元达成协议。当谈判购买冶炼自动设备时,美商报价230万美元,经过讨价还价压到130万美元,中方仍然不同意,坚持出价100万美元。美商表示不愿继续谈下去了,把合同往中方工程师面前一扔,说:我们已经作了这么大的让步,贵公司仍不能合作,看来你们没有诚意,这笔生意就算了,明天我们回国了,中方工程师闻言轻轻一笑,把手一伸,做了一个优雅的请的动作。美商真的走了,冶金公司的其他人有些着急,甚至埋怨工程师不该抠得这么紧。工程师说:放心吧,他们会回来的。同样的设备,去年他们卖给法国只有95万美元,国际市场上这种设备的价格100万美元是正常的。果然不出所料,一个星期后美方又回来继续谈判了。工程师向美商点明了他们与法国的成交价格,美商又愣住了,没有想到眼前这位中国商人如此精明,于是不敢再报虚价,只得说:现在物价上涨的厉害,比不了去年。工程师说:今年物价上涨指数没有超过6%。一年时间,你们算算,该涨多少?美商被问得哑口无言,在事实面前,不得不让步,最终以101万美元达成了这笔交易。

问:分析中方在谈判中取得成功的原因及美方处于不利地位的原因是什么?

二、案例分析

对于这个案例,明显地可以看出,中方工程师对于谈判技巧的运用更为恰当准确,赢得有利于己方利益的谈判结果也是一种必然,下面我分别从中美各方谈判人员的表现来进行分析:

首先,从美方来看。可以说存在以下这么几个问题,或者是其谈判败笔所在。

1. 收集、整理对方信息上没有做到准确、详尽、全面。从文中来看,重要的原因可能是:没有认清谈判对象的位置。美商凭借其技术的优势性以及多次进行相类似交易的大量经验,轻视对手,谈判前就没有做好信息收集工作,于是在谈判中步步在对方大量信息的面前陷于被动,一开始就丧失了整个谈判的主动权。

2. 谈判方案的设计上,没有做到多样与多种。在对方的多次反击中,仓促应对。针对其谈判方式设计的单一化,估计有着以下几个原因:(1)过早的判定问题,从文中可推测出,美方一开始就认为此行不会很难,谈判结果应该是对己方利益更有利;(2)只关心自己的利益,美方以其组合炉技术的先进为最大优势,铁定会卖个高价,但并未考虑到中方对此的急迫需求与相应的谈判准备,在对方信息攻击下,频频让步。

3. 在谈判过程中,希望用佯装退出谈判以迫使对方作出让步,无奈在对方以资料为基础辨别出其佯装的情况下,该策略失败。

其次,从中方来看,胜利的最关键一点在于对对方信息充分地收集整理,用大量客观的数据给对方施加压力,从收集的内容可看出,不仅查出了美方与他国的谈判价格(援引先例),也设想到了对方可能会反驳的内容并运用相关数据加以反击(援引惯例,如6%),对客观标准作了恰到好处的运用。真可谓做到了中国古语所说,知己知彼,百战不殆。当然。除这个原因外,中方的胜利还在于多种谈判技巧的运用:(1)谈判前,评估双方的依赖关系,对对方的接收区域和初始立场(包括期望值和底线)作了较为准确的预测,由此才能在随后的谈判中未让步于对方的佯装退出。(2)谈判中,依靠数据掌握谈判主动权,改变了对方不合理的初始立场。(3)在回盘上,从结果价大概处于比对方开价一半略低的情况可推测,中方的回盘策略也运用地较好。

总结:商务谈判中的各种技巧,对于在各种商战中为自己赢得有利位置,实现自己利益的最大化有着极其重要的作用,但我们也要注意的是,技巧与诡计、花招并不相同,前者要求的是恰如其分,既要赢,也要赢得让对方心服口服,赢得有理有据。只有这样,对于谈判技巧的运用,才是真正的游刃有余。

案 例 二

一、案例介绍

中方某公司向韩国某公司出口丁苯橡胶已一年,第二年中方又向韩方报价,以继续供货。中方公司根据国际市场行情,将价从前一年的成交价每吨下调了120美元(前一年1 200美元/吨)韩方感到可以接受,建议中方到韩国签约,中方人员一行二人到了汉城该公司总部,双方谈了不到20分钟,

采购合同谈判

韩方说:贵方价格仍太高,请贵方看看韩国市场的价,三天以后再谈。中方人员回到饭店感到被戏弄,很生气,但人已来汉城,谈判必须进行。中方人员通过有关协会收集到韩国海关丁苯橡胶进口统计,发现从哥伦比亚、比利时、南非等国进口量较大.中国进口也不少,中方公司是占份额较大的一家。价格水平南非最低但高于中国产品价。哥伦比亚、比利时价格均高于南非。在韩国市场的调查中,批发和零售价均高出中方公司的现报价30%—40%,市场价虽呈降势,但中方公司的给价是目前世界市场最低的价。为什么韩国人员还这么说?中方人员分析,对手以为中方人员既然来了汉城,肯定急于拿合同回国,可以借此机会再压中方一手。那么韩方会不会不急于订货而找理由呢?中方人员分析,若不急于订货,为什么邀请中方人员来汉城?再说韩方人员过去与中方人员打过交道,有过合同,且执行顺利,对中方工作很满意,这些人会突然变得不信任中方人员了吗?从态度看不像,他们来机场接中方人员.且晚上一起喝酒,保持下良好气氛。从上述分析,中方人员共同认为:韩方意在利用中方人员出国心理,再压价。根据这个分析,经过商量中方人员决定在价格条件上做文章。总的讲,态度应强硬,(因为来前对方已表示同意中方报价),不怕空手而归。其次,价格条件还要涨回市场水平(即1 200美元/吨左右),再者不必用二天给韩方通知,仅一天半就将新的价格条件通知韩方。

一天半后的中午前,中方人员电话告诉韩方人员调查已结束,得到的结论是:我方来汉城前的报价低了,应涨回去年成交的价位,但为了老朋友的交情,可以下调20美元,而不再是120美元。请贵方研究,有结果请通知我们,若我们不在饭店,则请留言。韩方人员接到电话后一个小时,即回电话约中方人员到其公司会谈。韩方认为:中方不应把过去的价再往上调。中方认为:这是韩方给的权利。我们按韩方要求进行了市场调查,结果应该涨价。韩方希望中方多少降些价,中方认为报价已降到底。经过几回合的讨论,双方同意按中方来汉城前的报价成交。这样,中方成功地使韩力放弃了压价的要求,按计划拿回合同。

问题:

1. 中方的决策是否正确?为什么?

2. 中方运用了何程序何方式作出决策的？其决策属什么类型？

3. 中方是如何实施决策的？

二、案例分析

1. 正确，因为按行前条件拿到了合同。

2. 中方运用了信息收集，信息分析，方案假设，论证和选取等五个步骤，以小范围形式确定，属于战略性决策。

3. 分梯次捍卫决策的实行，先电话后面谈；先业务洽谈后谈感情；同时运用时间效益加强执行力度，把原本三天回韩方的期限缩短为一天半回复，使态度变得更强硬。

思考与练习

一、名词解释

1. 人格

2. 人格特质

3. 人格类型

4. 选择性倾听

5. 适应性倾听

二、选择题

1. 与主动倾听无关的行为（　　）。

　　A. 建立和谐关系

　　B. 发出注意力集中和感兴趣的信号

　　C. 发出同理心的信号

　　D. 鼓励另一方进行沟通

2. 成功的谈判者需要（　　）。

　　A. 考虑更大范围的行动结果或方案

　　B. 对所预期的共同点和可能的一致意见给予更多关注

C. 更多考虑问题的长期意义

D. 在上下限范围内设定目标

3. 谈判者需要具备的沟通技能(　　)。

　　A. 探询　　　　　　　　　B. 积极倾听

　　C. 表达共鸣　　　　　　　D. 自信地沟通

4. 在谈判时沟通的内容(　　)。

　　A. 要约和反要约　　　　　B. 关于备选方案的信息

　　C. 关于结果的信息　　　　D. 社交考虑

5. 情商的五个基本要素(　　)。

　　A. 自我意识　　　　　　　B. 情感弹性

　　C. 动机　　　　　　　　　D. 人际交往敏感性

三、简答题

1. 请列出在成功谈判者身上发现的一些行为。
2. 请列出不同类型的非语言信号。

四、论述题

是否应该根据文化差异调整谈判者的谈判方式?

参 考 文 献

[1] 丁晓洋,徐如浓.论国际商务谈判中的文化差异问题[J].中外企业家,2009(5X).

[2] 窦然.国际商务谈判与沟通技巧[M].复旦大学出版社,2009.

[3] 樊建廷,干勤,等.商务谈判(第五版)[M].东北财经大学出版社,2018.

[4] 方其.商务谈判——理论、技巧、案例(第三版)[M].中国人民大学出版社,2011.

[5] 菲律普·科特勒,凯文·莱恩·凯勒.营销管理(第十五版)[M].何佳讯,等译.格致出版社,上海人民出版社,2016.

[6] 纪宝成.市场营销学教程(第三版)[M].中国人民大学出版社,2002.

[7] 李品媛.现代商务谈判[M].东北财经大学出版社,2005.

[8] 刘园.国际商务谈判(第二版)[M].对外经济贸易大学出版社,2006.

[9] 罗树民,等.国际商务谈判[M].上海财经大学出版社,2004.

[10] 迈克尔·波特.竞争优势[M].陈小悦,译.华夏出版社,2005.

[11] 毛强,肖茨尹.国际商务谈判中冲突的文化根源[J].市场论坛,2009(10).

[12] 潘肖珏,谢承志.商务谈判与沟通技巧(第二版)[M].复旦大学出版社,2006.

[13] 庞春如,刘文广.商务谈判[M].首都经济贸易大学出版社,2006.

[14] 汤秀莲.国际商务谈判(第二版)[M].南开大学出版社,2008.

[15] 唐曼兰,吕小艳.谈文化差异对国际商务谈判的影响[J].广西大学学报(哲学社会科学版),2009,31(Z2).

[16] 王晓.现代商务谈判[M].高等教育出版社,2007.

［17］吴建伟,沙龙·谢尔曼.商务谈判策略［M］.中国人民大学出版社,2006.

［18］吴元祥.论商务谈判的语言艺术性［J］.学理论,2009(10).

［19］殷明.国际商务谈判中语言表达策略分析［J］.哈尔滨职业技术学院学报,2009(5).

［20］曾艳平.国际商务谈判中文化差异与对策［J］.科教文汇,2009(19).

［21］张立光,杨淑玲.跨文化语境下商务谈判与语用价值研究［J］.吉林师范大学学报(人文社会科学版),2009(5).

［22］张曦凤.国际商务谈判中三大常见模式的对比及其应用研究［J］.山西财经大学学报,2009,(S2).

［23］张照禄,曾国安.谈判与推销技巧(第三版)［M］.西南财经大学出版社,2006.

［24］周海涛.商务谈判成功技巧［M］.中国纺织出版社,2008.

［25］朱洁.模糊语在商务谈判中的语用功能［J］.湘潭师范学院学报(社会科学版),2009,31(5).

［26］邹建华,陈腾华,彭东慧,等.现代国际商务谈判实务［M］.中山大学出版社,2000.

图书在版编目(CIP)数据

采购合同谈判/沈建军主编. —上海:复旦大学出版社,2023.8
(复旦卓越. 国际采购与食品进出口系列)
ISBN 978-7-309-16031-4

Ⅰ.①采… Ⅱ.①沈… Ⅲ.①采购管理-贸易谈判②采购管理-经济合同-管理-中国③物资供应-物资管理-贸易谈判④物资供应-经济合同-管理-中国 Ⅳ.①F252②F715.4

中国版本图书馆 CIP 数据核字(2021)第 250028 号

采购合同谈判
CAIGOU HETONG TANPAN
沈建军　主编
责任编辑/王雅楠

复旦大学出版社有限公司出版发行
上海市国权路 579 号　邮编:200433
网址:fupnet@fudanpress.com　http://www.fudanpress.com
门市零售:86-21-65102580　团体订购:86-21-65104505
出版部电话:86-21-65642845
上海新艺印刷有限公司

开本 787×1092　1/16　印张 22.75　字数 338 千
2023 年 8 月第 1 版第 1 次印刷

ISBN 978-7-309-16031-4/F·2857
定价:66.00 元

如有印装质量问题,请向复旦大学出版社有限公司出版部调换。
版权所有　侵权必究